U0634164

权威·前沿·原创

皮书系列为
"十二五""十三五""十四五"时期国家重点出版物出版专项规划项目

BLUE BOOK

智 库 成 果 出 版 与 传 播 平 台

黑龙江蓝皮书
BLUE BOOK OF HEILONGJIANG

黑龙江地方治理发展报告（2021~2022）

LOCAL GOVERNANCE DEVELOPMENT REPORT OF HEILONGJIANG (2021-2022)

主　　编／朱　宇　陈　静
执行主编／许淑萍
副 主 编／冯向辉　陈晓辉　史晓杰

社会科学文献出版社
SOCIAL SCIENCES ACADEMIC PRESS (CHINA)

图书在版编目（CIP）数据

黑龙江地方治理发展报告.2021-2022／朱宇，陈静
主编.--北京：社会科学文献出版社，2022.9
（黑龙江蓝皮书）
ISBN 978-7-5228-0141-4

Ⅰ.①黑…　Ⅱ.①朱…②陈…　Ⅲ.①地方政府-行
政管理-研究报告-黑龙江省-2021-2022　Ⅳ.
①D625.35

中国版本图书馆 CIP 数据核字（2022）第 086202 号

黑龙江蓝皮书
黑龙江地方治理发展报告（2021~2022）

主　　编／朱　宇　陈　静
执行主编／许淑萍
副 主 编／冯向辉　陈晓辉　史晓杰

出 版 人／王利民
组稿编辑／丁　凡
责任编辑／王玉霞
责任印制／王京美

出　　版／社会科学文献出版社·城市和绿色发展分社（010）59367143
　　　　　地址：北京市北三环中路甲 29 号院华龙大厦　邮编：100029
　　　　　网址：www.ssap.com.cn
发　　行／社会科学文献出版社（010）59367028
印　　装／三河市东方印刷有限公司

规　　格／开本：787mm×1092mm　1/16
　　　　　印张：19　字数：282 千字
版　　次／2022 年 9 月第 1 版　2022 年 9 月第 1 次印刷
书　　号／ISBN 978-7-5228-0141-4
定　　价／128.00 元

读者服务电话：4008918866

黑龙江地方治理发展报告（2021~2022）
编 委 会

主要编撰者简介

朱　宇　北京大学政治学博士，黑龙江省社会科学院原院长、研究员，博士生导师，省级重点学科（政治学）带头人，第十二届黑龙江省政协委员（提案委副主任）。研究方向：政治学理论与方法、中国政府与政治、中国基层治理。主要社会兼职：中国新兴经济体研究会副会长，中国政治学会常务理事，黑龙江省政治学会会长，省专家顾问委员会专家等。2002～2003年为日本政策研究院访问学者（外国人研究员）。出版《中国乡域治理结构：回顾与前瞻》等专著10余部；发表《19世纪中叶至20世纪中叶中国乡村治理结构的历史考察》《"一国两制"的理论与实践意义》等论文和研究报告100余篇；主持完成国家社科基金和省社科规划项目多项。

陈　静　黑龙江省社会科学院副院长，黑龙江社会发展与地方治理研究院首席专家，研究员，硕士研究生导师。省级领军人才梯队（科学社会主义）学术带头人，黑龙江省文化名家，省立法咨询专家，享受国务院政府特殊津贴、黑龙江省政府特殊津贴。兼任中国科学社会主义学会常务理事、中国政治学会理事、中国社会科学院中国廉政研究中心理事、黑龙江省法学会常务理事等。主要研究方向为社会主义意识形态、党风廉政建设与腐败治理等。主持完成2项国家社科基金项目、10多项省社科规划重大委托项目等高层次课题。出版《社会主义核心价值体系的大众化》等专著4部。在《马克思主义研究》等国家级期刊发表论文多篇。牵头主笔的3份研究报告获时任省委书记批示。获得黑龙江省社科优秀成果一等奖1项、二等奖3

项。所撰论文《共产党宣言：中国共产党人的初心使命之源》入选纪念马克思诞辰 200 周年理论研讨会，是黑龙江省唯一入选论文。

许淑萍　黑龙江省社会科学院政治学研究所所长，研究员，硕士研究生导师，黑龙江省级领军人才梯队（行政学）学术带头人，黑龙江省文化名家，黑龙江社会发展与地方治理研究院首席专家。兼任中国政治学会理事，黑龙江省政治学会常务理事、副会长兼秘书长，黑龙江省公共关系学会常务理事、副会长，黑龙江省公共管理学会常务理事、副会长。主要研究方向为公共政策伦理、公共服务、政府管理创新等。在《中国行政管理》等学术期刊发表学术论文 40 余篇，出版专著 4 部。获黑龙江省社会科学优秀成果专著一等奖 1 项、二等奖 2 项、三等奖 3 项。主持并完成国家社会科学基金项目 1 项、黑龙江省社会科学规划项目 4 项，主持省市有关部门委托课题 20 余项。

摘　要

《黑龙江地方治理发展报告（2021～2022）》运用大量的调研资料和统计数据，对黑龙江省地方治理取得的成就、面临的机遇与挑战、存在的问题进行了深刻的分析，并提出了黑龙江省在推进国家治理体系和治理能力现代化的进程中具有针对性、可操作性的对策和建议。

本书由16篇研究报告组成，分为总报告、专题报告篇、地方法治篇和省情调查篇四个部分。其中，总报告为1篇，专题报告篇为5篇，地方法治篇为5篇，省情调查篇为5篇。

总报告重点回顾了黑龙江省在营商环境建设、脱贫攻坚目标实现、新冠肺炎疫情防控常态化、人才政策创新、"双减"政策落地等方面取得的成就、存在的问题和面临的挑战，提出了具有针对性和启发性的对策建议。

专题报告篇着重围绕黑龙江省网上政务服务能力、社会组织参与贫困治理、党员干部作风建设、边境地区人口集聚、农村残疾人精准扶贫等问题进行调研与分析，深刻剖析原因所在，并提出相应的对策建议。

地方法治篇重点提出基层农业综合行政执法改革、社会科学普及立法、公众参与地方立法的实践、营商环境的司法保障等方面的问题进行分析探讨。

省情调查篇重点针对牡丹江市社区党建、大兴安岭地区生态建设与宜居城市发展、互联网综合治理体系、旅游网络舆情治理、网络问政平台建设等问题进行了调研分析。

关键词： 黑龙江　地方治理　治理能力现代化

Abstract

Annual Report on Local Governance Development of Heilongjiang (2021 ~ 2022) uses a large number of research materials and statistical data to conduct profound analyses of the achievements, opportunities and challenges, and existing problems of local governance of Heilongjiang Province , and proposes targeted and feasible countermeasures and suggestions in the process of promoting the modernization of the national governance system and governance capacity.

The book consists of 16 research reports, which are divided into four parts: 1 General Report, 5 Chapters for Special Reports, 5 Chapters for Local Rule of Law and 5 Chapters for Provincial Surveys.

The General Report focuses on the achievements, existing problems and challenges of Heilongjiang Province in the construction of business environment, the realization of poverty alleviation goals, the normalization of the COVID-19 epidemic prevention and control, the innovation of talent policies, and the implementation of the "double reduction" policy, and proposes targeted and enlightening countermeasures and suggestions.

Chapters for Special Reports focus on research on and analyses of issues such as the ability of online government services, the participation of social organizations in poverty governance, the construction of Party members and cadres' working style, the population agglomeration in border areas, and the targeted poverty alleviation of the disabled in rural areas in Heilongjiang Province, deeply analyze the causes of issues, and further put forward corresponding countermeasures and suggestions.

Chapters for Local Rule of Law focus on analyses of and discussions on issues such as grass-roots comprehensive agricultural administrative law enforcement reform, legislation on the popularization of social sciences, the practice of public participation in local legislation, judicial guarantee of the business environment, and the construction of the rule of law to prevent and resolve social malaise.

Chapters for Provincial Surveys focus on the investigation and analyses of issues such as community Party building in Mudanjiang, construction of an ecologically livable city in the Greater Xing'an Mountain region, analyse and governance of characteristics of internet public opinions, governance of tourism internet public opinions, and construction of the network political platform.

Keywords: Heilongjiang; Local Governance; Modernization of Governance Capacity

目 录 ↖↘

I 总报告

II 专题报告篇

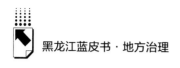

Ⅲ 地方法治篇

Ⅳ 省情调查篇

皮书数据库阅读 **使用指南**

CONTENTS ↖↘

Ⅰ   General Report

Ⅱ   Special Reports

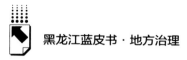
Ⅲ Local Rule of Law

Ⅳ Provincial Surveys

总 报 告

General Report

B.1

提高地方治理能力　推动龙江振兴发展

朱宇　许淑萍　汤辉*

摘　要： 当前，黑龙江省全面振兴全方位振兴和高质量发展正处在政策叠
　　　　　加乘势而上的机遇期，全省深入贯彻落实党中央、国务院的决策
　　　　　部署，营商环境持续优化、向上向好；现行标准下建档立卡农村
　　　　　贫困人口全部脱贫，新时代脱贫攻坚目标任务如期完成；不断提
　　　　　高以灾害应对为主要目标的公共危机治理能力，新冠肺炎疫情防
　　　　　控工作进入常态化；持续优化人才政策体系，人才体制机制改革
　　　　　初步破题；积极推进"双减"政策落地，中小学作业减量增效
　　　　　和校外培训机构专项整治取得明显成效。地方治理与政府系统的
　　　　　结构性不断优化，其在与市场经济的适应性、与社会发展的协同
　　　　　性方面不断增强。

---

* 朱宇，黑龙江省社会科学院原院长，研究员，研究方向为中国政府与政治；许淑萍，黑龙江
省社会科学院政治学研究所所长，研究员，研究方向为公共政策伦理、公共服务、政府管理
创新等；汤辉，黑龙江省社会科学院政治学研究所助理研究员，研究方向为地方治理。

关键词: 地方治理 营商环境 扶贫攻坚 人才政策

当前,黑龙江省全面振兴全方位振兴和高质量发展正处在政策叠加乘势而上的机遇期,营商环境持续优化,新时代脱贫攻坚目标任务如期完成,新冠肺炎疫情防控工作进入常态化,人才体制机制改革初步破题,"双减"政策落地生效,地方治理体系和治理能力现代化步伐正在加快,治理绩效日益提升。

一 持续优化营商环境

营商环境是企业生存发展的土壤,良好的营商环境是一个国家或地区经济软实力的重要体现,优化营商环境是厚积企业生存发展沃土的基础性工作。本报告所言的营商环境,是指企业等市场主体在市场经济活动中所涉及的体制机制性因素和条件。黑龙江省营商环境建设已经取得了一定成效,但对标改革开放前沿和经济发达省份目前工作还有很大提升空间。有研究显示,2016年、2018年和2020年,黑龙江省的营商环境在全国各省份的排名呈下降趋势(见表1)。在全国31个省、区、市中(不包括港、澳、台地区),2016年黑龙江省居中游偏上(排名第13位),而在2018年和2020年排名明显后退,分别降至第19位和第21位。①

表1 2016年、2018年、2020年全国31省份营商环境排名

省、区、市	2016年	2018年	2020年
北京	4	2	1
上海	1	1	2
广东	10	5	3

---

① 荀明俐、肖雨蒙:《黑龙江省营商环境优化路径研究》,《商展经济》2022年第1期,第107~108页。

续表

省、区、市	2016 年	2018 年	2020 年
四川	24	14	4
江苏	9	3	5
重庆	3	16	6
浙江	2	4	7
安徽	12	11	8
山东	11	6	9
贵州	21	25	10
河南	20	17	11
海南	23	21	12
江西	14	18	13
福建	6	8	14
云南	28	24	15
河北	18	12	16
湖北	8	10	17
天津	5	7	18
宁夏	22	27	19
吉林	15	20	20
黑龙江	13	19	21
辽宁	17	9	22
山西	29	22	23
陕西	19	13	24
内蒙古	27	26	25
湖南	16	15	26
新疆	31	28	27
青海	30	30	38
甘肃	26	29	39
广西	7	23	30
西藏	25	31	31

（一）营商环境存在的主要问题

黑龙江省营商环境还存在一些亟须引起重视和重点解决的问题，譬如，政策落实不到位、审批改革不系统、法治保障不健全、人才支撑不给力等。

1. 政策落实不到位

2018 年以来，黑龙江省先后颁布《全省深化机关作风整顿优化营商环境实施方案》《黑龙江省优化营商环境条例》《中共黑龙江省委 黑龙江省人民政府关于重塑营商新环境的意见》等数项优化营商环境、扶持中小企业发展的政策文件，对营商环境的各个领域都做了大量的改革与调整，并且定期开展专项攻坚活动，努力打造符合国际标准、与改革前沿看齐的营商环境。但这些政策文件的落实情况并不尽如人意：一是缺少宣传引导，部分政府门户网站只是提供办事指南或者办理事项材料的下载渠道，致使许多企业因为对优惠政策缺乏真正的了解，不能充分享受到政策的红利；二是实施方案不完备，办事流程复杂，企业短期内不能提供符合要求的申请材料，致使办事时间成本过高；三是在技术研发、税收优惠等方面的政策对企业的要求较多，门槛偏高，致使许多科技型公司发展受到不应有的限制。

2. 审批改革不系统

与先进省份或城市相比，黑龙江省审批事项和审批环节仍较多，审批周期较长。一是相关财政拨款形式单一，导致公安、市场监管、城管等部门仍然需要通过收取罚款或收取项目审批费用等形式获得资金支持。二是各区、县同一职能部门的审批业务尚未实现联网，服务标准不一。三是行政审批权力分布"头重脚轻"，审批程序仍然烦琐，时限较长，从而导致各环节之间衔接不上、协调不顺。[①]

3. 法治保障不健全

"法治化"是良好营商环境的基本特征和重要遵循，法治营商环境旨在用法治的思维和方式去规范、调整政府、市场主体等行为。黑龙江省是全国较早进行营商环境立法的省份之一，但省纪委监委网站通报的破坏营商环境

---

① 张帆：《东北地区营商政务环境优化问题研究》，《现代营销》（经营版）2019 年第 11 期，第 73 页。

的典型案例并不少见，在很大程度上表明黑龙江省优化营商环境的法治保障不健全。一是监管执法环节问题数量居多，直接反映出优化营商环境工作实践中重审批、轻监管的现象仍未得到根本改变。二是营商环境立法滞后于改革创新实践，有些立法项目过于强调对重点领域、国外投资等企业的政策扶持，而在集体土地拆迁、企业投资项目等领域多处于空白状态。三是知识产权的法律保护力度不够，知识产品评估制度和市场化平台建设滞后，侵权行为时有发生。

4. 人才支撑不给力

有研究显示，当前黑龙江省人才总量稳中有升，研发人员中基础研究人员比重较大，创新潜力较大。与此同时，人才短缺问题依然严峻，尤其是中坚力量和高层次人才流失问题较为严重，现有人才队伍难以支撑传统产业转型升级和新兴产业创新发展。近年来，尽管省及市（地）纷纷出台人才新政，在一定程度上减缓了人才流失的速度，但是现有政策尚未从根本上实现人才流动由负转正，人才发展体制机制障碍未得到有效破除，人才流失问题已成为制约优化营商环境的首要短板。[①]

（二）优化营商环境的主要工作及成效

2020年以来，黑龙江省深入贯彻落实党中央、国务院的决策部署，系统整体推进全省营商环境持续优化，向上向好。

1. 政策法规体系统筹完善

黑龙江省围绕贯彻落实国务院《优化营商环境条例》和《黑龙江省优化营商环境条例》加快相关配套立法和政策文件制定。一是颁布实施《黑龙江省哈尔滨新区条例》，创新编制优化营商环境规划、数字政府规划、社会信用体系建设规划，法治化营商环境建设取得标志性突破。二是印发《黑龙江省强化知识产权保护促进高质量发展的实施意见》，全面加强知识产权保护，健全完善知识产权保护政策制度体系，组织开展战略性新兴产业

---

① 中国科协助力东北三省全面振兴调研组：《关于东北地区科技人才问题的专题调研报告》。

等重点领域专利权保护专项行动，进一步加大高价值专利权保护力度。三是出台《黑龙江省全面推行行政执法公示制度执法全过程记录制度重大执法决定法制审核制度实施方案》，全力推进从行政执法源头、过程、结果三大关键环节全面规范行政执法行为。四是颁布实施《黑龙江省规范行政裁量权办法》，规范行政处罚自由裁量权，要求各行政执法机关根据法定职责梳理行政处罚事项，科学制定本部门、本领域轻微违法行为不予行政处罚事项清单和一般违法行为减轻行政处罚事项清单。

2. 政务服务体系效能提升

目前，黑龙江省省级权力由 1025 项压减至 992 项，省级设定许可由 15 项压减至 1 项，分别赋予自贸区和新区省级权力 589 项和 219 项。企业开办时间压减至 2 个工作日以内，登记财产时间压减至 3 个工作日以内。建成省级电子政务云平台和全省一体化政务服务平台，全省政务服务便利化水平大幅跃升，新登记市场主体 54.46 万户，同比增长 28.7%。一是深化自贸试验区"放管服"改革。哈尔滨片区市场主体信用信息"共享即惩戒机制"入选 2020 年全省优化营商环境十大案例；黑河片区"跨境电力贸易与落地加工使用新模式"被《中国改革年鉴》作为典型案例刊登；绥芬河片区探索推出 19 项原创性制度创新成果，互市贸易监管、对俄医疗旅游、中俄车辆检放等 3 个案例入选全省首批十佳案例。二是构建惠企政策兑现服务平台。牡丹江市集中惠企政策数据，组织各部门、各县（市）区整合全市现行有效的省、市、县三级惠企政策，政策内容以资金支持为主，包含奖、免、退、补、减、缓等类型；合理规划开放平台，惠企政策兑现服务平台重点汇集省、市、县三级惠企政策数据，以政策库、指南库、在线申报、留言咨询四个板块为主，根据企业不同需求对四个板块进行了规划，优化线上线下联动体验。三是破解县域营商环境难题。县域营商环境优化面临政策调整空间小、技术支撑不足、人员素质相对较低等不利因素。黑龙江省泰来县通过优化服务和改进作风，努力破解县域营商环境难题：建立重点项目实行一名包保县领导、一个牵头单位、一位项目服务员、一抓到底的"四个一"包保制度，让企业更省事；建立一站式服务体系，在政务大厅设立企业 VIP 室，满足企业接待、洽谈、会议等业务办理多种需求；在政务大厅开辟证照一体化审批专区，针对一些系统不能互通互联的实际情况，以最短的物理距离实现最快的数据联通，提高工作效率，压缩办事时间，让企业更省时。四是建立三级"首席服务员"队伍。为了有效解决招商引资项目落地难、落地慢问题，在全省建立省、市、县三级"首席服务员"队伍，"有事上门、无事不扰"，坚持做到"五个聚焦"：聚焦顶层设计，以制度建设引领工作创新；聚焦审批协调，以流程优化赋能项目发展；聚焦要素保障，以真情服务助力项目建设；聚焦政策落地，用主动作为实现精准服务；聚焦监督管理，多措并举提升服务保障质效。

3. 推进社会信用体系建设

两年来，在省委、省政府的领导下，全省各级政府及各部门扎实开展社会信用体系建设工作，取得了明显成效。建成全省"一张网"的公共信用信息平台，推广"信易贷"助力中小微企业融资，创新开展"码上诚信"，整治"新官不理旧账"和政府失信违诺事项。黑龙江省社会信用体系建设工作连续两年得到国家发改委致函表扬。一是"双公示"工作取得突出成绩。公开公示行政许可和行政处罚等信用信息是落实党中央、国务院关于信用建设工作的重要举措。国家发改委印发的《关于2019—2020年度行政许可和行政处罚等信用信息公开工作评估结果的通报》显示，黑龙江省得分85.15分，位列全国第2，迟报率、合规率等指标均名列前茅。二是启动实施严重失信行为和失信问题专项治理工作。按照《国家发展改革委办公厅关于开展"屡禁不止、屡罚不改"严重违法失信行为专项治理的通知》的要求，黑龙江省适时启动开展失信企业和信用服务机构专项治理工作，通过开展重点约谈，加强监督管理；组织开展"承诺即修复"工作，依法依规修复；强化组织领导，确保取得实效等措施，压实工作责任，强化考核，形成合力，以确保专项治理工作取得实效。三是在全国率先开展"码上诚信"试点。为加强全省社会信用体系建设，着力打造"诚信龙江"品牌，黑龙江省营商环境建设监督局创新信用展示方式，在全国率先开展"码上诚信"试点工作，不断提升企业信誉度和知名度，唱响"信用有价"。目前，黑龙江省正在推进"码上诚信"全覆盖、实现市场主体和消费者互信共信、提升龙江企业信誉度和知名度、叫响"诚信龙江"品牌等方面聚焦发力。四是聚焦事前事中环节加强信用预警。为充分发挥信用在深化"放管服"改革、优化营商环境、推进治理能力现代化中的重要作用,黑龙江省营商环境建设监督局运用信用预警的"创新杠杆",撬动信用体系加速运转,取得了阶段性成效,为"诚信龙江"建设注入强劲活力。首先,精心谋划,建立健全信用预警制度机制。在省级层面印发《关于对信用预警企业加强监管的通知》,面向各市(地)制发《关于加快建立健全信用预警和风险提示工作机制的通知》,形成了全面铺开、上下联动的工作格局。其次,突出重点,强化重点领域信用预警措施落地。在行政许可预警方面,要求各地聚焦行政许可未及时延续引发的监管风险开展预警和提示;在行政处罚预警方面,要求重点瞄准多次发生轻微失信行为但尚未达到"黑名单"认定标准的失信主体开展信用预警;在政府失信预警方面,要求加强被纳入被执行人的政府及其部门名单梳理和整改机制;在"信易贷"预警方面,要求建立"信易贷"违约响应机制。最后,夯实基础,实现信用预警闭环管理。着眼信用预警所需信用信息,加大归集力度,夯实数据基础,为信用信息深入挖掘、拓展信用预警维度提供有力支撑。采取例会通报、委托第三方开展省内评估等措施督导各市(地)全面及时规范报送"双公示"信息。

4. 监督评价体系作用凸显

截至2021年底,全省累计核查损害营商环境线索3000余件,移送有关单位处理案件140余件,全省各级会议通报损害营商环境典型案例450余件。连续第三年开展营商环境考核评价,"指挥棒""风向标"作用充分发挥,各地各部门优化营商环境责任意识明显增强。一是推行协调投诉举报案件办理"新"举措。近年来,黑龙江省不断改进投诉受理方式,延伸工作触角,创新投诉举报案件"协调"办理的新举措,逐步构建全省营商环境监督工作新格局。首先,实施差异化监督,寓"监督"于"帮扶",制定服务市场主体发展的新措施,对于企业反映的情况,属于企业与企业之间的矛盾纠纷，按照相关制度和规定确属于不在营商环境监督范围的，应协调地市政府及有关部门、企业与企业监管部门推进问题解决。其次，合理运用制度，化"硬度"为"温度"，转变营商环境监督工作的新作风。对于"法无禁止"的服务企业问题，采用灵活的方式处理，不教条，不生搬硬套，协调相关单位，努力在平等自愿、友好协商的基础上快速协商解决。最后，转化服务理念，变"被动"为"主动"，创造营商环境监督新模式。以服务市场、服务企业、服务发展为工作的遵循，带动工作方式的创新转变，积极探索前置服务模式，由坐等投诉变主动服务。二是构建"亲而有度、清而有为"的政商关系。坚持光明磊落同企业交往，及时了解企业家所思所想、所困所惑，从制度建设入手，营造与企业家多谈心、多交流、多商量，企业家讲真话、说实情、建诤言的良好氛围。首先，出台《黑龙江省营商环境建设监督局与商协会联动工作机制》，充分发挥商会、行业协会的桥梁纽带作用，畅通与市场主体沟通渠道，广泛收集市场主体的诉求和意见建议，推动解决制约市场主体发展的堵点、痛点、难点问题。其次，制定《企业家座谈会管理办法》，明确召开企业家座谈会的目的、意义和程序方式，并对召开会议的频次、意见收集和反馈机制提出具体要求，听取市场主体的意见和建议并及时反馈。最后，制定《黑龙江省营商环境建设监督局特邀监督员管理办法》，启动省局第二届营商环境特邀监督员的选聘工作，根据省人大、省政协、省委统战部、省工商联、各省级商协会、有关新闻单位推荐，以及各处室、直属单位对口联系各市地营商环境局推荐，确定特邀监督员400余名。三是持续开展营商环境评价工作。2019年1月，黑龙江省在全国率先采用中国营商环境评价指标体系，引入第三方评价机构，对全省13个市（地）及哈尔滨新区进行了首次营商环境评价，编制了《黑龙江省2019年营商环境评价报告》，以评促改、以评促建，推动营商环境便利度水平的持续提升。2020年，按照"国际化、个性化、本土化"原则，研究制定了"黑龙江省营商环境评价指标"，于11月启动了11个市（地）和13个县（市）营商环境试评价。通过抓指标提升各城市在营商环境评价中的位次，积极破解"投资不过山海关"的难题。

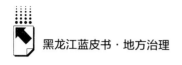
二 打赢扶贫脱困攻坚战

"十三五"以来，黑龙江省坚持把脱贫攻坚作为重大政治任务和第一民生工程，强弱项、补短板，如期完成新时代脱贫攻坚目标任务。现行标准下62.5万建档立卡农村贫困人口全部脱贫，20个国家级贫困县、8个省级贫困县全部摘帽，1778个贫困村全部脱贫出列。

（一）黑龙江贫困的基本特征

黑龙江省地域辽阔，水土资源丰富，具有发展农业的良好条件，是我国重要的粮食生产基地，但受内部自然环境和经济发展的地域差异影响，局部贫困的特点十分明显。2014年建档立卡时，20个国家级贫困县的农业总人口为520.56万人，贫困户为24.4万户，贫困人口为54.11万人，平均贫困发生率为10.4%。根据《中国农村贫困监测报告2020》，黑龙江省贫困人口从2011年的183万人减少至2019年的3万人。2020年2月，黑龙江省实现全部贫困人口脱贫，提前完成了脱贫攻坚战的目标。

1. 贫困县发展受自然条件影响较大

黑龙江省地貌特征为"五山一水一草三分田"。地势大致是西北、北部和东南部高，东北、西南部低，主要由山地、台地、平原和水面构成。黑龙江省山地海拔大多在300~1000米，面积约占全省总面积的58%；台地海拔在200~350米，面积约占全省总面积的14%；平原海拔在50~200米，面积约占全省总面积的28%。黑龙江省属于寒温带与温带大陆性季风气候，全省从南向北，依温度指标可分为中温带和寒温带；从东向西，依干燥度指标可分为湿润区、半湿润区和半干旱区。全省气候的主要特征是春季低温干旱，夏季温热多雨，秋季易涝早霜，冬季寒冷漫长，气候地域性差异大。基于不同的区位，制约贫困县发展的自然条件也各不相同。西部的泰来县、望奎县、明水县、兰西县、青冈县、克东县、拜泉县受地形与气候等因素影响，水土流失较为严重，沙化、盐碱地分布广泛，土质贫瘠；东部的汤原县、桦川县、绥滨县、同江市和抚远市地势平坦，排水不畅，且在春夏两季雨水较为密集、雨量大，易形成洪涝灾害。

2. 贫困县生产生活基础设施较为落后

与其他县市相比，贫困县基础设施发展普遍滞后。一是贫困县道路交通建设水平不高，缺乏快捷、通达的公路铁路交通体系，严重制约了农村和城市之间的双向交流，本地名优特鲜农产品向外销路不足，难以获得更高的收益；同时，外来资金、技术、人才等生产要素也难以聚集，不利于经济发展。二是乡镇及村屯的医疗卫生、文化教育、水电路网等基础设施以及居住环境也难以保障农村居民日常生活的基本需求，成为困扰农村发展和解决贫困人口"三保障"问题的主要障碍。[①]

3. 农村产业结构单一，农民增收途径有限

黑龙江省农村的产业结构以农业为主导，农业收入尤其是种植业收入在农村收入来源中占据了很大一部分，2018 年黑龙江省农业总产值为5624.3 亿元，其中种植业产值为 3635.0 亿元，占比为 64.63%。一方面，以靠天吃饭为主的农业，经常遭受自然灾害的冲击，不时导致粮食减产和农民收入减少；另一方面，农产品加工转化能力不足，农业产业链条短，科技含量低，致使农业生产的效益不高，农民收入波动较大，容易陷入贫困境地。

4. 农村地区社会保障制度不健全

总体而言，黑龙江省农村的社会保障尚存很多不足，与大多数贫困县的情况大体相似。一是社会保障的范围小，报销比例低，且医保凭个人意愿，参保率低，容易导致"因病返贫"现象的出现。二是由于经济发展相对滞后，农村地区社会保障资金缺口大。据《新京报》报道，2016 年，黑龙江省养老保险亏空超过 200 亿元。[②] 三是农村老人除种地收入外大多没有固定

---

①　刘学敏等：《中国脱贫攻坚战的黑土地篇章——黑龙江省精准扶贫精准脱贫的成效、经验与模式》，《黑龙江社会科学》2020 年第 6 期，第 3 页。

②　吴为：《黑龙江亏空超 200 亿！13 个地区养老金支付能力不足 1 年》，《新京报》2017 年 12 月 10 日。

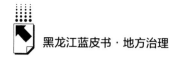

的生活来源，失能老年人长期徘徊在贫困线附近。①

5. 因病、因残、因学导致农户致贫

就农户个体而言，尽管致贫原因呈现叠加性、多样化的特征，但因病、因残、因学致贫仍是主要原因。根据人民网报道，截至2019年2月，黑龙江省剩余贫困人口均属于因病、因残和因灾致贫，其中因病致贫5057户，占比81.85%；因残致贫1042户，占比16.87%；因灾致贫79户，占比1.28%。② 伤残者的劳动能力无法和正常人相比，且农村地区的福利政策又远滞后于城市，如果仅靠国家的建档立卡政策很难使这部分人群彻底脱贫。此外，教育支出同样超出了贫困家庭的承受能力，家庭教育投资回报的长期性和不确定性，也使贫困家庭在结束教育投资后仍要面临短期经济贫困的处境和风险。

（二）治理的主要做法及成效

1. 推进责任落实，形成压力传导

党的十八大以来，黑龙江省坚决贯彻中央部署，把扶贫攻坚作为政治任务和第一民生工程，严格按照"省负总责、市县抓落实"工作机制，不断强化党政"一把手"负责制。各贫困县实行县、乡、村三级责任，省、市、县逐级签订年度脱贫责任书，传导压力；省人大、省政协每年都开展脱贫攻坚专题视察和监督工作，民主党派、纪检监察机关、审计部门等广泛开展扶贫监督工作，省委专项巡视脱贫攻坚实现20个国家级贫困县全覆盖，形成合力。同时，开展最严格的市、县党委和政府脱贫攻坚成效考核，严格落实考核约谈和常态化约谈机制，在全国率先出台《关于脱贫攻坚监督执纪问责办法》，实行终生问责制。

2. 立足产业发展，支撑脱贫攻坚

在产业项目发展中，黑龙江省突出龙头企业带动辐射作用，紧紧围绕全

---

① 吴国梁、王锦涛：《影响黑龙江省扶贫脱困的主要原因及对策》，《中国经贸导刊（中）》2020年第8期，第95页。

② 郝迎灿：《黑龙江贫困发生率降至0.07%》，《人民日报》2020年2月19日。

省重点产业，各市县因地制宜发展"小作坊""小菜园""小果园""小牧园"等绿色农业和旅游、电商、光伏等新产业、新业态，结合全省乡村特色和优势，推进"一村一品"小产业发展。20个国家级贫困县建成特色种养、农产品加工基地900多个，每个县形成2~3个特色鲜明、带贫面广的扶贫主导产业，覆盖近95%的贫困户。庭院经济辐射贫困村1500多个，带动贫困人口30余万。创建各类旅游扶贫点2000个，直接或间接带动12万多贫困人口受益。电商进村综合示范项目覆盖20个国家级贫困县，建有光伏扶贫电站9200多个，带动贫困户10万余户。全省培育发展带贫农业企业800多家、农民专业合作社3700多个、家庭农场和种养大户5400多个，累计带动贫困人口43万余人次。

3.集成多种途径，壮大集体经济

脱贫攻坚以来，各县通过开放共享、产业融合、模式再造等，积极探索集体经济的多种实现形式，寻求发展村级集体经济的多种途径。一是立足优势发展资源经济，鼓励村级集体经济组织依法合理开发利用集体土地、森林、山岭、荒地、滩涂等资源，建设农（林）产品种养基地，发展现代高效生态农业、特色林业和林下经济。二是盘活资产打造租赁经济，充分利用村集体闲置办公用房、学校、旧厂房等资产，通过租赁经营、托管经营等方式，实现集体资产保值增值。三是突出特色培强产业经济，大力培育具有地域特色的农业品牌，形成"一村一品""一乡一业"的特色产业发展格局。以"粮头食尾""农头工尾"为抓手，支持发展农产品精深加工，尽量把延长产业链的增值收益、就业岗位留在农村。四是对接需求做活服务经济，鼓励村级集体经济组织领办创办专业合作社、农业服务队、村级网站等各类服务实体，提供信息咨询、农资供应、农机作业、订单收购、代购代销、代种代收、育种育苗、加工运输等生产经营服务。五是综合资源开发旅游经济，鼓励具有民俗文化、红色文化、田园风光和自然景观资源的村级集体经济组织挖掘乡村休闲旅游资源，领办创办乡村旅游经济实体，发展农家乐、渔家乐、度假村、采摘园、农耕体验、生态体验、休闲农庄、健康养老、乡村民宿等乡村旅游项目。

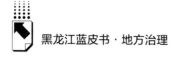

4. 完善政策体系，增加农民收入

党的十八大以来，我国建立了脱贫攻坚责任、政策、投入、动员、监督、考核六大政策体系，为打赢脱贫攻坚战提供了制度保障。对照国家层面出台的各项政策安排，黑龙江省全面承接、积极跟进，不断调整优化，相应接续出台健康扶贫、产业扶贫、教育扶贫、生态扶贫、兜底保障等13大类100余项脱贫攻坚政策措施，建立起脱贫攻坚"四梁八柱"政策支撑体系，市、县适时跟进出台系列承接性政策，织密政策保障网，打通政策落实"最后一公里"，扶贫领域很多"老大难"问题得到了有效解决，农民收入持续较快增长。

5. 统筹社会力量，形成扶贫格局

黑龙江省坚持政府主导和社会参与相结合，充分发挥政治优势和制度优势，广泛动员和凝聚社会力量参与扶贫，形成政府、市场、社会互为支撑，专项扶贫、行业扶贫、社会扶贫"三位一体"的大扶贫格局。一是坚持把驻村帮扶作为脱贫攻坚的重要抓手，实行"单位帮扶、干部驻村、整村包保"的驻村扶贫制度。全省所有建档立卡贫困村均建有一支驻村扶贫工作队，在岗帮扶干部15000余人，实现了1778个贫困村全覆盖；在岗帮扶责任人13万余名，实现贫困户全覆盖。二是推进"百企帮百村联万户"精准扶贫行动，累计参与帮扶企业1600余家，实施项目3500多个，投入资金18亿多元，受帮扶村1900多个，受帮扶贫困人口16万余人。三是依托"青春扶贫行动""巾帼脱贫行动"等载体和龙江"社会组织伙伴日"平台，组织动员社会各界帮助脱贫人口和边缘易致贫人口实现稳定增收。

三　有效应对新冠肺炎疫情

2020年突袭而至的新冠肺炎疫情，肆虐全球，为国家治理体系和治理能力现代化建设带来新的挑战，给黑龙江省经济社会发展带来较大的影响。同时，新冠肺炎疫情治理也为黑龙江省加快构建公共危机治理体系，提升公共危机治理能力提供了契机。

（一）应对新冠肺炎疫情的主要成就

面对新冠肺炎疫情带来的挑战，黑龙江省加快推进公共危机治理体系和治理能力现代化建设。三年来，黑龙江省公共危机治理工作取得令人瞩目的成就。

1. 危机治理体系初步完善

面对新冠肺炎疫情防控的严峻考验，黑龙江省已经建立起由公共安全、卫生健康、消防应急、生态环保、宣传教育等部门组成的覆盖全省的省、市、县、乡四级公共危机治理预警体系。2021 年 10 月，黑河市发生新冠肺炎疫情，卫健部门马上组织开展流行病学调查，及时公布相关人员活动轨迹，在全省范围内开展外流人员追踪，并及时控制具有传播风险的人员外流，把疫情控制在黑河市范围内，并减少及消除新增病例。

2. 基层治理能力明显提升

新冠肺炎疫情防控的重点和难点是人民群众集聚的基层社区。通过省直、市直机关干部下基层等方式，推动全省基层社区危机治理能力的提升。应对公共治理危机，必须强化基层治理力量，加强基层群众组织动员能力。目前，提升基层治理效能已被纳入黑龙江省"十四五"发展规划纲要。

3. 信息化建设全面提速

以微信健康码、国务院客户端行程码为代表的信息新技术在新冠肺炎疫情危机处置中发挥了不可替代的作用。为应对新冠肺炎疫情公共危机，省工信委、大数据管理局、省应急管理厅等部门不断加大信息化建设力度，依托信息新技术提升危机治理能力。例如，黑龙江省进一步与腾讯公司合作，拓展"龙江健康码"的功能，加快流程调查进度；省应急管理厅投入专项财政资金，支持各（地）市应急管理部门积极推进信息化建设，构建应急管理智慧分析信息系统。

（二）应对新冠肺炎疫情存在的突出问题

受新冠肺炎疫情的影响，黑龙江省公共危机治理体系和治理能力现代化

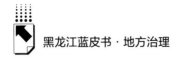

建设的步伐明显加快，但由于基础薄弱、经济社会发展缓慢等，目前公共危机治理工作还存在以下一些不容忽视的问题。

1. 多元共治格局尚未形成

公共危机治理属于社会治理的一部分，是一项系统工程，需要在党委领导下，政府、社会、市场、公民等多元主体积极参与和密切配合。反观黑龙江省新冠肺炎疫情危机治理过程，不难发现：疫情防控明显呈现政府主导的"一元化"特点，市场、社会、公民等其他主体参与不足。加强新冠肺炎疫情防控工作，同样需要包括物业公司、社会组织、社区企业、公民等多元主体的共同参与。就目前情况而言，黑龙江省尚未真正实现公共危机治理主体由单一政府向政府、民间组织、企业、媒体、公民等多元主体共同治理的转变，各主体参与和协作治理危机的意识尚未得到应有的强化和提高，公共危机治理主体多元化的外部机制尚未形成。

2. 基层治理能力仍需提高

习近平总书记曾指出，基层强则国家强，基层安则天下安，必须抓好基层治理现代化这项基础性工作。在新冠肺炎疫情危机治理中，通过省直、市直机关干部下沉等活动安排，黑龙江省基层治理能力得到进一步加强。但是，机关干部下基层参与公共危机治理只能是一项应急举措，并非长久之计。反观新冠肺炎疫情防控过程，可以明显看出黑龙江省基层治理能力与发达省份之间存在差距。整体来看，黑龙江省经济发展滞后，社会组织等多元共治主体孵化培育机制不够健全和完善，提升基层危机治理能力仍然任重道远。

3. 信息技术整合有待加强

剖析新冠肺炎疫情危机治理的实践，可以发现"部门主义"、科层制等因素导致公共危机治理呈现碎片化的现象依然存在。在疫情防控中，社区疫情防控信息需要向公安、应急、卫健和疾控等部门（单位）多头反复报送，防控信息碎片化严重影响了公共危机治理体系效能的充分发挥。在新冠肺炎疫情危机治理中，虽然微信健康码等信息技术的运用有效提升了公共危机治理能力，但政府部门之间信息共享机制不完善，尤其是缺乏信息共享平台，从而导致信息技术不能充分运用于公共危机治理资源的互动与整合。

（三）应对新冠肺炎疫情的启示

黑龙江省新冠肺炎疫情防控过程，留给我们的启示主要有以下几个方面。

1. 完善参与机制，加快构建多元共治格局

公共危机治理需要多方力量齐心作战、多元主体协同共治。一是做实布局谋篇，进一步完善参与机制。通过顶层设计和高位运作，引导鼓励社会组织、企业、媒体、公民等多元主体积极参与公共危机治理。二是加强地方立法，进一步健全法规体系。通过制度安排，明确各主体在公共危机治理中的责任，不断拓宽社会组织、企业、公民等参与公共危机治理的渠道。三是培育社会组织，进一步壮大基层力量。实践证明，社会组织在新冠肺炎疫情危机治理中，发挥了无可替代的辅助作用，是政府应对新冠肺炎疫情的重要帮手。黑龙江省经济社会发展滞后，社会组织规模小、发展不充分，应加快培育和孵化社区社会组织。

2. 加强基础建设，不断夯实危机治理沃土

一是健全应急管理和常态化管理动态衔接的基层治理机制，构建网格化管理、精细化服务、信息化支撑、开放式共享的基层管理服务平台。二是鼓励基层治理改革创新，加快基层治理研究基地建设，加强中国特色社会主义基层治理理论研究，认真总结新冠肺炎疫情防控经验，补齐补足社区防控短板，切实巩固社区防控阵地。三是保障基层治理投入，完善乡镇（街道）经费保障机制，进一步深化乡镇（街道）国库集中支付制度改革，按照有关规定采取盘活现有资源或新建等方式，支持建设完善基层阵地。

3. 创新思维方式，推动治理信息系统重构

黑龙江省应该正视危机治理碎片化问题，借鉴整体性治理理论，运用信息新技术推动危机治理过程中主体间的良性互动与资源的有效整合。一是运

用大数据实施规范化治理，促进疫情防控治理网络化和规范化。在大数据时代，社会结构和治理模式正在发生变革，实施数据治理就要不断推动政府运行在风险防控、议题设置、调查研究、运行机制、政策制定、监督反馈等方面日益网络化和科学化，建立一套基于数据运行的可记录、可透明、可规范的原则和标准，从而有力提升政府对各类疫情防控风险的感知、追踪、定位、预测和防范能力。二是运用大数据实施整体性治理，提升疫情防控把控能力和科学决策能力。党的十九届四中全会提出，建立健全运用互联网、大数据、人工智能等技术手段进行行政管理的制度规则。黑龙江省要想克服危机治理信息、资源碎片化、分散化的弊端，就必须构建数据驱动型治理流程，尽可能多地占有信息，系统性整合各要素，打破各部门的"数据孤岛"，为做出符合实际的科学决策提供实证支撑。同时，政府部门之间、政府与企业之间、个人之间要建立数据共享一体化平台，从而实现整体把握和优化资源配置，提升疫情防控治理能力。三是运用大数据实施智慧型治理，健全基层智慧治理标准体系。反思新冠肺炎疫情防控的艰难时刻，黑龙江省要想在后疫情时代站稳公共危机治理的脚跟，就必须对标国家的标准要求和先进省份的经验做法，整合数据资源，实施"互联网+基层治理"行动，不断完善乡镇（街道）、村（社区）地理信息等基础数据，共建全省基层治理数据库，推动基层治理数据资源共享。同时，要不断拓展应用场景，加快全省一体化政务服务平台建设，推动各地政务服务平台向乡镇（街道）延伸，建设开发智慧社区信息系统和简便应用软件，提高基层治理数字化、智能化水平。

四　推进人才支持政策建设

近年来，黑龙江省出台的人才支持政策，特别是创新型人才队伍建设极大地促进了全省人才事业发展。从政策覆盖领域来看，黑龙江省创新人才支持政策主要分为两类：一是针对所有创新创业人才的普适性政策，其多数由省政府及有关部门颁布实施；二是针对创业园区制定的人才服务政策。从政策涉及层面来看,主要分为意见安排、专项计划、配套方案、实施细则等四个层次。首先是顶层设计的意见安排;其次是为使政策意图得到集中体现的专项计划;再次是使意见安排和专项计划得以贯彻落实的配套方案;最后是涉及科研投入、金融税收、成果转化等有关政策的实施细则。从政策包含内容来看,创新人才支持政策具体可分为人才引进、人才流动、人才激励、人才培养、人才评价等。

(一)创新做法及成效

2019年以来,黑龙江省打出人才支持政策"组合拳",持续优化升级人才政策体系,人才体制机制改革初步破题。制定出台《关于激发人才活力推动振兴发展的有关意见》及实施细则和操作办法;出台《黑龙江省领军人才梯队管理办法》,完善省、市、县三级衔接、梯次递进,集科研创新、成果转化和人才培养于一体的立体式育才模式;修订了关于享受省政府特殊津贴人选评选办法,坚持向重点产业、创新创业人才、非公领域和基层一线倾斜;完善《黑龙江省博士后资助经费管理使用办法》,给予具有创新能力和发展潜力的博士后资金支持,吸引和留住一批创新型青年人才。

1. 实施重点人才项目建设

着眼于服务重点产业发展和重大项目建设,一是实施人力资源支持"百大项目"专项行动,支持用人单位引进和留住高精尖缺人才;二是创新实施领军人才梯队建设工程,选拔享受省政府特殊津贴人员;三是实施博士后青年英才计划,培养一批引领原始创新、突破关键技术、带动产业转型的高层次人才;四是实施龙江技能振兴计划,加大高技能人才培养基地建设力度,打造"大国工匠"队伍。

2. 健全人才服务保障体系

一是加大对人才住房、子女入学、医疗等生活保障力度,真正让人才安心、安身、安业;二是建立人才流动统计分析监测机制,为人才提供诉求受理等服务;三是大力发展人力资源服务业,提高人力资源配置的公平性和总

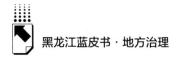
体效率。

3. 推进人才分类评价改革

建立突出能力、业绩和实际贡献的分类评价机制，一是制定出台《黑龙江省关于分类推进人才评价机制改革的实施意见》，分系列推进自然科学研究、工程技术、会计等职称制度改革；二是修订全省中、高级职称评审标准，克服"唯论文、唯学历、唯奖项"倾向，精准评价专业技术人才；三是出台职称评审管理实施细则，不断深化技能人才评价制度改革。

4. 创新事业单位人事制度

落实分类推进事业单位改革任务，做好人员安置、工资福利待遇和社会保险政策衔接等工作。一是完善事业单位岗位聘用制度，扩大聘用制度覆盖面，做到聘用合同"应签尽签、不留死角"；二是在省直事业单位探索出台工勤人员转聘到管理岗位或专业技术岗位政策，打破身份限制，变身份管理为岗位管理；三是建立完善事业单位工作人员考核奖励机制，推进事业单位绩效工资制度，提高工资收入水平；四是持续推进公立医院薪酬制度改革，适时出台实施意见；五是调整乡镇工作补贴标准，重点向边境地区倾斜，进一步提高乡镇干部收入水平。[①]

5. 激励科技人才创新创业

为激发科技人才创新创业创造活力，形成各类英才竞现、创新成果泉涌的生动局面，2019年黑龙江省推出系列激励科技人才创新创业创造的务实政策。一是在培养科技人才方面，充分发挥省自然科学基金在基础研究和培养人才方面的作用，支持科研人员长期扎根龙江、服务发展，加强人才梯队建设，大力培养科技创新团队、科技领军人才和青年科技人才。二是在引进科技人才方面，探索建立引才引智平台和基地，集聚优秀科技人才参与黑龙江省创新战略研究、重点科技计划项目、重大科技成果转移转化。三是在激励科技人才方面，落实"头雁行动"，发挥重大科技创新基地和重大科技计

---

① 林乐君、姜斌：《我省优化升级人才政策体系》，《黑龙江日报》2019年2月7日。

划项目作用，"筑巢引凤""固巢留凤"；继续实施"龙江科技英才"特殊支持计划，落实《黑龙江省优秀中青年专家评选管理办法》，评选科技创业人才、科技创新人才、青年拔尖人才和重点领域创新团队，激发科研人员创新创业创造活力。①

（二）人才事业面临的突出问题及其主要原因

2018 年 9 月，习近平总书记在东北三省考察时指出：推进东北振兴，"要多方面采取措施，创造拴心留人的条件，让各类人才安心、安身、安业"。积极推进人才事业发展，需要我们及时发现问题并适时做出改正。目前，黑龙江省人才事业面临以下突出问题。

1. 总量不大

人才流动走向往往是决定一个区域经济力量强弱的重要因素。多年来，黑龙江省人才短缺问题比较突出，不仅高层次人才总量不足，而且高技能人才严重匮乏。黑龙江省技能人才和高技能人才总量远远少于兄弟省份，2020 年，安徽省技能人才总量达 530.3 万人，高技能人才 148.7 万人②（见表 2）。此外，四川省技能人才总量突破 1000 万人，专业技术人才总量达 371 万人③。截至 2021 年 7 月，黑龙江省技能人才总量为 209.68 万人，其中高技能人才仅为 65 万人。据《黑龙江省重点产业（行业）急需紧缺人才目录（2020—2021 年）》，黑龙江省技能人才紧缺岗位占据人才目录的 22%，专业技术人才占据目录的 58%。④

---

① 蒋平、彭溢：《我省推出系列激励科技人才政策》，《黑龙江日报》2019 年 3 月 30 日。
② 《安徽省技能人才总量达 530.3 万人》，中华人民共和国人力资源和社会保障部，2020 年 1 月 18 日，http：//www.mohrss.gov.cn/SYrlzyhshbzb/rdzt/zyjntsxd/zyjntsxd_xdjz/202001/t20200108_352992.html。
③ 韩民权：《四川技能人才总量突破 1000 万人》，央广网，2021 年 1 月 25 日，http：//news.cnr.cn/native/city/20210125/t20210125_525399741.shtml。
④ 黑龙江省人力资源和社会保障厅：《黑龙江省重点产业（行业）急需紧缺人才目录（2020—2021 年）》，中国就业培训技术指导中心兼人力资源和社会保障部职业技能鉴定中心，2019 年 12 月，http：//chinajob.mohrss.gov.cn/zcms/contentcore/resource/download？ID=82043。

表2 黑龙江省与其他省份技能人才总量比较

单位：万人

省份	技能人才	高技能人才
湖北	871.8(2018年)	272(2020年)
安徽	530.3(2020年)	148.7(2020年)
山东	1341(2020年)	330(2020年)
黑龙江	209.68(截至2021年7月)	65(截至2021年7月)

资料来源：①《湖北人社事业发展"十三五"规划实施报告》，湖北省人力资源和社会保障厅，2020年12月17日，http：//rst.hubei.gov.cn/bmdt/rsyw/202012/t20201217_3089607.shtml。

②《安徽省技能人才总量达530.3万人》，中华人民共和国人力资源和社会保障部，2020年1月18日，http：//www.mohrss.gov.cn/SYrlzyhshbzb/rdzt/zyjntsxd/zyjntsxd_xdjz/202001/t20200108_352992.html。

③《山东出台22条硬核措施 到2025年全省高技能人才达380万人以上》，中华人民共和国人力资源和社会保障部，2021年3月8日，http：//www.mohrss.gov.cn/SYrlzyhshbzb/rdzt/zyjntsxd/zyjntsxd_xdjz/202103/t20210308_410754.html。

④庞淼：《黑龙江省成立装备制造业"政校企"技能人才培养联盟》，央广网，2021年7月16日，http：//hlj.cnr.cn/hljyw/20210716/t20210716_525536371.shtml。

2.结构不优

黑龙江省不仅人才总量不多，而且人才结构与产业结构匹配性也不高，行业、企业人才分布不平衡，科研和教育等传统行业人才比较集中，农林牧渔业科技人才匮乏，交通、物流、金融等现代服务业和信息传输、软件开发等产业人才有限，尤其是第一产业科技人才短缺。

3.分布不均

一是单位分布不平衡。目前，黑龙江省专业技术人才大多集中在中央和地方国有企业、事业单位，非国有单位占比不足1/3，数量很少。二是地域分布不平衡。全省专业技术人才主要集中在省直部门、城市和城关镇，尤其是大城市和特大城市，哈尔滨、大庆、齐齐哈尔、牡丹江几乎集聚了专业技术人才的2/3，乡域专业技术人才占比不足10%。

4.储备不足

一是黑龙江省高校毕业生留省率呈逐年下降趋势。2012~2019年，省内高校毕业生留省率由65.17%下降到54.86%；省外高校黑龙江省生源回省率更

低，2014~2019 年，由 14.74% 下降到 10.66%。例如，哈尔滨工业大学 2019
届毕业生中，大部分流向华东、华北和华南等地区，在东北地区就业的毕业
生仅占 17.49%，硕士和博士毕业生留在东北地区就业的比例分别为 10.11%
和 25.48%①（见表 3）。二是技工院校毕业生省外就业率呈上升态势。以黑
龙江职业学院为例，2020 届毕业生省内就业人数占比为 60.67%，省外就业
人数占比达 39.33%。2021 届毕业生省内省外就业人数占比分别为 57.96%
和 42.04%②，省外就业率明显提高。在省内技能型人才严重缺乏的状况下，
省外就业率的上升无疑加剧了省内技能型人才的供需矛盾。

表 3　哈尔滨工业大学 2019 届毕业生就业地区分布情况

单位：%

地区分布	占同等学历比例			合计所占比例
	本科	硕士	博士	
东北	29.19	10.11	25.48	17.49
华北	19.15	23.48	16.84	21.35
华东	20.97	33.22	31.15	29.60
华南	17.09	21.65	10.88	18.86
华中	5.14	4.21	4.17	4.46
西北	2.06	2.42	5.22	2.72
西南	6.41	4.91	6.26	5.51

资料来源：《哈尔滨工业大学 2019 届毕业生就业质量报告》。

5. 流失不断

近年来，黑龙江省人才流失增速虽有减缓，但尚未扭转由负转正的局
面。数据显示，企事业现有人才方面，2015~2017 年，省属国有企事业单位
专业技术人才流出 2611 人，其中高级职称的占 65.5%；技能型人才流出

---

① 哈尔滨工业大学学工处：《哈尔滨工业大学 2019 届毕业生就业质量报告》，哈尔滨工业大
学，2019 年 12 月 31 日，http://today.hit.edu.cn/article/2019/12/31/74133。
② 黑龙江职业学院：《2020 届毕业生就业质量报告》《2021 届毕业生就业质量报告》，黑龙江
职业学院，2021 年 12 月 31 日，http://www.hljp.edu.cn/zsjy/jyzlbg.htm。

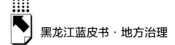

6.75万人。① 高校毕业生方面，2014年至2018年，黑龙江省高校到省外创业和工作的生源毕业生数量约为25.17万人，年均流出5.03万人。考入省外高校的，仅有14%回省就业。② 流出趋势呈现为：全年龄层、全教育段、全业界领域的总特点，流失比重大的既有高学历、高职称、高技术等级的高层次人才，也有低年龄段的毕业生源流出。

上述问题的产生究其原因，主要有以下五个方面。

第一，产业不旺。在市场经济环境下，收入水平和发展平台始终是吸引人才的两个极为重要的因素。黑龙江省经济发展严重滞后，2021年人均GDP略高于甘肃，在全国基本处于垫底位置。黑龙江省的产业结构仍然偏资源型、传统型、重化工型，先进制造业和新兴产业良好发展态势尚未形成，"东方不亮西方亮"的产业多元发展、多点支撑的局面尚未形成，对人才吸纳能力不足。尽管近年来黑龙江省的高校和科研院所投入大量人力、物力培养电子信息、生物工程与制药、新材料、新能源等新兴产业人才，但多因在本地人才"无用武之地"而流失。经济发展尤其是产业的结构性缺陷与人才流失互为因果，这一点在黑龙江省的表现尤为突出。事业发展空间狭窄导致黑龙江省在"人才争夺战"中一直处于劣势。

第二，体制不活。一是人才政策整合度不高。黑龙江省目前的人才政策大多分散在不同的部门，政策内容和操作之间缺乏有效衔接和整合，政策分散、琐碎、重复，系统化、协同性水平低，整体影响力、吸引力不足，既不便于对人才政策的全面了解，也不利于部门之间的相互配合与联动。二是人才政策覆盖面不广。2016年以来，黑龙江省出台了一系列的人才支持政策，特别是对"两院"院士、"长江学者"及"国家杰出青年科学基金"获得者等高层次人才在职务安排、薪酬激励、子女入学、体检就医等方面给予特殊优惠，进行重点

① 《3年流出6.75万技能型人才　黑龙江人社厅做整改》，人民网，2019年4月21日，http：//politics. people. com. cn/n1/2019/0421/c1001-31040843. html。

② 张非非等：《"熟"了就走，重引轻育破解东北人才"焯水"效应》，2020年9月10日，http：//www. banyuetan. org/xszg/detail/20200910/1000200033137251599703046043495433＿1. html。

保障。以对子女入学给予择校政策支持为例，高层次人才子女大多已过义务教育阶段，无择校就学需要，而恰逢有子女入学需求的博士后等青年人才却享受不到这一优惠政策。三是人才政策针对性不强。与相关省份比较，黑龙江省吸引大学毕业生留本埠工作的政策缺乏针对性。2015 年，曾推出了全日制硕士研究生、博士研究生到黑龙江就业予以补助的人才政策，但没有针对本科毕业生的吸引政策，致使本科毕业生留省率逐年下降。四是人才政策公平性不足。黑龙江省有关政策规定：中省直单位每引进 1 名六类高层次人才，省财政给予用人单位 20 万元的补贴，并给予引进人才相应的配套补助。① 省内高校、科研院所以及企业单位自主培养的高层次人才不享受此政策待遇，"引进人才"和"本土人才"政策待遇不同，从而导致出现"招来女婿气走儿"的现象。

第三，待遇不高。一是收入水平偏低。在市场经济环境下，薪酬始终是吸引人才的一个极为重要的因素。有研究显示，研究生毕业去南方工作，刚入职的薪酬水平差不多比包括黑龙江省在内的东北地区高 10 倍，并且用人单位还提供住房。二是支持名额偏少。同样是省级人才支持计划，"龙江学者"每年只评聘教授 15 人，青年学者 30 人；而山东省的"泰山学者"计划每年资助 111 人，湖北省的"楚天学者"计划每年资助 140 人，吉林省的"长白山学者"计划和"长白山技能名师"计划每年支持 140 人。三是基层条件偏差。基层工作压力大，待遇低，生活条件艰苦，发展平台和机会少，在很大程度上阻碍人才向基层流动。黑龙江省 20 世纪 80 年代的政策是大学生到基层工作，工资上浮一级，下农村还有补助，收入高于城市；当提拔任用或晋升职称时，也会充分考虑基层工作经历。近年来，人才工作缺乏向基层倾斜的政策考量，从而导致基层医院、学校等公共服务类事业单位人才流失较多，特别是边境地区人才流失严重。

第四，投入不足。《2020 年全国科技经费投入统计公报》显示，2020 年黑龙江研究与试验发展（R&D）经费为 173.2 亿元，全国排第 21 位，较上年增长

---

① 《人才政策》，黑龙江省科技厅，2017 年 3 月 23 日，http：//www. hljkjt. gov. cn/html/ZWGK/ZCFG/heilongjiang/show-22766. html。

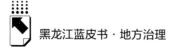
了 18.14%，增幅排全国第三。R&D 经费投入强度为 1.26%，全国排第 21 位，较上年增长 18%，增幅排全国第七位。① 近年来，黑龙江科研投入增长幅度迅猛，但投入总量较少的问题仍然突出。科研经费投入的不足，导致全省科技创新和科技人才建设整体实力后劲不足，不利于创新在经济增长中驱动作用的发挥。

第五，竞争不利。黑龙江省冬季漫长寒冷，居住、出行等生活成本高；经济社会发展滞后，人才创新发展的空间小。主要体现在以下几点。一是结构失衡。目前，在黑龙江省人才政策工具应用结构中，供给型与环境型政策工具占据较大比重，需求型政策工具应用不足，政策工具应用结构失衡问题突出。有研究显示，截至 2020 年底，在黑龙江省科技人才政策工具应用结构中，人才引进型占比 25.7%、人才培养型占比 41.4%、人才激励型占比 18.6%、人才保障型占比 14.3%。在政策工具的选取与应用上，各政策制定主体倾向于培养型与引进型政策工具，而激励型与保障型工具应用欠缺②。二是评价失偏。这主要表现在"四重四轻"：其一，在评价内容上，重成果数量轻成果质量，从而导致有些人铤而走险，催生了学术不端行为；其二，在评价主体上，重行政主导轻多元评议，人才评价存在着明显的行政化和"官本位"倾向；其三，在评价周期上，重短期考核轻长远涵育，致使一些从事基础学科的研究型人才难以潜心做学问；其四，在评价指标上，重"以刊量才"轻业绩贡献，导致整个学术风气变得浮躁和功利。三是内容趋同。通过对人才政策文本的分析，不难发现黑龙江省人才政策内容同质化现象比较明显，主要体现为盲目照搬或效仿发达省份或城市的做法，也普遍存在着"四重四轻"现象：其一，重"海归"轻本土，这类人才政策主要侧重于吸引海外人才来黑龙江省就业创业，通过引智的方式带动各个领域的发展，而对我国自主培养的人才重视不够；其

---

① 国家统计局、科学技术部、财政部：《2020 年全国科技经费投入统计公报》，国家统计局，2021 年 9 月 22 日，http://www.stats.gov.cn/tjsj/tjgb/rdpcgb/qgkjjftrtjgb/202109/t20210922_1822388.html。

② 何杉、刘岩芳：《黑龙江省科技人才政策发展问题及改进策略探析》，《边疆经济与文化》2022 年第 2 期，第 25 页。

二，重引进轻本埠，这类人才政策更多考量的是如何提升引进人才待遇，而对本省人才发展需求则缺少应有的关注；其三，重激励轻保障，这类人才政策更多聚焦于对创新型人才给予财政金融支持，以调动其创业积极性，带动就业，促进人才流动和发展，而对人才的相关生活与职业保障考虑得则不多；其四，重评价轻培育，这类人才支持政策侧重于人才职称评定与晋升、人才考核方式改革，很少涉及为人才发展和创造提供一个优良的科研与学术环境，很难发挥政策的"组合拳"效应，致使"人才优势"不能很好地转化为"创新优势"。四是激励不足。2020 年黑龙江省推动强化创新驱动，省级统筹安排 22.9 亿元，投入包括"头雁人才"团队建设在内的省级科技重大专项项目、重点实验室、基础研究与应用研究、科技创新基地等。① 而与其他省份对比发现，在山东省2020 年政府预算执行情况中，省级整合设立 120 亿元的科技创新发展资金②，而河南省全省科技支出 249 亿元支持培育创新驱动发展新优势③，可见，黑龙江省科创与人才激励政策尚有差距。同时，为了对有限的经费进行合理分配，只能在经费申报中设立层层关卡和条件，从而导致人才科研经费申报和使用层层受限。

（三）应对人才流失的路径选择

针对人才事业面临的突出问题，黑龙江省应从以下几个方面寻求突破。

1. 着力破解"六过"难题

一是创新观念，以解决思想认识过偏的难题；二是放权松绑，以解决管理机制过死的难题；三是壮大产业，以解决发展空间过窄的难题；四是提高待遇，以解决收入水平过低的难题；五是强化服务，以解决后顾之忧过多的

---

① 《关于黑龙江省 2020 年预算执行情况和 2021 年预算草案的报告》，黑龙江省财政厅，2021 年 3 月 12 日，https://czt.hlj.gov.cn/web/zwgk/article/a8747a407ed9451 4bbd605132c82ae54。

② 《关于河南省 2020 年财政预算执行情况和 2021 年预算草案的报告》，河南省财政厅，2021 年 1 月 22 日，http://czt.henan.gov.cn/2021/01-22/2084432.html。

③ 《关于山东省 2020 年预算执行情况和 2021 年预算草案的报告》，山东省财政厅，2021 年 3 月 22 日，http://www.shandong.gov.cn/art/2021/3/22/art_ 100623_ 37974.html。

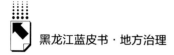
难题；六是拓宽渠道，以解决聚才招贤数量过少的难题。

2. 坚决做到"靶向"发力

应由省委组织部牵头、省人社厅具体操作，对全省人才政策进行一次系统性梳理，尤其是对既有人才政策的精准度、实效性和含金量进行实证性和定量化分析，要对照发达省份和发展需求找出黑龙江省人才工作的短板和不足，秉持握指成拳和集腋成裘的原则，尽快推出支持人才特别是科技人才事业发展的硬核"政策包"。就现实情况而言，黑龙江省人才政策支持体系建设需要进一步破题，要做到"四应四尽"：一是构建性要强一些，尽可能做到"应出尽出"；二是惠及面要更广一些，尽可能做到"应有尽有"；三是含金量要更高一些，尽可能做到"应足尽足"；四是节奏感要更快一些，尽可能做到"应早尽早"。特别需要强调的是，政府工作安排不应仅限于对创新型人才做出政策支持考量，而应该从整体上对全省人才建设做出全面谋划和顶层设计。政策支持可以有先有后、有急有缓，甚至根据需要也可以有厚有薄，但绝对不能出现"空转"和空白。

3. 切实做好"四字"文章

"引、育、留、用"是创新人才政策的四个面向和做好人才工作的重要引擎，对此必须做出科学谋划与合理安排，切不可笼而统之地"一把抓"。就目前情况而言，比起"引"和"育"，黑龙江省人才事业发展中"留"的问题更加突出，要想有效破解这一难题，分类施策和靶向发力才是正确的政策选择。为此，黑龙江省必须在引进急需人才、培育青年人才、留住骨干人才和用好高端人才上"拧线成绳"，做足功课。

五　落实"双减"在行动

为深入贯彻落实全省推进减轻义务教育阶段学生作业负担和校外培训负担工作会议精神，强化学校教育教学主阵地作用，有效减轻义务教育阶段学生校内作业负担，黑龙江省重点开展校内作业负担、教师有偿补课、违规培训、广告宣传、培训收费、审查登记、消防安全、黑班黑校、线上培训、公司类违规培训等"十个专项治理行动"，在中小学作业减量增效和校外培训机构专项整治方面取得明显成效。

（一）中小学作业减量增效

1. 全面部署作业管理

进一步明确作业管理相关工作任务、工作措施，小学一、二年级不留书面作业，三年级至六年级学生在校内基本完成书面作业，初中学生在校内完成大部分书面作业。组织召开全省中小学校落实"双减"视频调度推进会，梳理分析面临的新形势和出现的新问题，推动"双减"政策在各地各校落实落细落靠。哈尔滨市的分层次阶梯式作业，佳木斯市提出的四个"必须"，鹤岗市采取先由任课教师预估当天本学科作业完成时间再由班主任综合统筹的方式，都对作业时间的管控和质量的提升起到了很好的促进作用。

2. 开展"百日攻坚治理"

制订《黑龙江省义务教育阶段学生校内作业负担专项整治工作方案》，开展"百日攻坚治理大会战"，强化校长第一责任和班主任统筹各学科作用，建立学生作业负担监测和问责制度，实行作业公示和"负面清单"，对违规行为加大追责力度，将作业管理纳入县域和学校义务教育质量评价，把作业设计、批改和反馈情况纳入对教师的考核评价，重点整治布置超难度、重复性、惩罚性作业等10个突出问题。2021年底，初步实现"小学作业不出校，初中难题不回家"，推动实现减作业、增睡眠，减补习、增运动，减刷题、增实践的"三减三增"目标，推动源头治理工作取得重大进展。

3. 加强家庭教育指导

制订《中小学百万家庭赋能工程实施方案》，搭建新媒体服务平台，举办推进落实"双减"政策家庭教育专题培训，开展"双减"家庭教育六项系列指导活动等引导广大家长提高认识，充分理解学校落实"双减"政策的具体举措，掌握科学的家庭教育方式。黑龙江省全面推行"四零"承诺促进阳光均衡分班，构建家校协同"双减"教育生态圈，两项举措均入选教育部推广学校落实"双减"典型案例。

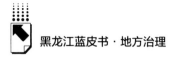

4. 发挥典型示范作用

按照教育部"周周报道、天天宣传"的工作要求，充分利用官网、官微、公众号及融媒体宣传阵地作用，在《黑龙江日报》等省媒开设专栏，积极宣传国家和省对减轻作业负担的工作要求，以及各地各校在作业管理方面形成的好经验、好做法，营造良好的舆论氛围。与此同时，开展教师优化作业设计典型案例评选活动，遴选48个优化作业设计优秀案例，出版了《黑龙江教育》专刊。

5. 建立作业监管机制

组成"双减"专项督导组，联合民政、市场监管、公安等部门对13个市（地）政府进行重点督导。组织全省各地中小学校责任督学开展了4轮全覆盖专项督导。公布省、市、县、校监督举报电话，加强社会监督和舆论监督。通过第三方机构开展社会满意度调查，做好数据分析，加强工作指导。全省已建立作业公示制度学校2834所，在义务教育学校总数中占比100%；已出台作业管理办法学校2834所，在义务教育学校总数中占比100%；作业控制达标学校2830所，在义务教育学校总数中占比99.86%；不给家长布置作业或要求家长批改作业学校2834所，在义务教育学校总数中占比100%。教育部"双减"工作调研组先后深入哈尔滨市、大庆市实地调研校内减负工作，对黑龙江省校内减负工作给予充分肯定。

（二）校外培训机构专项整治

为加强对专项治理行动的组织领导，黑龙江省设立了专门协调机制办公室，多部门协同发力，高频调度推进。

1. 精心谋划部署

一是制发《黑龙江省关于进一步减轻义务教育阶段学生作业负担和校外培训负担的实施意见》《无证无照违规培训专项整治工作方案》等7个专项整治方案，系统治理、综合治理、依法治理、源头治理，进一步规范校外培训机构办学行为。二是全面开展"百日会战"，以"十项专项整治"行动为抓手，组织开展学科类校外培训机构整治月、国庆期间联查联访等行动，累计检查学科类校外培训机构、公司类教育机构、托管班、自习室、咖啡厅、宾馆等场所共计 3000 余所,查处"黑班黑校"380 余所;非学科类培训机构违规开展学科类培训 9 所;清理占用国家法定节假日、休息日组织义务教育阶段学科类培训的机构 130 所;查处学科类校外培训违规广告 29 起。三是引导学科类校外培训机构向非学科类转型,全省学科类培训机构由 3650 所压减至 142 所,压减比例为 96.1%,位居全国前列。

2. 开展整治规范月行动

根据《关于开展学科类校外培训专项治理工作的通知》要求,各地全面加强学科类校外培训机构设立审批及教学、招生、收费等各环节监督管理,于 2021 年 7 月 19 日至 8 月 25 日开展"348105"整治规范月行动。一是按照进行一次合规性大清底、开展一次负面清单整治大清理、组织一次教育督导明察暗访问题大清查三条线,联动推进整治行动。二是在合规性审查的基础上,开展依法打击一批黑班黑校、整治取缔一批问题突出机构、限期整改一批存在问题机构、规范提升一批合法合规机构等"四个一批"专项整治。三是整治叫停组织和开展整班补课、超纲和提前违规开课、在职和无证教师讲课、临时和跨区流动授课、营销和高价推送名课、勾连和进校集中码课、出借和联合办班混课、安排和强推视频线课等 8 种培训行为。四是规范强化资格认定、招生合同、教学行为、教务人员、财务收费、安全防疫、整治出口、网课使用、部门联动和政府督导等"十项管理"。五是预期实现鼓励推进学科类校外培训机构向定型化管理转向、向非营利性机构转制、向托管性一体转型、向非义务学科转段、向兴趣性需求转变等"五转"目标。

3. 全面开展合规性审查

要求各地组织证照齐全的学科类校外培训机构对照《黑龙江省校外培训机构设置标准(试行)》《黑龙江省校外培训机构负面清单"三十条"》全面开展自查自纠,并向所在地教育行政部门申报合规性审查。一是县级教育行政部门联合相关部门重点审查培训机构办学资质、党的建设、培训内容、教师资质、广告宣传、合同规范、收费管理、安全达标、疫情防控等方面存在的问题,合规性审查不合格的一律停止办学,审查合格的机构要重新

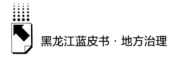

备案。二是建立学科类校外培训机构清单，规定清单之外的机构不得以"素质拓展""思维训练"等名义超范围开展学科类培训。三是成立省、市两级专项督查组，对县级教育行政部门审查通过的培训学校进行不定期抽查，对抽查中发现的问题进行通报，并由所在地区教育行政部门督促培训机构停业整改并限期复查。

4. 严格落实法律法规

要求各地结合当前校外培训机构整治工作实际，严格落实法律法规。一是认真学习《中华人民共和国未成年人保护法》《中华人民共和国预防未成年人犯罪法》《中华人民共和国民办教育促进法》《中华人民共和国民办教育促进法实施条例》及《未成年人学校保护规定》，对上述法律、法规、规章重点解读，运用法治思维和法治方式"治乱、减负、防风险"。二是贯彻落实《中华人民共和国未成年人保护法》相关规定，深入推进校外培训机构整治工作，切实保障未成年人的切身利益。

专题报告篇

Special Reports

B.2

黑龙江省网上政务服务能力（政务服务"好差评"）评估报告

黑龙江省社会科学院课题组 *

摘　要： 黑龙江省不断提升网上政务服务能力建设，但仍存在政务服务事项标准化建设尚不完善、网上政务服务高频事项清单缺失、数据非同源、多平台提供服务、省级政务服务平台汇聚到国家平台的事项较少等问题。需进一步强化顶层设计，加快网上政务服务相关制度建设；加强组织领导，加大网上政务服务建设整合力度；改进工作方法，补齐网上政务服务建设短板；推动标准化建设，提升网上政务服务友好度；强化监督考核，激发服务人员（部门）的积极性。

* 课题组成员：许淑萍，黑龙江省社会科学院政治学研究所所长，研究员，研究方向为行政学理论；李峰，黑龙江省社会科学院政治学研究所副研究员，研究方向为行政学；关博文，黑龙江财经学院教师，研究方向为中国政府与政治、基层治理；汤辉，黑龙江省社会科学院政治学研究所助理研究员，研究方向为地方治理；姜欣桐，黑龙江省社会科学院政治学研究所助理研究员，研究方向为政治学理论；李爽、梁宗跃、张檬、康凯、李松霖为黑龙江省社会科学院硕士研究生。执笔人：许淑萍、关博文、汤辉、姜欣桐。

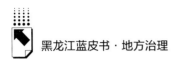

关键词： 网上政务服务　服务事项　黑龙江

为贯彻落实党中央、国务院关于深入推进"互联网+政务服务"和 2020 年政府工作报告的部署要求，不断提升网上政务服务能力和水平，根据《国务院关于加快推进全国一体化在线政务服务平台建设的指导意见》（国发〔2018〕27 号）、《黑龙江省加快推进一体化在线政务服务平台建设实施方案》（黑政发〔2019〕6 号）等有关文件要求，推动政务服务从"可办"向"好办"转变，实现更多服务事项"一网通办""跨省通办"，黑龙江省营商环境建设监督局委托黑龙江省社会科学院"网上政务服务能力评估项目组"，开展 2020 年度省直部门网上政务服务能力（政务服务"好差评"）第三方评估工作。

一　评估对象

本次评估对象是将行政权力事项纳入网上办事大厅的 44 个省直（中直）部门门户网站网上办事平台、黑龙江政务服务网的网上服务窗口以及各部门掌上移动政务平台。

二　评估原则

（一）导向性原则

在紧紧围绕一体化政务服务平台 2020 年度重点建设任务的基础上，建立面向用户的评估指标体系，全面评估省直各部门网上政务服务平台规范化、标准化、集约化建设效能，进一步引导和规范"互联网+政务服务"持续健康发展。

（二）客观性原则

以第三方的视角对评估对象做出独立客观的评估结论。从政务服务供给侧和需求侧两个维度，采用定量与定性相结合的分析方法，采取实时信息监测、后台信息抓取、书面问卷调查等手段，对政府网上政务服务平台提供的政务服务事项数据进行采集与监测，科学、客观地反映各部门网上政务服务发展水平。

（三）实效性原则

从推动实现政务服务标准化、便捷化、平台化、协同化的目标出发，按照"以用户为中心"的原则，以办事对象"获得感"为第一评价标准，注重对"互联网+政务服务"实际应用成效进行评估，以帮助各部门、各市（地）及时发现网上政务服务工作中存在的问题，推动形成以评价考核推执行、以评价反馈促改进的闭环管理模式。

（四）专业性原则

突出评估的专业性，由黑龙江省社科院政治学研究所、社会学研究所相关专家组建专业的评估团队，由政治学、社会学、行政学、公共管理等专业研究生查阅政务网站，以专业的研究团队对黑龙江省政务服务进行评估，提出兼具专业性和可操作性的建议。

三　评估方法

（一）实时信息监测

依托黑龙江政务服务网及评估对象的门户网站、掌上移动政务平台，依据评估指标对各部门政府网上政务服务平台提供的政务服务事项数据进行采集与监测，逐项进行网上查询、对比，查找各评估对象存在的差距和问题。

（二）后台信息抓取

查阅省政务服务网后台数据，选取与指标相关的数据进行汇总，运用统计产品与服务解决方案（SPSS）等数据分析工具进行统计分析。依照指标体系对黑龙江省评估对象的网上政务服务进行数字化对比，客观地反映各部门网上政务服务发展水平。

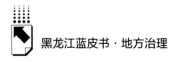

（三）定量分析与定性分析相结合方法

通过数据采集，科学、客观地反映黑龙江省网上政务服务发展水平、行政效能，剖析黑龙江省网上政务服务工作中存在的问题，通过评估强化常态化监督，实现黑龙江省网上政务服务全流程动态精准监督，加快提升黑龙江省网上政务服务能力和水平。

（四）比较研究法

通过与2018年、2019年黑龙江省网上政务服务相关数据和情况进行纵向比较以及通过与发达省份、相邻省份情况进行横向比较，分析查找问题和差距，同时总结自身及其他省份相关经验及启示。

四 评估时间

本次评估的数据采集时间：2020年9月5~30日。

五 评估指标

本次评估采用《2020年度省级政府和重点城市一体化政务服务能力（政务服务"好差评"）调查评估指标体系》，重点围绕在线服务成效度、在线办理成熟度、服务方式完备度、服务事项覆盖度以及办事指南准确度5个方面（见表1），共包含5项一级指标、22项二级指标、66项三级指标。

表1 评估导向及评估要点

指标项	权重（%）	评估要点
在线服务成效度	25	重点从"效能线上可评"的角度，衡量政务服务平台的用户使用、网办效率、服务质量等方面的实施效果
在线办理成熟度	25	重点从"服务一网通办"的角度，衡量政务服务在线一体化办理程度

续表

指标项	权重(%)	评估要点
服务方式完备度	20	重点从"渠道一网通达"的角度，衡量群众和企业是否可以方便、快捷和准确地找到所需服务
服务事项覆盖度	15	重点从"事项应上尽上"的角度，衡量行政权力事项和公共服务事项通过一体化政务服务平台对外提供服务的情况
办事指南准确度	15	重点从"指南精准实用"的角度，衡量办事指南公布相关要素信息的准确性、翔实性和易用性

资料来源：《2020年度省级政府和重点城市一体化政务服务能力（政务服务"好差评"）调查评估指标体系》。

六　政务服务能力建设的现状和存在的问题

通过综合分析调查评估的数据，黑龙江政务服务能力（政务服务"好差评"）建设现状和存在的问题如下。

（一）在线服务成效度（"好差评"制度建设）

在线服务成效度（"好差评"制度建设）从"效能网上可评"的角度，围绕"好差评"管理体系、用户体验度、服务满意度三个方向，重点关注主动评价率、引导便捷度、申报易用度、减时间、减跑动、即办程度等方面，评估省直机关网上政务服务的实施效果（见图1）。

1. 与国家政务"好差评系统"对接工作已完成，但主动评价率低

黑龙江省政务服务"好差评"系统已经上线投入使用，并且与国家平台完成对接。由于黑龙江省政务服务事项标准化建设尚不完善，采集到的部分数据无法汇聚到国家平台；整体主动评价情况欠佳，省直部门的线上主动评价率平均值为10.83%，与发达地区存在一定的差距，各部门之间的主动评价率差异也较大（见图2）。主动评价率相对较高的是黑龙江省广播电视局，线上主动评价率为38.59%。

2. 个人用户和法人用户实名注册数量较少

现阶段，省政务服务平台个人实名注册的数量约为413.6万人，实名用户

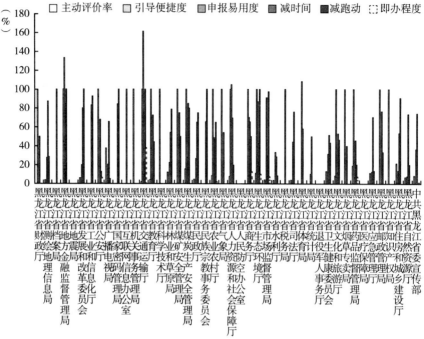

图1 在线服务成效度（"好差评"制度建设）调查评估数据

占常住人口比例为10.9%，与上年国家评估的10.7%相比，没有明显增长。法人用户注册数量约为28.9万，注册用户仅占全省开办企业数量的26.9%。

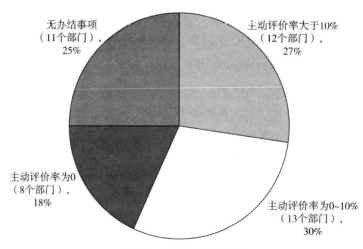

图2 主动评价率情况

3.查询精准度、便捷性有待加强

通过抽查 10 个特定的高频关键词（公积金、个税、社保、结婚、低保、网约车、卫生证、身份证、开公司、工业生产许可），发现省政务服务平台检索服务的快捷性及准确性不高，包括网约车、个税、卫生证、开公司等仍存在搜索模糊、口语化程度不高的情况。在 44 个已对接的省级网上政务服务平台上，19 个部门的部分事项在办理中存在页面加载失败、跳转后无办理界面、二次登录等不友好现象。

4.减时间、减跑动和即办程度略有改善

与上年国家评估的平均缩减时限的比例（39%）相比，省本级行政许可事项承诺时限在法定时限的基础上平均缩减的比例为 45.4%。其中，黑龙江省交通运输厅、水利厅、市场监督管理局缩减比例在 70% 以上，而黑龙江省税务局、互联网信息办公室、档案局尚未压缩时间。37 个提供省本级行政许可事项的部门中，仅有黑龙江省交通运输厅、发展和改革委、民族宗教事务委员会、生态环境厅、地方金融监督管理局等部门实现 100% 的行政许可事项"零跑动"（见图 3）。

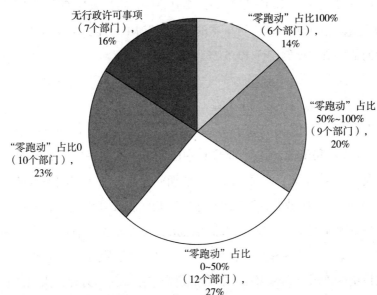

图 3　黑龙江省本级行政许可事项实现"零跑动"占比情况

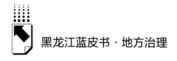

目前，仅有 8 个部门可办理即办件，省直部门即办程度低，仅为 5.8%，与广东即办件占比 43.89 % 的差距较大，表现相对好的黑龙江省交通运输厅即办程度也仅达到 37.9%。

（二）在线办理成熟度

在线办理成熟度是从服务"一网通办"的角度，衡量政务服务在线一体化办理程度。具体从事项办理深度、区域通办、统一事项管理、统一身份认证、统一查询咨询、统一电子证照、应用支撑等 7 个方面进行评估。通过本次评估发现，省直机关存在的问题与现状如下。

1. 网上政务服务高频事项清单缺失，行政许可事项实现"零跑动"的部门所占比例低

本次政务评估要求高频事项以及行政许可事项要实现 100%"零跑动"，即可实现全程网办。但在评估中发现，黑龙江省高频事项清单缺失，导致对高频事项清单的网办深度无法进行评估。而在对行政许可事项"零跑动"的评估中发现，有 7 个部门在政务服务平台上无行政许可事项，仅有 6 个部门行政许可事项实现 100% 零跑动，多达 31 个部门未实现行政许可事项 100% 零跑动。在拥有行政许可事项的 37 个部门中，能够实现行政许可事项零跑动的部门所占比例仅为 13.51%。

2. "一网通办"、"区域通办"、"一件事主题服务"以及电子证照板块"空壳化"，相关服务无法网上办理

《国务院办公厅秘书局关于进一步推进政务服务"一网通办"有关工作的通知》（国办秘函〔2019〕30 号）中已发布一批"一网通办"政务服务事项以及"跨省通办"事项，而在评估期间发现，黑龙江政务服务平台中的"一网通办""区域通办""跨省通办"板块仍在建设当中，仅将该文件中的服务事项在网站页面显示出来，但无法实现办理；平台中的"一件事主题服务"板块正在搭建中，汇集的"一件事主题服务"相对较少，并且即便该板块内显示有办理事项，打开后仍为空白页面。另外，黑龙江政务服务平台正在搭建电子证照这一板块，并且技术公司与各省直部门仍在对接，

所以无法提供相关资料，该项指标暂时无法评估。

3. 基本目录和实施清单尚未完成统一编码

国务院办公厅要求各地区、各部门按照《国家政务服务平台政务服务事项基本目录及实施清单·第1部分编码要求》，对基本目录和实施清单进行统一赋码，共分为基本编码、实施清单编码以及业务办理项编码三个部分。黑龙江政务服务平台仅显示33位的业务办理项编码，而通过在广东政务平台的搜索发现，广东省提供了31位的四项编码，更加符合国家编码要求，也更加清晰明了。

4. 行政权力事项更新不及时

多数部门依据国务院和各省级政府取消、调整、下放行政审批事项有关文件在政务平台及时更新事项，但也存在少数部门未能及时更新的情况。评估组主要依据《国务院关于取消和下放一批行政许可事项的决定》（国发〔2020〕13号）以及《黑龙江省人民政府关于取消、下放、委托、属地化管理一批行政权力事项的决定》（黑龙江省人民政府令第1号）两份文件来评估省直部门是否做好落实与衔接工作。在评估期间发现，农业农村厅（国家取消的七类肥料登记这一行政许可事项）、广播电视局（国家下放的县级节目设置范围或套数审批，设区的市、县级地方信息网络传播视听节目许可证核发两项事项）、邮政管理局（国家取消的经营境内邮政通信业务审批这一行政许可事项）3个部门存在未根据相关文件及时进行事项更新的情况。

5. 半数以上部门与省政务服务平台对接存在问题

省垂直管理系统同省政务平台对接情况，主要通过在省政务平台上在线办理各省直部门的事项，查看页面跳转的情况来评估。经过评估发现，有19个部门在线办理页面跳转无问题，基本实现与省平台对接，在44个省直部门中占比43.18%；剩余部门存在跳转到省直部门系统、国家系统以及页面出现问题的现象。在国家平台个人办理事项中，仅有商务厅等18个部门在国家平台上办理个人事项稳定、可用，在44个省直部门中占比40.91%；26个部门存在无在线办理事项，页面跳转到黑龙江政务平台等

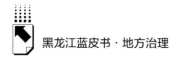
情况。

6. 统一办件数据信息回传不及时，咨询投诉回复存在超期现象

按照规定，各部门应按照省平台办件汇聚标准全量回传自建系统、大厅办件数据，但各部门回传的数据不及时。同时，评估发现，13个部门存在咨询投诉回复超期的情况，在44个省直部门中占比29.55%（见图4）。

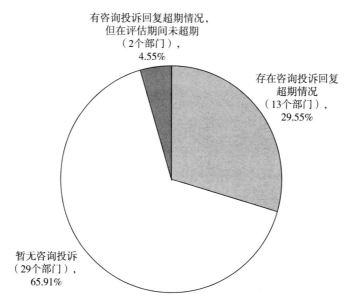

有咨询投诉回复超期情况，
但在评估期间未超期
（2个部门），
4.55%

存在咨询投诉回复
超期情况
（13个部门），
29.55%

暂无咨询投诉
（29个部门），
65.91%

图4　咨询投诉回复超期情况

7. 在国家政务服务平台提供应用服务少，个性化服务功能欠缺

本次评估要求，各省直部门在国家政务服务平台旗舰店要提供10项便民应用服务，而通过评估发现，全省在国家政务服务平台当中，仅提供28项便民应用服务，远未达到预设目标。并且便民应用服务板块页面建设与广东省相比差距较大，黑龙江省在国家政务服务平台上的页面比较单调，内容不够丰富，便民应用提供的种类也只是分为便民服务与利企服务两类；而广东省在国家政务服务平台上的页面则更加完备成熟，并且便民应用的种类更多，可办理事项远超过黑龙江省，每一件办理事项还简单地添加了文字说明，便于引导群众办理。黑龙江政务服务平台页面仅在便民服务中存在订阅

选项，在具体办理事项的页面并无订阅选项，并且用户中心界面建设相对比较简单，没有相关推送，个性化服务功能欠缺。

（三）服务方式完备度

服务方式完备度从"渠道一网通达"的角度，围绕省级政务服务"一张网"建设、移动端服务、多渠道服务同源三个角度，衡量公众和企业是否可以方便、快捷和准确地找到所需服务。通过本次评估发现，省直机关存在的问题与现状如下。

1. 数据非同源、多平台提供服务，事项办理入口未统一

在本次评估中发现，44 个省直部门均已入驻省政务服务平台。其中，34 个部门依托省政务服务平台一网式提供服务，其余 10 个部门存在省政务服务平台与部门网上办事门户多平台提供服务，网上办事存在"进多站、跑多网"的问题。

2. 公安、人社、教育、卫生健康等重点领域在移动端提供应用服务较少，高频服务事项未接入

移动端应用服务事项数量清单如表 2 所示。

表 2　移动端应用服务事项数量清单

序号	部门名称	移动端事项	可在线办理事项
1	黑龙江省交通运输厅	107	105
2	黑龙江省商务厅	7	0
3	黑龙江省生态环境厅	24	20
4	黑龙江省药品监督管理局	45	0
5	黑龙江省市场监督管理局	97	33
6	黑龙江省公安厅	11	0
7	黑龙江省农业农村厅	72	69
8	中共黑龙江省委宣传部	61	0
9	黑龙江省教育厅	22	6
10	黑龙江省国家密码管理局	8	0
11	黑龙江省测绘地理信息局	20	8

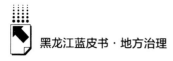
续表

序号	部门名称	移动端事项	可在线办理事项
12	黑龙江省烟草专卖局	1	0
13	黑龙江省卫生健康委员会	56	35
14	黑龙江省档案局	13	13
15	黑龙江省煤炭生产安全管理局	17	11
16	黑龙江省气象局	14	4
17	黑龙江省人力资源和社会保障厅	2	2
18	黑龙江省司法厅	92	53
19	黑龙江省住房和城乡建设厅	26	3
20	黑龙江省广播电视局	23	22
21	黑龙江省发展和改革委员会	7	6
22	黑龙江省民族宗教事务委员会	35	9
23	黑龙江省文化和旅游厅(黑龙江省文物管理局)	67	46
24	黑龙江省体育局	13	13
25	黑龙江省统计局	2	0
26	黑龙江省邮政管理局	3	1
27	黑龙江省林业和草原局	24	24
28	黑龙江省应急管理厅	16	4
29	黑龙江省煤矿安全监察局	3	0
30	黑龙江省税务局	37	4
31	黑龙江省地方金融监督管理局(黑龙江省金融工作办公室)	15	14
32	黑龙江省自然资源厅	27	19
33	黑龙江省工业和信息化厅	24	0
34	黑龙江省民政厅	15	10
35	黑龙江省水利厅	30	13
36	黑龙江省财政厅	4	0
37	黑龙江省互联网信息办公室	1	0
38	黑龙江省地震局	22	11
39	黑龙江省机关事务管理局	30	6
40	黑龙江省科学技术厅	4	2
41	黑龙江省人民防空办公室	4	0
42	黑龙江省退役军人事务厅	6	0
43	黑龙江省医疗保障局	24	0
44	黑龙江省知识产权局	12	3

注:数据采集时间为2020年9月25日。

（四）服务事项覆盖度

服务事项覆盖度从"事项应上尽上"的角度，衡量行政权力事项和公共服务事项通过一体化政务服务平台对外提供服务的情况，包括办事指南发布情况和事项标准化程度。其中，办事指南发布情况设置了三项三级指标，即依申请事项目录、公共服务事项办事指南发布数量和办事指南与权力清单关联度；事项标准化程度包括国家基本目录对应情况、办件信息与事项关联度和要素规范统一。通过评估发现，省直部门网上政务服务事项覆盖度的现状及存在的问题如下。

1. 尚未建立依申请事项目录

从此次评估来看，由于黑龙江省依申请事项目录尚未建立，因此评估缺少必要的依据。通过比较研究，黑龙江省还存在省级服务平台依申请事项指南数量较少的问题，与广东省依申请事项指南数量1997项相比，其依申请事项指南数量为1269项。

2. 公共服务事项办事指南发布数量较少

由于黑龙江省缺少公共服务事项目录，所以评估缺少必要的依据。通过比较研究，黑龙江省存在省级服务平台公共服务事项办事指南发布数量较少的问题，与广东省公共服务事项办事指南发布数量1677项相比，目前其上传到省级服务平台上的公共服务事项办事指南只有365项。

3. 办事指南与权力清单关联度情况较好，但事项名称不统一的问题较为严重

通过抽查发现，虽然权力清单中可以找到的事项都实现了信息的关联，但黑龙江省存在办事指南与权力清单大部分事项对应不上的问题：有些事项办事指南在权力清单中找不到对应事项，如省级服务平台上的"国际联网备案"这一事项在权力清单中查询不到；权力清单中的事项在省级服务平台上没有接入，如权力清单中"设立保安服务公司审批"这一事项没有上传到省级服务平台。

4. 省本级政务服务平台汇聚到国家平台的事项较少

此项指标评估省本级政务服务平台事项是否汇聚到了国家政务服务平台，但由于黑龙江尚未提供国家服务事项目录，无法评估省本级政务服务事项是否符合国家基本目录的情况。因此，此次评估只考查了省级服务平台事项是否都已汇聚到国家平台，在评估中发现大部分部门汇聚到国家平台的情况较差，仅有 10 个部门汇聚情况良好，达 100%，但是由于事项数量较少，可能会存在一些本应该接入的事项并没有接入到省级服务平台的问题（见图 5）。

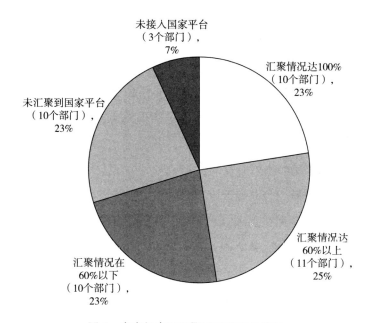

图 5　省本级事项汇聚到国家平台情况

5. 办件信息与事项关联度较高，但标准化事项有待进一步完善

通过抽检发现，黑龙江省汇聚到国家平台上的办件信息都与事项相关联，但存在标准化事项未上传到省政务服务平台上的问题。

6. 省、市、县三级事项要素不规范、不统一的问题较为严重

在评估中抽查发现，省、市、县三级事项存在事项名称不统一、无同一政务服务事项的严重问题，在抽检的哈尔滨市行政许可事项与省本级行政许可事项中，无1项政务服务事项实现政务服务事项名称、编码、依据、类型等基本要素在省、市、县三级统一，主要原因在于许多市（地）、部门自己建立临时库，导致事项的名称等要素与省政务服务平台不统一。

（五）办事指南准确度

办事指南准确度，主要评估要点是通过抽样调查的方式，对办理指南中"基本信息""申请材料""办理流程""表格及样表下载"四项内容进行评估；因省级事项较多，所以在采用抽样方式进行评估时，在省级44个部门中，政务服务事项如果大于20件，则从中随机抽取20个事项进行评估；省级部门政务服务事项如果小于或等于20件，则对本部门内所有事项进行评估。通过评估发现，省直部门网上政务服务办事指南准确度的现状及存在的问题如下。

1. 受理的时间周期标注不明，办理地点标注不详细

通过对44个省直部门633件事项进行抽样评估，其中，基本信息部分指标全部完成的共267件，占比42.18%；仅有1个基本信息指标未完成的事项共271件，占比42.81%；2个基本信息指标未完成的事项共84件，占比13.27%；3个及3个以上基本信息指标未完成的事项共11件，占比1.74%（见图6）。在44个部门中，其中，有8个部门的基本信息指标100%全部完成，分别为：省统计局、省邮政局、省机关事务管理局、省交通厅、省煤管局、省医保局、省应急管理厅、省知识产权局。另外，省民政厅、省教育厅、省工信厅、省水利厅、省气象局、省商务厅、省生态环境厅等部门此部分完成度较高（见图7），其他部门完成度则相对较低。

2. 材料出具单位未准确标明，较多事项未标明所需材料份数

通过对省级44个部门633件事项进行抽样评估，其中，申请材料部分指标全部完成的共304件，占比48.03%；仅有1个申请材料指标未完成的事项共223件，占比35.23%；2个申请材料指标未完成的事项共52件，占比8.21%；3个申请材料指标未完成的事项共54件，占比8.53%（见

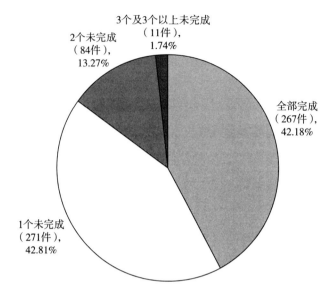

图 6　黑龙江省直部门办事指南准确度基本信息指标完成度分析

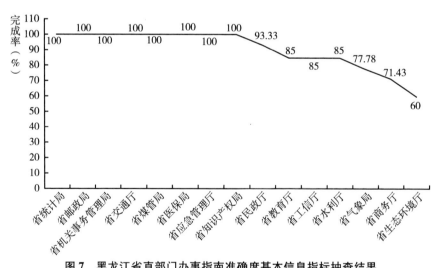

图 7　黑龙江省直部门办事指南准确度基本信息指标抽查结果

图 8）。在 44 个部门中，有 5 个部门申请材料指标 100% 全部完成，分别为省统计局、省知识产权局、省财政厅、省烟草局、省地方金融监管局。另外，省民宗委、省卫健委、省广电局、省气象局、省体育局、省档案局、省

机关事务管理局、省退役军人事务厅、省药监局、省税务局完成度较高（见图9），其他部门完成度则相对较低。

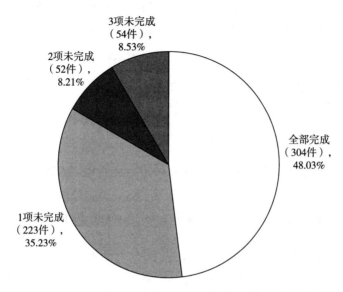

图8　黑龙江省直部门办事指南准确度申请材料指标完成度分析

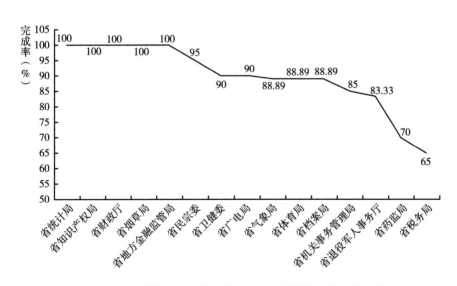

图9　黑龙江省直部门办事指南准确度申请材料指标抽查结果排名

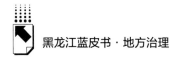

3. 办理流程图信息不详细

评估发现，一些部门未在办理流程图中显示办理人员信息及审批标准，以及所有部门均未在办理流程图中标明申请者需要到现场的次数。

4. 多数事项未提供空白表格及样表下载服务

通过对省级 44 个部门 633 件事项进行抽样评估，其中完整提供表格及样表下载服务的事项为 305 件，占比为 48.18%；未完整提供表格及样表下载服务的事项为 328 件，占比为 51.82%。

七 提升黑龙江省网上政务服务能力的对策

（一）强化顶层设计，加快网上政务服务相关制度建设

从当前黑龙江省网上政务服务能力建设情况来看，与广东、浙江等地相比，黑龙江省的相关制度建设明显滞后，黑龙江省应该强化顶层设计，加快网上政务服务相关制度建设。一是制定省级指导性政策。制定《黑龙江省网上政务服务能力建设总体规划》《黑龙江省网上政务服务能力建设实施方案》《新时代黑龙江网上政务服务能力建设和发展纲要》等制度，充分发挥顶层制度的指导优势。二是制定相关配套制度。从此次评估来看，很多评估缺乏制度依据。黑龙江省应尽快制定《黑龙江省网上政务高频事项清单制定和调整办法》《黑龙江省网上政务公共服务事项清单制定和调整办法》等。三是网上政务服务的安全和责任制度。从当前国家和地方网上政务服务能力相关制度建设来看，与网上政务服务相关的安全和责任制度建设成为重点。黑龙江省应尽快出台《黑龙江省网上政务服务安全责任条例》《黑龙江省政务数据安全和责任管理办法》等相应制度。

（二）加强组织领导，加大网上政务服务建设整合力度

针对黑龙江省网上政务服务建设推进力度不足、相比国家和先进省（市）进行整合建设速度缓慢的问题，黑龙江省应加强网上政务服务建设的

组织领导。一是组建黑龙江省网上政务服务能力建设领导小组。建议省里成立由省政府副秘书长负责的网上政务服务领导小组，小组办公室设在省政府办公厅或省营商环境建设监督局，综合推进省直部门网上政务建设提升工作。二是实施网上政务服务能力建设"一把手"工程。建议由市（地）、部门"一把手"出任各市（地）、部门网上政务服务能力建设领导小组组长，同时由市（地）、部门办公厅（办公室）推动网上政务服务能力建设的具体工作。三是实行网上政务服务专人负责制度。网上政务服务技术性、专业性较强，建议省直、市直、县直、乡镇等各级政府部门设置网上政务服务专职机构，抽调、配置人员专门负责本市（地）、部门网上政务服务工作。

（三）改进工作方法，补齐网上政务服务建设短板

一是加大对办事大厅的宣传力度。在全省市（地）、部门主要办事大厅组织志愿者进行网上政务服务义务宣传解读，协助办事人员进行网上注册，增加黑龙江省政务服务网上注册量。此外，支持龙江消费券、各市（地）消费券主要集中在省网上政务平台进行发放，鼓励民众进行网上注册。二是提升网上政务服务工作灵活度。针对网上政务服务主动评价率低的问题，建议借鉴淘宝、京东等电商平台的做法，对主动进行网上政务服务满意度评价的用户开展抽奖活动，按比例抽取部分幸运用户进行红包、电话费等奖励。三是推动网上政务服务建设体验式变革。建议每个单位对负责网上政务服务的工作人员进行"模拟用户体验"培训，让工作人员作为普通办事人员进行网上政务申请和移动端 App 试用，切身实地走流程，同时鼓励其进行经验总结，提出整改意见，改善不可用、不友好的网上政务服务设置。

（四）推动标准化建设，提升网上政务服务友好度

一是推进政务服务网站一体化建设。针对网上政务一体化平台存在不同源、部分单位需要二次登录等问题，建议由省营商环境建设监督局牵

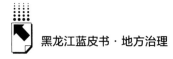

头，整改二次登录网上政务服务平台，协调中直部门直接接入省网上政务服务平台，确保网上政务服务平台的唯一性。二是统一服务事项的编码。当前还存在部分部门与省平台服务事项编码不统一的问题，建议由省营商环境建设监督局派出督导组到各部门进行督导指导工作，尽快落实服务事项编码的统一。三是网上政务服务标准化。网上政务服务需要进行量化评估，推进标准化建设。建议参照广东省等地区，加快黑龙江省网上政务服务标准化建设，制定网上服务事项、服务流程、服务质量、材料审核、办事指南、办事时间等网上政务服务的标准。然后在全省推广，提升网上政务服务质量。

（五）强化监督考核，激发服务部门（人员）积极性

一是把网上政务服务工作纳入各单位绩效考核。网上政务服务已经成为营商环境建设的重要组成部分，建议有网上政务服务职能的部门把网上政务服务工作纳入单位绩效考核。对网上政务服务投诉率较高的部门进行通报并督促整改。二是推进网上政务服务年度评估。委托专业机构开展年度评估，对各评估对象进行年度排名和问题整改分析。把评估中发现的问题交由省营商环境建设监督局督促落实整改。三是建立网上政务服务督导机制。由省营商环境建设监督局不定期派出工作组对网上政务服务投诉率高的单位进行督导，协助落后单位进行网上政务服务效能提升。

B.3
社会组织参与黑龙江省贫困治理问题研究[*]

社会组织参与黑龙江省贫困治理问题研究[*]

李　峰[**]

摘　要： 在黑龙江省的扶贫事业中，社会组织发挥了极其重要的作用。2020年黑龙江脱贫攻坚任务全面完成，如期解决了区域性整体贫困和消除了绝对贫困。深入总结社会组织参与扶贫的经验，发掘社会组织参与扶贫的案例，树立社会组织参与扶贫的典型，具有相当重要的价值。目前，可以从产业、就业、消费、教育、医疗等维度对黑龙江社会组织参与扶贫事业的具体实践方式进行划分。然而社会组织参与黑龙江省扶贫攻坚尚属于起步阶段，其在乡村振兴中参与的广度和深度还有待开发，还存在着政策制度支持不足、活动开展不足、信息技术支撑不足、主体作用发挥不足等问题，可以采取引导全省社会组织积极参与脱贫攻坚事业、加强与国家级扶贫类社会组织合作、完善社会组织参与扶贫相关制度构建、搭建"互联网+社会组织扶贫"服务平台、营造优良的社会环境等策略。

关键词： 社会组织　贫困治理　黑龙江省

---

* 本文为国家社会科学基金项目"2020年后社会组织承接扶贫服务的社会机制研究"（19BSH145）相关研究成果之一。
** 李峰，黑龙江省社会科学院政治学研究所副研究员，研究方向为行政学、社会组织理论与应用。

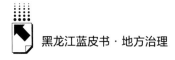

党的十九大提出要"动员全党全国全社会力量,坚持大扶贫格局"。《中国农村扶贫开发纲要(2011—2020年)》提出"要积极鼓励、引导、支持和帮助各类社会组织承担扶贫任务"。《黑龙江省脱贫攻坚"十三五"规划》也提出"要加快构建大扶贫工作格局,培育引导社会组织参与扶贫"。在最近一个阶段,社会组织在黑龙江省遍布区域广泛,涉及领域广泛,在广大城乡的政治、经济、文化、生态及社会生活的各个方面发挥着重要作用。这一方面标志着社会组织在黑龙江省已经进入稳步发展阶段,另一方面也意味着一个品类齐全、布局合理、层次分明、覆盖广泛的社会组织新格局业已形成。社会组织在促进黑龙江省经济快速发展、发挥社会治理一元主体作用、参与公共服务供给、进行公益活动等诸多层面发挥着不可替代的功能。2020年,黑龙江省攻坚克难,打赢脱贫攻坚战,如期解决了区域性整体贫困和消除了绝对贫困,其中社会组织在扩大该省扶贫主体、扶贫资源有效供给方面可谓功不可没。在黑龙江省的扶贫事业中,社会组织充分参与,既与其经济社会发展的战略相协调,也与扶贫工作的实际情况相贴近,对黑龙江省扶贫事业的发展和突破做出了卓越的贡献。

一　社会组织参与黑龙江扶贫攻坚的现实考量

作为我国社会主义建设的一方重要力量,社会组织为黑龙江省社会各个领域的全面发展做出了卓越的贡献。鼓励各类社会组织积极投入扶贫事业,促进创建社会组织参与扶贫攻坚的长效机制,不仅是党和人民对社会组织的迫切需求和殷切期望,更是社会组织本身所应当承担的使命和责任。考察黑龙江省发展的实际状况,不难看出社会组织在其扶贫攻坚事业中发挥的积极作用和做出的不可磨灭的贡献。

(一)黑龙江省社会组织参与扶贫攻坚的基本情况

社会组织的初心使命之一即是扶危济贫,这也是其自诞生之日起就具备的公益特征。身为社会性力量的形态之一,同时也是国家治理的一元主体,社会组织在扶危济贫事业中肩负着重要的使命。而事实也表明，社会组织也确实做到不辱使命，不负期望，积极投入，助力完成了脱贫攻坚的艰巨任务。中国扶贫基金会关于社会组织在"八七扶贫攻坚"阶段做出的贡献统计显示，这一时期，社会组织对扶贫事业的贡献高达贡献总体的近1/3。这一数据充分说明了社会组织在扶贫事业中已经成为不容忽视的关键力量。近年来社会组织发展得如火如荼，其对于黑龙江省的扶贫事业的助力作用愈加明显。在2015年黑龙江省扶贫力量中，社会组织显现出傲人优势。据统计，这一年共计有470个社会组织支持并投入全省的扶贫事业中来，参与扶贫的社会人数多达4591名，募集的济贫资源折款约1.44亿元人民币。另外，省慈善总会还举办了以助学为主要内容的慈善项目——金秋助学活动。该活动的宗旨是帮助那些品学兼优却身处贫困的学生继续求学圆梦。该活动发起3年后，累计获得助学款项420余万元，使5000余名学子重返课堂。为了鼓励社会组织对扶贫事业的投入和参与，黑龙江省于2016年制定下发《关于进一步动员社会组织参与扶贫开发工作的通知》。该通知号召各类社会组织结合黑龙江贫困的实际情况，联系自身活动宗旨，充分发挥自身所长，精准对接扶贫对象，积极探索扶贫道路，开发富有特色的扶贫项目，最终在扶贫攻坚事业中彰显公益价值和社会意义。黑龙江省民政厅专门召集了各类社会组织的负责人，组织他们走访基层，开展一线调研，汇集专家论证，使其了解全省的实际贫困情况并掌握第一手扶贫工作的相关材料。同时，针对那些具有典型意义和指导价值的扶贫项目，各级民政管理部门与社会组织一道，共同研究、一起论证，协商制订扶贫方案并寻找扶贫工作的对接点，最终形成帮扶对子，以一对一、一帮一的形式确立帮扶项目。2017年，黑龙江省的各类社会组织累计投入扶贫资金近6222万元，关涉领域包括贫困生就学、就医贫困、助残等。

近年来，黑龙江省社会组织不断发展壮大，并持续发挥服务社会、助力扶贫的功能，在精准扶贫和公共服务供给方面取得的成效尤为显著。以2019年为例，这一年参与黑龙江省扶贫事业的各类社会组织多达803个，投入扶贫资金和物资折款累计8851万元，受益贫困人口17.2万。这些数字充分说明了社会组织对于黑龙江省扶贫事业的巨大贡献。同时，黑龙江省政府相关部门还组织社会组织开展了多姿多彩的社会活动，如第一届"龙江社会组织伙伴日"扶贫大集暨社会组织公益展系列活动、共青团志愿扶贫活动、"五个助力"巾帼脱贫攻坚计划等。通过这些活动的丰富开展，黑龙江省形成了集体参与、共同携手、助力脱贫的良好氛围。

（二）黑龙江省社会组织扶贫的主要方式

社会组织在黑龙江省脱贫攻坚中做出了重要贡献。根据统计，截至2020年底，全省已有900多个社会组织投入扶贫攻坚战中，累计投入资金2.85亿元，约56.33万贫困人口深受其益。在新冠肺炎疫情发生后，黑龙江省55个社会组织全力投入，累计捐资、捐物约2.32亿元，为抗疫贡献了积极力量。

综观社会组织参与全省脱贫攻坚的方式，大致分为以下几种。

1.产业扶贫

产业扶贫是一种依靠贫困个体或家庭的内生力量实现脱贫的发展机制。这种扶贫方式通过将发展因子植入自身，产生源源不断的发展动力，最终以个体发展的相加实现贫困区域的整体发展，达到协同发展的目的。产业扶贫是以市场经济发展为基础，以市场导向为方向，以追求经济效益为目标，以产业发展为杠杆。作为改善贫困地区面貌、增加当地人口收入的重要途径之一，产业扶贫是我国实施扶贫开发战略的重要组成部分。黑龙江省有不少社会组织一直致力于产业扶贫。例如，女创业者协会在2018年上半年开展"一亩扶贫田"扶贫项目。女创业者协会在绥化市扎音河乡、乐业乡、向荣乡、东林乡等4乡50多个村屯，先后投入200万元，帮助2600户贫困家庭、7800余贫困人口参与产业扶贫。再如，黑龙江省河南商会通过引导外地客商投资贫困县区，在当地建立大型养殖场。经过几年发展，投资10亿元的4个贫困县所建的5个大型养殖场已全部投产，产值高达15亿~20亿元。这些养殖产业吸纳当地劳动力2000人，在解决当地贫困人口就业问题的同时带动了这一贫困区域经济的向前发展。

2. 就业扶贫

就业扶贫就是通过使贫困人口稳定就业实现脱贫的扶贫方式。社会组织以培训、授课等手段赋予贫困个体以一定的技能，使他们通过该技能得以就业，进而改善生活条件，实现脱贫。或者社会组织联合相关部门以合作、投资的方式为贫困地区提供稳定的就业岗位，帮助贫困个体或家庭摆脱贫困。例如，龙江品牌社会组织——女创业者协会对海伦市贫困户的济贫帮扶就属于这种类型。女创业者协会为海伦市 49 个贫困村的贫困户建档立卡，帮扶对象达 2637 个。双方签订了"扶贫一亩田及小菜园黏玉米种植协议"，女创业者协会投入建设资金共计 200 余万元，先后建立精准扶贫培训、产业扶贫种植、产业扶贫实训 3 个基地，组织专业人士对帮扶对象进行项目相关知识讲解，组织现场培训，为贫困人口赋能扶智，使他们依托傍身的技能实现就业，最终达到脱贫的目的。对于带动就业扶贫的经验和成绩，黑龙江省女创业者协会会长张成莲介绍说，5 年间，协会累计为 4.3 万名女性进行了就业创业的相关指导和培训，其中约 70% 的受培训者成功实现就业。

3. 消费扶贫

消费扶贫是举全社会之力去消费贫困地区生产的产品和提供的服务，以此增加这一地区贫困人口的收入，使其摆脱贫困的扶贫方式。作为全社会共同参与、集体发力的脱贫攻坚的重要途径之一，消费扶贫的建设性意义在于调动贫困人口摆脱贫困的积极性。他们通过生产优质产品、提升服务质量，吸引消费人群，以期最终达到稳定脱贫、贫困地区可持续发展的目的。黑龙江省社会组织在助力消费扶贫方面有很大作为。从 2015 年开始，黑龙江省电商协会和佳木斯市电商协会两级联动，以抖音、快手等作为销售平台，出售当地的特色农副产品，为当地居民带来稳定收入，助力脱贫。2020 年在扶贫日活动中，黑龙江省 50 余家社会组织协同相关合作企业，帮扶 13 个市（地）、25 个县（市、区）交易约 228 种农副产品及手工艺品。这是一次成功的消费扶贫方式的积极尝试。省电子商务协会充分利用线上营销方式，积极助力消费扶贫。一方面，省电子商务协会与 12 个县（市、区）的电商签署合作意向书；另一方面，它们在邮乐网建立专门的"扶贫县馆",这是第一个贫困地区农副产品销售的专门网站。在组织线上销售的同时,还积极拓宽线下销售渠道,他们在邮政网点商品展示区内设立展示产品,有效地扩大了产品的销售市场。另外,省民营经济发展促进会、省慈善总会、省应赫慈善基金会等社会组织也在消费扶贫的实践中行动起来。它们与延寿、拜泉、海伦等县(市)签订了价值约80万元的农副产品购买意向书,帮助它们打开市场,有效地缓解了这些区域的贫困。

4. 教育扶贫

与前几种扶贫方式相比,教育扶贫耗时周期较长,但是立足于人的发展之根本的扶贫方式。教育扶贫通过向贫困地区的贫困人口输送教育资源,提升教育质量,提高人口素质,以赋予当地贫困人口摆脱贫困的素质和技能,彻底切断贫穷代际传承的基因,从根源上解决贫困问题。这是扶贫战略中的一项策略和任务,更是教育公平、社会公正的重要实践。黑龙江省社会组织在教育扶贫方面不遗余力。省慈善总会实行的"金秋助学"活动,就是专门的教育扶贫类项目。这一项目实施3年以来,累计投入420余万元资金,资助了5000多名莘莘学子,完美地践行了"帮助品学兼优、家庭困难、渴望求学的学子摆脱困境、圆梦求学之路"的行动主旨。哈尔滨工程大学教育发展基金会开展了以普及机器人知识为主题的教育扶贫活动。他们在乐业乡的乐业学校建设了机器人实验室,对小学生科普机器人知识,开设相关课程,使贫困地区的儿童感受到现代科技成果的力量。黑龙江省上善儿童保护与家庭教育服务中心也是教育扶贫中的一股重要力量,他们与克东县教育局签订了合作意向,承接了"女童保护"公益课项目,面向贫困地区的女童及相关人员授课,切实关爱、有效保护贫困地区的女童。

5. 医疗扶贫

医疗扶贫就是通过提升医疗保障水平、提高医疗服务能力、加强公共卫生服务等措施,让贫困地区人口能够看得上病、看得起病,有效预防疾病,从而提升贫困地区人口的健康水平。黑龙江省社会组织在医疗扶贫方面贡献了很大力量。黑龙江省义齿行业协会就是其中之一。他们发布了《助力我省 100 个贫困村脱贫攻坚意向书》，为贫困人口提供义诊、义齿及部分相关医疗物资，并在帮扶地区举办相关知识的免费宣讲活动。黑龙江省健康产业协会为克山县人民医院提供了价值 8 万元的先进医疗设备，切实缓解了当地医疗物资紧张的局面，改善了落后的医疗条件。

（三）黑龙江省社会组织参与扶贫的主要经验

1. 坚持顶层设计，强化制度保障

黑龙江省社会组织积极参与扶贫并收效显著，这与高屋建瓴的顶层设计引领作用的发挥密不可分。2014 年国务院办公厅印发《关于进一步动员社会各方面力量参与扶贫开发的意见》（以下简称《意见》）。在《意见》中，党和国家对于扶贫体制机制的创新进行了全方位的部署，鼓励社会各界力量为国家的扶贫事业做出贡献，为扶贫攻坚战的最终胜利做好准备。黑龙江省民政厅积极贯彻落实《意见》精神，结合全省扶贫攻坚的实际，动员广大社会组织参与到扶贫攻坚战略之中，引导他们积极参与、主动投入，在优势互补中扬长避短，形成整体扶贫力量，使各类社会组织在精准扶贫、帮扶脱困的行动中贡献了较大的力量。2016 年，黑龙江省民政厅发挥其汇聚社会力量这一与众不同的工作优势，下发了《关于进一步动员社会组织参与扶贫开发工作的通知》和《关于进一步动员全省各社会组织踊跃参与我省脱贫攻坚工作的倡议书》，对社会组织参与脱贫攻坚行动做出进一步的鼓励和促进，引导社会组织在医疗扶贫、教育扶贫等扶贫行动中投资献计，取得了良好的社会效益。另外，全省民政部门还开展多样化的扶贫攻坚活动，如以"社会组织帮百村进百户"为主题的扶贫活动、社会组织精准扶贫对接会等。在科学的顶层设计和完善的制度引领下，全省社会组织扶贫攻坚取得显著效果。据统计，截至 2018 年底，参与扶贫活动的社会组织达 449 家，其中参与深度扶贫工作的社会组织有 58 家。总投入的扶贫款项高达 1.13 亿元，其中 5000 万元以上的款项被用作支持深度扶贫工作。

2. 坚持党建引领，助力稳定脱贫

顶层设计完善好，脱贫攻坚在基层。黑龙江省积极探索党建与扶贫的融合之路，以党建引领扶贫，带动贫困地区努力发展，让脱贫战役在党的领导下一路凯旋。社会组织工作者在党建的引领下，努力服务全省经济发展，为满足人民日益增长的对美好生活的向往和龙江的全面振兴发挥着应有的责任与担当。例如，黑龙江省民政厅社会组织管理局党支部在"迎七一"党日活动中以"强党建、助扶贫"为主题，与部分省直机关及近120个党组织和党员们共同祝贺党的生日。在活动中，党员们举手宣誓、再忆初心，在铮铮誓言和温馨党课中畅谈扶贫经历，分享扶贫经验，抒发对党的热爱和对未来的憧憬。黑龙江省河南商会党委书记贾银增动情地讲述了党建在社会组织参与扶危济贫活动中所发挥的引领作用，并总结了商会一年来在扶贫领域中所取得的优异成绩。在他看来，省河南商会之所以团结奋进，成功地为豫黑两省的企业家提供沟通服务、搭建交流平台，离不开党组织对方向的引领、对建设的投入、对力量的凝聚。经过几年的不懈努力，豫籍企业家在黑龙江积极投资超千亿元，有效助力了黑龙江省贫困地区的脱贫攻坚。商会沿着党组织指引的方向勠力同心，既为龙江经济的发展做出了贡献，也使自身成长壮大，获得了良好的社会口碑。

3. 坚持典型带动，传递扶贫能量

榜样的力量是无穷的。在扶贫攻坚战中，黑龙江省注重培育典型，宣传其扶贫事迹，传递扶贫正能量。在扶贫活动后，全省相关部门对那些具有可操作性的经验及时总结，大力推广。对于在扶贫工作中表现优秀的社会组织和个人，相关部门借助主流媒体大力宣传弘扬其事迹，充分发挥榜样的示范引领作用，使全社会的目光聚焦扶贫攻坚领域，以情感的力量感召更多的人投入助力扶贫战役之中。例如，相关部门经过仔细筛选和比较，推荐黑龙江省河南商会、黑龙江省女创业者协会、绥化市寒地黑土马铃薯研究所三家社会组织参与全国脱贫攻坚奉献奖竞赛，大大鼓舞了社会组织参与扶贫的积极性。

4. 坚持队伍建设，提升扶贫水平

扶贫攻坚战取得决胜的关键在于人才。在扶贫人才队伍建设方面，党中央多次强调，"要吸引各类人才参与脱贫攻坚和农村发展""打造一支'不走的扶贫工作队'""要创新乡村人才工作体制机制，充分激发乡村现有人才活力，把更多城市人才引向乡村创新创业"，等等。黑龙江省贯彻落实中央精神，在培育社会组织扶贫人才的工作中注重专业人才的打造培养和支持输入。2018年出台的《关于支持社会工作专业力量参与脱贫攻坚的实施意见》明确提出：要加强贫困地区的专业扶贫人才队伍建设，通过设立社工服务平台、社工服务站（室）、专职社工岗位等渠道，为贫困地区的留守人员提供有效专业的扶贫服务。针对贫困地区的留守儿童和老人，开展了联合国儿童基金会留守儿童社工服务项目和专业社会工作介入农村留守人员关爱服务体系部省合作、特困老年人社工服务试点项目，以专门的人才和专业的服务为贫困地区的留守儿童和老人提供帮扶和关爱。对于边远贫困地区、边疆民族地区和革命老区的扶贫攻坚，着力打造"三区"社工人才支持计划，以社会组织人员为服务主体，将20余名专业社工人员和10家社会服务机构输送到"三区"内的4个贫困县，并同时帮助当地10家社工服务机构一起向专业化的方向发展，用高质量的服务和实际的行动向"三区"贫困人员表达政府和社会对他们的关怀。

5. 坚持政府支持，助力精准扶贫

黑龙江省贯彻落实习近平总书记在中央扶贫开发工作会议上的讲话精神，加大对社会组织扶贫攻坚的支持和引导力度，调动一切可以调动的力量，实现同精准扶贫的有效对接。在2017年精准扶贫、精准脱贫的深化之年，黑龙江省民政厅组织全省社会组织召开了誓师大会，主题是"勇担责任，砥砺奋进，龙江社会组织喜迎十九大"，大会号召黑龙江省阳光健康公益基金会、黑龙江省希望社会工作服务中心等共计300余家社会组织参与助力精准扶贫，呼吁鼓励社会组织服从党中央、国务院精准扶贫、精准脱贫的大局和方略，迅速组织、积极行动，按照省委、省政府脱贫攻坚的部署要求下沉贫困地区，为脱贫攻坚事业贡献力量。2018年，黑龙江省社会组织参与深度扶贫工作对接会在哈尔滨召开。此次会议提出全省社会组织的扶贫应因地制宜创新扶贫模式，以多种扶贫方式切实实现精准扶贫。有50余家社会组织在会议现场就签署了《社会组织参与深度扶贫工作承诺书》，向党和人民做出庄严承诺：深度投入黑龙江省的扶贫工作，充分发挥自身所长，结合自身优势，助力全省全面脱贫。以上这些政府的积极扶持和明确引导，是对社会组织参与扶贫攻坚的宏观部署，为社会组织扶贫攻坚指明了方向和前进的道路。

6. 坚持模式创新，探索脱贫路径

黑龙江省脱贫攻坚自启动以来，始终牢牢把握任务主线，聚焦任务目标，立足实际需要积极创新扶贫新模式。在 2017 年引导社会组织脱贫攻坚工作中，黑龙江省民政厅积极调研，在务实的基础上探索形成"产业项目3+，技术项目3+，种植项目3+"这一社会组织参与助力精准扶贫的崭新形式。具体而言，就是引导社会组织聚焦省内贫困地区，通过"招商引资+项目对接+区域发展"的方式对贫困地区发挥带动作用，引领贫困对象逐步摆脱贫困；引导社会组织聚焦农村剩余劳动力，采取"技能培训+指导就业+孵化创业"的新模式扶助贫困人口就业创业；带领社会组织关照农业种植贫困户，利用"资金+技术"双向支持，辅以助力销售的无后顾之忧形式开展扶贫工作。很明显，这一创新举措既帮扶了省内贫困人口，也帮扶了农村剩余劳动力和农业种植人口，即针对不同的扶贫对象进行扶贫服务，这是对精准扶贫理念的有效践行。同时，扶贫区域包括了省内贫困地区、农村地区，扶贫范围广大，受益人口众多。这一扶贫新模式是针对不同扶贫客体、不同贫困区域实施的不同扶贫政策措施，真正是因地制宜的扶贫。实践证明，这一扶贫新模式不仅使贫困人口顺利脱贫，而且使社会组织从参与扶贫转变为带动脱贫，并在这一过程中实现了自身的成长和发展。

二 社会组织参与黑龙江扶贫攻坚存在的不足

尽管社会组织在黑龙江省的助力扶贫事业中发挥了积极的作用，并取得了良好的成绩，但考察当下黑龙江省社会组织扶贫攻坚实际情况，仍然发现其中还存在着诸多有待进一步加强和完善的地方。对黑龙江省社会组织参与扶贫事业的不足进行归纳总结，有助于进一步思考未来社会组织在全省乡村振兴工作中的地位和如何在乡村振兴中进一步发挥作用，从而更好地巩固扶贫攻坚成果。

（一）社会组织参与扶贫攻坚政策制度支持不足

黑龙江省政府一直十分鼓励并支持社会组织参与扶贫事业，并积极为之创造条件，尤其是一系列相关政策的出台和推进，更是为社会组织在全省助力扶贫攻坚创造了良好的制度环境。尤其是黑龙江省民政厅下发的《关于进一步动员社会组织参与扶贫开发工作的通知》（黑民函〔2016〕129号），极大地促进了社会组织在全省扶贫活动的开展。然而考察黑龙江省相关制度政策的整体情况，会发现这其中仍然存在着政策制度保障不足、支持力度不够的弊端。这种弊端主要体现在以下四个方面：首先，是层级较高的政策制度支撑不够，即现有政策多为动员性文件，缺乏必要的法律法规；其次，政策制度支持度不高，即目前全省关于社会组织参与扶贫事业的政策制度多为倡议性的，确实体现出政府的导向和态度，但是缺乏实实在在的、具体性的、能够落实的支持性政策；再次，政策制度整体性不强，即全省相关政策制度呈现分散化状态，整合度不高，体系性不强；最后，配套性政策制度供应不力，社会组织参与扶贫事业需要政府各个部门的协调配合和全力支持，然而当下黑龙江省在财政、金融、地税等相关部门的配套制度却十分欠缺。

（二）社会组织参与扶贫攻坚活动开展不足

从经验维度加以考察，会发现社会活动在就业创业领域中显现出巨大的引领和导向作用。事实上，其他省份的社会组织多次在黑龙江省举办助力扶贫攻坚的大型活动，且效果显著，如其他省份的社会组织参与黑龙江扶贫攻坚服务月，以及以社会组织为扶贫主体的大赛等。与其相比，黑龙江省社会组织在相关活动的开展上明显式微，且存在着活动层级不高、活动范围不广、活动数量不多等问题。

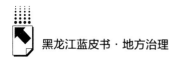

（三）社会组织参与扶贫信息技术支撑不足

以信息技术为支撑的"互联网+政务服务"方式，作为早日实现政府"放管服"治理目标的重要手段已经为各地政府采纳并投入使用，且在公共服务过程中获得了良好的反馈。民政部也据此对地方民政部门提出要求，即将"互联网+"手段进一步推广应用于社会组织服务中来。然而，黑龙江省未建立社会组织参与扶贫事业、进行扶贫活动的相关网站，更没有专门的 App、微博等的配备，严重掣肘了全省社会组织进行扶贫攻坚活动。

（四）社会组织扶贫主体作用发挥不足

党的十九大上提出要"动员全党全国全社会力量，坚持大扶贫格局"的建设目标，中共中央、国务院印发的《中国农村扶贫开发纲要（2011—2020 年）》也发出了"要积极鼓励、引导、支持和帮助各类社会组织承担扶贫任务"的倡议。针对这一重点，黑龙江省出台的《黑龙江省脱贫攻坚"十三五"规划》提出"要加快构建大扶贫工作格局，培育引导社会组织参与扶贫"。遗憾的是，全省社会组织对扶贫事业的参与程度不高，政府依然占据扶贫的主导地位，是扶贫力量中的主体。

三　社会组织深度参与黑龙江省乡村振兴的路径探索

（一）引导全省社会组织积极参与乡村振兴事业

近年来，黑龙江省社会组织不断发展壮大，并呈现自身独具的品类多样、人才集聚、智力密集的优势。在资源供给上，社会组织对扶贫事业贡献巨大，并以产业培训、科技研发、提供咨询建议、搭建技术交流平台等多种形式扶危济贫，满足了全省贫困人口的多元需求。在全省的扶贫事业中，社会组织是政府部门的得力助手，是企业的代言者，是群众的发言人，是链接政府与贫困人口的纽带。在乡村振兴中，需要继续发挥社会组织的作用。黑龙江省应该大力开展推进相关工作，以向社会组织购买的方式向乡村人口输送专业培训、心理健康咨询、能力水平检测、信息桥梁、就业创业辅导等公共服务，引导社会组织乡村服务向专业化方向发展。

（二）加强与国家级社会组织合作

在黑龙江省设立国家级社会组织办事机构，以便和国家级社会组织开展合作。这些办事机构可有效打开省级社会组织与国家级社会组织合作的通路，加强并顺畅了二者之间在乡村振兴中的沟通，是国家级社会组织在提供技术咨询等方面的关键途径之一。黑龙江省应该与国家级社会组织有效沟通，合理建议，争取国家级社会组织在黑龙江省设立专门的办事机构，为今后合作创造预设条件。

（三）建设"互联网+社会组织"乡村振兴服务平台

一是应着手设立专门的社会组织乡村振兴网站。黑龙江省应充分利用"互联网+社会组织"乡村振兴工作平台，以信息化技术为支撑，努力提升全省社会组织参与乡村振兴事业的成效。黑龙江省社会组织应抓住机会，积极开展与网络平台的乡村振兴合作，共同开发乡村振兴项目。例如，在平台中开设专区专门营运报道社会组织参与乡村振兴活动或典型，或者借助平台优先推送那些适合社会组织参与完成的乡村振兴项目，也可以对在平台上注册的社会组织给予项目优先权，等等。

（四）营造优良的社会环境

首先，可以利用多种宣传方式对社会组织对乡村振兴事业的贡献、意义和价值予以全方位的报道。利用广播、电视、报纸、网络等多种媒介对社会组织参与乡村振兴的行为进行宣传，不仅能够提升公众对社会组织乡村振兴

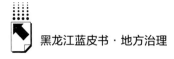

工作的认知度，而且能够促进社会组织之间关于乡村振兴工作的彼此合作和经验的交流。在多种媒体的宣传下，引导整个社会形成对社会组织参与乡村振兴工作的正面认识，营造有利于社会组织参与乡村振兴的良好社会氛围。

结　语

党的十八大以来，党和国家把脱贫攻坚摆在治国理政的重要位置，组织开展了规模空前、力度最大、惠及人口最多的脱贫攻坚战，历史性地消除了绝对贫困，解决了区域性整体贫困问题，完成了脱贫攻坚任务。随着社会大扶贫的开展，社会组织在扶贫事业中的作用日渐凸显，已成为我国扶贫事业发展中的重要主体。黑龙江省作为全国脱贫攻坚战场的重要组成部分，脱贫攻坚任务全面完成。在这一过程中，社会组织发挥了重要的作用，深入总结社会组织参与扶贫的经验，发现和挖掘社会组织参与扶贫典型显然具有重要的价值和意义。同时，在黑龙江省实施乡村振兴战略中，社会组织依然可以发挥重要作用。如何动员和引导广大社会组织继续积极参与乡村振兴，怎样将取得的扶贫成果与我们党正在开展的乡村振兴事业充分衔接，黑龙江省还需要在体制机制、政策制度、社会认同等方面加以完善。

B.4
黑龙江省党员干部作风建设存在的
典型问题及对策

田　芸*

摘　要： 作风建设是党的建设的永恒主题，党员干部作风问题更是作风
建设中的关键因素。党的十八大以来，黑龙江省从学习教育引
导、法规制度建设、强化监察监督、狠刹不良之风等方面重拳
出击，党员干部作风建设取得了较好的成效。肯定成绩的同
时，更要重视存在的问题。本文通过数据指出黑龙江省党员干
部存在的作风问题，提出通过推进党员干部思想政治工作常态
化、提升领导干部形象公信化、推动党员干部服务人民实效化
及健全党员干部作风管理制度化等全面提升黑龙江省党员干部
优良作风。

关键词： 黑龙江省　党员干部　作风建设

作风建设是党的建设的永恒主题，无论时代如何变迁，只要想干事创
业、大有作为，只要想得到人民群众的拥护爱戴，只要想为老百姓谋福祉，
作风建设就必须常抓不懈。优良的作风不仅历练了党员干部的党性，塑造了
党和政府的良好形象，更犹如春风化雨般滋润着百姓的心田。党的十八大以
来，中国共产党把作风建设作为全面从严治党的重要着力点和切入点，黑龙

---

* 田芸，黑龙江省社会科学院马克思主义研究所助理研究员，党建研究室副主任，研究方向为
党的建设、社会公平正义。

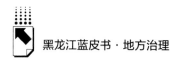

江省紧跟中央要求，借势而行，全省党员干部作风迎来了向好的变化，取得了较大的进展。

一 黑龙江省党员干部作风建设取得成效

党的十八大以来，黑龙江省在提升党员干部作风方面狠下功夫、常抓不懈，通过不间断开展学习教育活动、制定严格法律法规、加大监督检查力度、严惩违规违纪人员等办法，作风建设收到良好成效。

（一）学习教育积极开展

2013年4月，黑龙江省委主持学习"改进工作作风，促进科学发展"会议。会议强调，改作风、促发展是当前和今后一个时期的头等大事，改作风要用促发展来检验，促发展要用改作风来保证。各级领导班子和领导干部要以带头反对本本主义、官僚主义、形式主义、享乐主义、奢靡之风为重点，从自身做起、自身查起、自身改起，让人民群众看到改进作风实实在在的成效和变化。2013年6月，省委理论学习中心组以"改作风、惠民生"为主题集中学习。2013年7月，省委书记、省委党的群众路线教育实践活动领导小组组长对全省教育实践活动进行动员部署。他强调，以高度的政治责任感、良好的精神状态和扎实的工作作风，更加自觉、更加主动地把教育实践活动组织好、开展好、实施好，以作风建设的新成效，奋力开创龙江加快发展、创新发展、科学发展的新局面。

2014年，黑龙江省根据党员干部职业特点和从政环境等，开展多样性的党风党纪学习教育培训活动。省纪委以近几年查处的不正之风和腐败案件为例，拍摄了警示教育片《贪欲之害》《四风之害》，组织全省200余万名党员干部学习观看。全年共举办警示教育674场，33972名党员干部到基地接受正风教育和廉政培训，培训纪检监察干部1670人。

从2015年5月开始，黑龙江省同步组织开展以"既严以修身、严以用权、严以律己；又谋事要实、创业要实、做人要实"为主题的学习教育，并作为全省年度重点工作之一。坚持领导干部以上率下的领导方法和工作方法，继续聚焦"四风"问题，着重解决党员干部身上的不严不实问题，以使"严"和"实"的精神成为领导干部做人、为官、谋事的思想自觉和行为惯性。

2016年，为进一步解决党员干部在思想、组织、作风、纪律等方面存在的问题，黑龙江省委确定在全体党员中开展巩固拓展"三严三实"专题教育，组织开展"学党章党规、学系列讲话，做合格党员"学习教育。研究制定关于加强和改进党内政治生活的规范性文件，密切关注《中国共产党廉洁自律守则》和《中国共产党纪律处分条例》的学习和实施。

2017年11月，中共黑龙江省委做出《关于深入学习宣传贯彻党的十九大精神　奋力践行习近平新时代中国特色社会主义思想的决定》。《决定》要求，必须全面贯彻习近平总书记关于坚持把改进干部作风作为振兴发展的重要保证和着力打造全面振兴好环境的重要要求，坚决摒弃"三个坏把式"，持续整顿"五个坏作风"，争当"三个好把式"，形成"五个好作风"，进一步聚焦干部不作为、乱作为等作风突出问题，集中开展专项整治行动，坚决查处败坏作风、破坏发展环境的人和事。

2018年2月，黑龙江省委召开常务会议，部署落实全省整顿作风优化营商环境大会精神。会议要求坚决打赢整顿作风优化发展环境攻坚战，决定利用一年时间，深化机关作风整顿优化营商环境。坚持把学习教育贯穿作风整顿始终，提高服务意识和水平。要加强理论学习，制订学习计划，组织业务培训，开展岗位大练兵、大比武，组织业务知识和业务技能轮训，打造业务能力强、作风优良的党员干部队伍。

2019年6月，省委"不忘初心、牢记使命"主题教育工作会议召开。会议认真学习贯彻习近平总书记在中央"不忘初心、牢记使命"主题教育工作会议上的重要讲话精神，全面落实党中央《关于在全党开展"不忘初心、牢记使命"主题教育的意见》，在省内进行动员部署，会议要求，通过召开警示教育大会，组织大学习、大讨论等活动，提升干部作风，持续推动作风建设工作常态化。

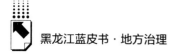

2020年9月，黑龙江省委召开常委会会议传达学习《关于巩固深化"不忘初心、牢记使命"主题教育成果的意见》。会议强调，牢记宗旨和使命，是加强党的建设的永恒之事，是党员干部的终身任务，持续用力推进作风整改整治，严格执行不忘初心、牢记使命的制度，推动形成坚定理想信念、坚守初心使命、敢于担当作为的浓厚氛围。

2021年2月，黑龙江省委省政府对新一年的相关工作进行部署，针对作风工作，要求严格贯彻中央八项规定和省委九项规定精神，纠正"四风"，特别是纠正形式主义和官僚主义不能松懈。继续精文简会，持续给基层松绑减负。严控"三公"经费预算和支出，提高财政资金使用绩效，精打细算，节俭富民，用政府的"紧日子"换取百姓的"好日子"。

（二）措施规定具体明确

2012年，黑龙江省委常委会会议审议通过了《中共黑龙江省委、黑龙江省人民政府关于改进作风、密切联系群众的规定》。九项规定对黑龙江省党员干部增强廉洁自律意识、摒弃不正之风，更好地转变作风，推进相关工作的落实进行了明确规定。

2013年，黑龙江省委理论学习中心组就全面贯彻落实中央八项规定和省委、省政府九项规定，强调改进作风，提出实现反对本本主义、反对官僚主义、反对形式主义、反对享乐主义、反对奢靡之风，促进科学发展的要求。

2014年，省委办公厅、省政府办公厅根据中共中央、国务院制定印发的《党政机关厉行节约反对浪费条例》，实施了《黑龙江省〈党政机关厉行节约反对浪费条例〉实施细则》。全面规范党政机关经费、国内出行、临时出国出差、公务接待、公务用车、会议活动、办公场所、资源节约等管理，对宣传教育、监督检查、责任追究等提出明确要求。

2015年，黑龙江省纪委监察厅为防止"四风"在元旦、春节期间反弹，重申并提出了"十条禁令"的纪律要求。该要求简洁明了，共有10项内容，严格限制纪检监察人员对外交往的不当行为。

2017 年，全省开展"三个坏把式""五个坏作风"专项治理活动。坐而论道假把式、拖拖拉拉软把式、弄虚作假歪把式被归结为"三个坏把式"。思想僵化、标准不高、效率低下、担当不足、纪律松弛被称为"五个坏作风"。此次专项行动，既是深化党员干部队伍作风整顿工作的有力抓手，也是全省作风整顿工作的重要措施保障。2017 年 5 月，黑龙江省委印发《关于推进风清气正政治生态建设的意见（试行）》通知。

2018 年黑龙江省制定《2018 年全省深化机关作风整顿优化营商环境实施方案》，提出解决形式主义和官僚主义新表现的问题。重点是：表态多、调门高、行动少、落实差，改革政策"空转"，不研究解决问题；调研变作秀，项目搞"盆景"；文山会海泛滥，内容不接地气；用责任状推卸责任，用考评代替落实；数字造假、虚报浮夸，报喜不报忧，搞材料政绩、文字经验。2020 年 7 月，中共黑龙江省委召开推进风清气正政治生态建设领导小组会议。

2021 年元旦、春节，为深入贯彻落实中央纪委国家监委务实节俭、文明廉洁过节部署要求，锲而不舍落实中央八项规定精神，从严纠治"四风"，营造风清气正的节日氛围，省纪委监委下发通知，要求持续发力纠治"四风"，确保元旦、春节风清气正，并就有关事项提出要求。

（三）加大监督监察力度

黑龙江省纪委、监察厅严格执行中央和省委改进工作作风要求，强化执纪监督，建立了省、市、县纪委"三级联动"监督检查机制，坚决查处和纠正"四风"问题。成立了作风建设监督检查办公室，通过走访、调查等形式深入了解全省党员干部在贯彻落实中央八项规定过程中作风的基本情况，及时提出整改意见和建议；制定印发了《关于保证省委省政府改进工作作风、密切联系群众规定落实的监督检查暂行办法》《关于对中省直机关执行改进工作作风、密切联系群众规定的督促检查落实办法（试行）》；在《黑龙江日报》和省电视台公开了举报电话。

2013 年，黑龙江省对违反作风建设规定的行为实行"一问三责"，追究当事人责任、追究主管领导的责任、追究纪检监察机关监管不到位的责任。省纪委组成了 8 个督察组对省、市（地）和中省直部门落实作风建设规定情况进行专项督察。9 月组成 3 个检查组，对各市（地）落实"五个严禁"情况进行监督检查，发现并督办整改问题 11 个。发挥"行风热线"作用，解决群众反映问题 2656 个，通过黑龙江纠风网的宣传和监督，刊发解读政策信息 123 条，受理群众反映问题 387 件。通过设立举报信箱、举报电话、党风政风监督网站等途径，发现并受理党员干部在廉洁自律和损害群众利益不正之风方面违规违纪问题 1015 个。

2017 年，省级纪检监察机关坚持"一案双查"，细化工作措施，层层传导压力，以问责促落实，对顶风违纪、"四风"问题禁而不绝坚决问责，倒逼各级党组织和领导干部将管党治党政治责任落到实处，共对 1133 个履行主体责任、监督责任不力问题进行问责，追究领导责任 1258 人。

2018 年，省纪委监委成立了 5 个专项督查组，深化了 13 个市（州）和 18 个省级重点部门的纠风工作，开展了 7 轮公开和秘密走访，实现了交叉检查的"全覆盖"。黑龙江省纪委监委针对扶贫领域腐败和作风问题在全国率先制定了《关于脱贫攻坚监督执纪问责办法》，下发了《关于开展扶贫领域腐败和作风问题专项治理的实施方案》，围绕扶贫资金的使用和管理、项目建设和管理方式等问题，严肃查处贪污、挪用、虚报等行为，严格纪检监察，强化责任追究，为战胜贫困提供强有力的纪律保障。全省查处扶贫领域违纪行为 3058 件，处理 3696 人，给予党纪政纪处分 2512 件。

2019 年，黑龙江省坚持有形覆盖和有效监督相结合，着力提高监督质量，把权力置于严密监督之下。完善信、访、网、电、微五种方式融合的检举举报平台，建立"一键举报"微信系统，信访举报"主渠道"作用充分发挥。中共黑龙江省委办公厅印发的《2019 年全省深化机关作风整顿优化营商环境实施方案》提出，一是坚决对破坏作风的问题发现一起、查处一起、通报一起，保持高压震慑决不姑息。二是通过举报电话、信访举报平台、投诉举报信箱、网上举报直通车等多种形式加大社会督察力度。三是对问题突出的单位、重点区域进行专项巡视巡查。四是对人民群众反映强烈、影响恶劣的问题提级办理；对线索具体的问题要速查快办；对查实的问题坚决纠正、从严问责；对问题频发、整改不力的地方和单位实行"一案双查"，严厉追究主要领导责任。五是加大公开曝光，每季度在主要媒体集中通报一批反面案例，典型案例随时曝光。省工商局组成监督组，赴黑龙江省各地工商系统督导检查"八项规定"执行情况。省地税局将滥用职权、吃拿卡要、推诿扯皮、假公济私以及刁难群众等问题作为作风整顿的重点，对严重损害纳税人利益，造成恶劣影响的个人、领导和单位严肃追责。

2020 年，省直各派驻（出）机构及所属单位共立案 1775 件，同比增长 60.8%；处置问题线索 3367 件，同比增长 77.1%；在从严惩治的同时，纪检监察机关坚持惩前毖后、治病救人，将"四种形态"贯通运用到监督执纪执法全过程。运用"四种形态"批评教育帮助和处理 9.6 万人次，第一、二、三、四种形态的占比分别为 71.2%、25.0%、1.9%、1.9%，监督执纪执法持续向"管住大多数"拓展，政治效果、纪法效果和社会效果实现有机统一。2020 年 11 月末，由省纪委监委、省审计厅组成的 4 个监督检查组奔赴全省各地，围绕地方党委政府落实主体责任、产业扶贫、问题整改、专项治理和形式主义、官僚主义等重点内容，随机抽取 12 个县（市、区）进行重点监督检查。各市（地）纪委监委对其他有扶贫任务的 75 个县（市、区）同步开展监督检查。

2021 年，中国共产党黑龙江省第十二届纪律检查委员会第五次全体会议要求，坚决打好作风建设的持久战，不断贯彻落实中央八项规定精神和实施办法，深入纠正形式主义、官僚主义顽疾，严肃查处享乐主义、奢侈浪费倾向，继续解决出现在人民群众身边的腐败和作风问题，巩固和改进扶贫开发成果，注重重点领域整改，完善民生领域损害百姓利益问题治理机制。

（四）作风整顿成效显著

党的十八大以来，黑龙江省委、省纪委铁律发力，禁令生威，刹歪风、纠"四风"、正作风，全省作风整顿效果明显，政治生态明显好转，反"四风"取得一定成效。

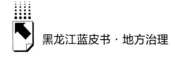

2013 年，全省调查处理 3535 件损害群众利益的不正当问题，给予党纪、政纪处分或其他处理 586 人，移交司法机关 60 人；调查处理了 2527 件违反中央八项规定精神问题，处理了 2867 人，其中给予党纪、政纪处分 549 人；调查处理了 1562 件违反工作纪律的问题，处理了 1782 人，其中给予党纪、政纪处分 350 人。

2014 年，黑龙江省在执纪监督纠"四风"方面，全省共查处各类违反八项规定精神问题 1123 个，处理 1425 人，其中给予党纪、政纪处分 538 人，对 105 起典型案件进行了点名道姓公开曝光。

2015 年，黑龙江省纪检监察机关对不作为、乱作为、懒政怠政、贻误工作的 1037 名党员干部进行了责任追究，纪律处分 589 人。全省共查处"四风"问题 1881 个，处理 2123 人，纪律处分 1573 人。

2016 年，黑龙江省各级纪律检查监察机关对 2095 件"四风"问题进行调查处理，处理 2573 人，给予党纪、政纪处分 1749 人。

2017 年，全省各级纪律检查、监察机关对 2700 件违反中央八条规定精神问题进行调查和处理，3390 人被处理，给予党纪、政纪处分 2228 人。全省共调查处理了 5203 件群众身边的不正之风和腐败问题，6796 人被处理，5280 人被处分。

2018 年，省纪律检查监察机关查处了 3738 件违反中央八项规定精神问题，给予党纪、政务处分 3444 人，着力整治形式主义、官僚主义，行动少、执行差、群众难办事等突出问题，全省调查处理 1446 件问题，给予党纪、政务处分 1855 人，通报和暴露典型事件 42 件。2018 年，全省对 832 件"不作为、乱作为"问题进行调查和处理，处理 1126 人，给予党纪、政纪处分 904 人。调查处理群众身边的不正之风和腐败案件 10645 起，处理 1336 人，给予党纪、政纪处分 9959 人。

2019 年，黑龙江省把整治形式主义、官僚主义纳入巡视巡察、监督检查、审查调查工作重点，全省共查处问题 5869 起，处理 7104 人，通报典型问题 996 起。坚决防止享乐主义奢靡之风反弹回潮。紧盯隐形变异新动向，打好督促提醒、专项检查、大数据筛查、警示通报等"组合拳"，坚决防止

"四风"反弹回潮。全省共查处违反中央八项规定精神问题 3727 起，处理 4428 人，违纪问题当年发生率由 2018 年的 26.5% 降至 17.2%，收送礼金、公款旅游、公车私用等问题基本刹住，违规发放津贴补贴、违规吃喝、大操大办等问题明显遏制。全省共通报典型案例 1292 起，持续释放越往后盯得越紧，执纪越严的强烈信号。深化扶贫领域专项治理。紧盯扶贫项目和资金管理风险隐患，严肃查处截留资金、冒领补贴、偏亲向友等违纪违法行为，全省共查处扶贫领域腐败和作风问题 2330 个，处理 2580 人。

2020 年，黑龙江省纪检监察机关锲而不舍纠治"四风"，全省调查处理了 8493 件违反中央八项规定精神问题，处理 10604 人，其中给予了党纪政务处理 8489 人。从问题的类型来看，形式主义、官僚主义问题 5365 件，处理 7046 人；享乐主义、奢靡之风问题 3128 件，处理 3558 人；通报曝光典型案例 216 起。从人员级别看，处理厅局级干部 7 人、县处级干部 671 人、乡科级及以下人员 9926 人。

黑龙江省已经采取多方面措施出重拳、动真格查处党员干部"四风"及违反中央八项规定精神问题，公款吃喝、公务车私用、婚丧嫁娶大操大办等问题明显减少，有效抑制了内部场所吃喝、变更行程借机旅游等新动向问题。然而作风问题仍然严峻，也一直存在，它的长期性及反复性特点不容忽视。作风建设永远在路上，整顿作风的工作一刻都不能放松。

二 黑龙江省部分党员干部作风存在的典型问题

黑龙江省部分党员干部不作为乱作为、家风败坏、漠视群众利益、违反中央八项规定等作风问题对党的先进性和纯洁性提出重大考验。

（一）部分党员干部不作为、乱作为现象仍然存在

党的十八大以来，随着全面从严治党的逐步推进，黑龙江省政治生态环境有所好转，但一些干部庸政、懒政、不作为、乱作为现象仍然存在。为了有效遏制"为官不为""为官乱为"等行为，2019 年中共中央印发新修订

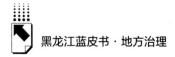

的《中国共产党问责条例》，树立党员干部"有权必有责、有责要担当、用权受监督、失责必追究"的为官宗旨，那些工作中"不求有功，但求无过"，总想当"侵害群众利益蛀虫"的党员干部已经成为亟待查处的"问题干部"。

（二）部分领导干部家风败坏现象仍然存在

党员干部尤其是领导干部家风问题越来越受到党中央、学界和社会大众的高度重视。领导干部子女、家属腐败案件近年来也一直呈现上升趋势。中纪委网站的一篇《落马中管干部"问题清单"，近2/3违纪涉亲属》文章中写道，62%的领导干部违纪涉及亲人，他们大多数都利用职务之便为亲人经营活动谋取利益。据调查，80%的官员腐败案都和家庭成员有着密切关系。在落马的黑龙江省高级领导干部中，家风败坏、家族式腐败问题也十分显著。家风败坏已成为领导干部走向严重违纪违法道路的重要原因，可以说贪官大多家风不正。

家风是党风、政风的重要表现，对社会风气有着深刻影响，领导干部不重视家风建设产生不良后果将触犯法律法规。黑龙江省绥化市委原书记马某在审判结束后对其妻子田某某说："我的手铐有你的一半。"田某某因与其共同受贿被判处无期徒刑。近年来，党员干部子女、家属乱吹枕边风而导致领导干部落马的腐败案件一直呈上升趋势，且多数是窝案串案，涉及面广，影响恶劣。2018年修订的《中国共产党纪律处分条例》第136条专门新增了与家风建设有关的条款，规定："党员领导干部不重视家风建设，对配偶、子女及其配偶失管失教，造成不良影响或者严重后果的，给予警告或者严重警告处分；情节严重的，给予撤销党内职务处分。"过分溺爱子女、没有底线地纵容家属最终毁掉了自己，也毁掉了最看重的亲人。

（三）部分党员干部漠视群众利益现象仍然存在

中国共产党从来都重视人民群众，把群众的利益放在第一位。但有少部分的党员干部无视党纪国法，与党的要求相悖，漠视群众利益，不关心百姓疾苦，心里装的都是一己私利。在黑龙江省整顿作风建设过程中，这样的事情也不少见。

经过调查发现，漠视、侵害群众利益问题主要发生在扶贫、民生、涉黑涉恶"保护伞"三大领域。解决扶贫和涉黑涉恶领域群众利益问题更是难上加难。也是因为它难，人民群众才更需要党和政府的帮助，才更能考验党员干部处理问题的决心和能力，也更能赢得民心。工作上的难度不是我们退缩的理由，置人民群众的困难于不顾不仅是工作态度问题，更是党性问题，那些漠视和伤害群众利益的党员干部不妨停停职、补补课。从 2019 年 8 月 31 日开始，由黑龙江省纪委监委牵头结合"不忘初心、牢记使命"主题教育，会同省内 15 个省直机关，对漠视、侵害群众利益的突出问题开展专项整治。相信有了党和政府的支持，有了积极帮群众解决困难的党员干部，再难解的题也能解决，再难啃的骨头也能吃掉。

（四）部分党员干部违反中央八项规定现象仍然存在

中央政治局《关于改进工作作风、密切联系群众的八项规定》内容具体，执行时间长，措施得力，震慑力巨大，近年来对党员干部起到了较好的约束作用，有人称它为作风建设的"紧箍咒"。

1. 公款旅游行为

公款旅游行为的表现形式有如下几点。第一，借公务外出之机旅游。第二，以考察学习名义公款旅游。把学习地点安排在大都市、风景区等风光秀丽的地方，变相公款旅游。第三，以红色教育为主题的旅游。打着弘扬学习革命精神的旗号，行"红绿相间"的游玩之实。第四，以招商引资、洽谈签约为名，同上级领导共同实施高规格的旅游。第五，由下属单位出资，受邀参加其考察旅游。

2. 违反公务用车管理规定

违反公务用车管理规定的表现形式有如下几点。第一，违规配备、使用公务车辆。比如公车私用。第二，违反公务用车其他管理规定的行为。如占用其他单位的车辆；公务人员乘坐公务车仍领取交通补贴的行为。第三，私

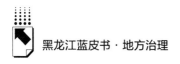
车公养是公务用车方面发生的不正之风的异变。

违反中央八项规定的问题主要表现在公款吃喝行为、公款旅游行为、违反公务用车管理规定、违规收礼、送礼行为等。除此以外，还存在违规操办婚丧喜庆事宜；违规发放津贴补贴福利；违规接受出入私人会所；违规取得持有各种消费卡；在分配购房、购买住房中侵犯国家集体利益行为；生活奢靡，贪图享乐，追求低级趣味等行为都违反中央八项规定现象。

作风建设是密切党群干群关系的一根红线，是党的性质、纲领、宗旨、路线的重要体现，是巩固党的执政能力，关系党和国家命运的基石。不良的作风不仅使群众深恶痛绝，拉大与群众之间的距离，并且严重削弱党的凝聚力、战斗力、执行力，长此下去必将与实现中华民族伟大梦想渐行渐远。因此，如何规避和预防不良作风带来的风险和挑战亟须深入思考。

三　推进黑龙江省党员干部作风建设的对策建议

黑龙江省针对党员干部作风方面的突出问题，应从推进党员干部思想政治工作常态化、提升领导干部公信力、推动党员干部服务人民实效化、健全党员干部作风管理制度等方面加强党员干部作风常态化建设。

（一）推进党员干部思想政治工作常态化

思想政治教育是党的作风建设的首要环节，推进党员干部思想作风的常态化建设必须以习近平新时代中国特色社会主义思想为引领，并结合系列主题教育活动。

1. 以最新的科学理论武装全省党员干部

习近平新时代中国特色社会主义思想是马克思主义中国化的最新成果，是全党必须长期坚持的指导思想。其思想内涵丰富、体系完备、实事求是、高瞻远瞩，是新时代伟大实践的行动纲领。习近平新时代中国特色社会主义思想在"建设一个什么样的党、怎样建设党"的这一根本问题上创造性地提出了一系列新观点和新论断。特别是在党的十九届中央纪委二次全会中，对持之以恒加强和改进党的作风建设提出了新要求和新举措。

黑龙江全体党员干部要把学习掌握习近平新时代中国特色社会主义思想作为政治必修课，只有学懂学通学透，才能真正提高党性，从本质上解决党员干部作风的问题。

2. 持之以恒开展系列教育活动

从 2013 年 6 月开始，中央政治局对党员干部开展的系列教育活动就接连不断。全党从上到下逐步开展以"为民、务实、廉洁"为主要内容的群众路线教育实践活动；以县级以上领导干部为重点对象开展"三严三实"主题教育活动；全党开展"两学一做"学习教育；在全体党员干部中自上而下开展"不忘初心，牢记使命"主题教育；2021 年在全党开展党史学习教育。我们深刻体会到，中共中央为了改善党员干部在思想、作风、服务意识等方面的不足，投入了大量时间、人力、物力和财力，也做出了很多创新性的有益探索，今天的成绩确实来之不易。通过一系列的学习教育活动，黑龙江省党员干部的作风也得到了明显改善，但作风问题的反复性和回弹性特点客观存在，不容忽视，全省党员干部作风的现状与人民群众的期待还有很大距离，作风建设一刻都不能放松。

一是持之以恒加强马克思主义理论学习。马克思主义思想和理论是中国共产党人思想和行为的准则，信守马克思主义的共产党员更应坚定不移地注重对马克思主义经典原著的学习。通过学习深刻认识、准确把握其中所蕴含的科学世界观和方法论，为认识和解决现实问题提供支撑。二是加强党性修养。持之以恒加强学习，不仅是提升自身道德品质的需要，也是树立"全心全意为人民服务"的需要。时刻保持党员的先进性，争做道德和服务人民的模范，是推进党的作风建设的重要途径。三是持之以恒加强政治学习。政治立场坚定的首要前提就是牢固树立共产主义的理想信念。通过学习坚定共产主义一定会实现，中国特色社会主义一定会实现的信念，坚定永远跟党走的信念，增强面对风险和挑战不动摇的决心和力量。四是持之以恒加强党的纪律和规矩的学习。没有规矩不成方圆，党的发展壮大更需要坚持原则、恪守规矩的党员一起努力。严明的党的纪律和规矩是立党、治党、强党的根

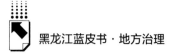
本，全体党员干部要通过学习党的章程、党的法律法规，严以用权、严以律己，营造风清气正的政治生态。

（二）提升领导干部公信力

领导干部的公信力首先体现于个人素质，因为每个党员都是一面流动的党旗，时刻代表着党的形象。领导干部以身作则、树立公信力，是检验党的作风建设力度和成效的关键。

1. 充分发挥"关键少数"的示范引领作用

领导干部岗位重要、责任重大，是党和国家事业发展的中坚力量，因此也必然是整顿作风建设的关键环节。一是以身作则、率先垂范。领导干部特别是高级领导干部要带头遵守作风建设中的各项规定，规定不能做的事情自己坚决不做，要求别人做到的事情自己首先要做到。在工作学习中要主动承担领导责任，同党员干部一起调查研究，一起谋划发展，遇到难题共同探讨想办法解决，在工作中自觉践行一个优秀共产党员的标准。二是认识明确，推动有力。领导干部要结合本单位实际，深入开展调研，明确改进作风的目标、任务。只有"关键少数"真正承担起作风建设的领导责任，才能够管理好、带动好"绝大多数"，这种巨大的影响力，甚至对地方工作兴衰成败产生决定性作用。

2. 重视领导干部家风建设

习近平总书记非常重视家风建设，并把家风建设纳入领导干部作风建设中。他多次强调，领导干部要积极向老一辈革命家学习家风建设，和亲人一起为培育积极健康的家风多做努力，为成千上万的普通家庭树立榜样。高级干部家风不是一个人或一个家庭的小事，而是一件事关干部作风、党的作风和政府作风的大事。2017年2月《光明日报》发表文章："好家庭离不开好家风，好家风能带来好政风。好家风既是以德治国的需要，也有利于正风反腐的开展。对领导干部而言，好家风尤为重要，培育好的家风，可以从思想上预防腐败。"确实，领导干部的家风，不仅体现着个人形象，还可以预防腐败，是关系到党风政风健康发展的重要因素。个别领导干部有权力后，首先是把家庭利益置于首位，一切"好事"都先想着家里人，把人民赋予的权力变成了捆绑亲情利益的纽带，亲属之间的关系变成了利益共同体。作为领导干部要注重家教，引领良好家风，处理好亲情与党纪国法的关系，严格要求自己，严格要求家属，才是整个家庭、家族兴盛不衰的长久之道。

（三）推动党员干部服务人民实效化

以"人民满意"的标准检验"转作风"的实效，站稳人民立场，从细微处着手，干实事、讲实效才能硬作风。

1. 干实事，为人民谋利益

一切工作的出发点都是为了维护人民群众的利益，一切工作的检验标准是人民群众的满意度。为人民群众谋利益就是做了实事，也是党和群众评判干部最直接、最简单的标准。党员干部要主动作为，勇于担当。俗话说，在其位谋其政。新时代的民生工作纷繁复杂，千头万绪，党员干部身上的任务更加繁重。这个时候更需要作风过硬、有上进心、勇于担当的栋梁之材。要有不怕担责任、不怕得罪人，以人民为中心，坚定人民立场的勇气和决心。从人民群众最关心、最直接的利益问题入手，想人民之所想，急人民之所急，多做惠民之事。强化担当意识、奉献意识，为群众办实事、解难事，做执政为民的忠诚执行者。

2. 重实效，从细微处入手

人民群众反映的每一个问题都要认真对待，也许对党员干部来说是举手之劳的小事，可在群众的生活中就是天大的事。人民群众提出的每一条中肯的建议和意见，也许都是经过他们深思熟虑的，如果对待这些只是敷衍了事，或摆出一张冷脸，那又怎么能不伤群众信任的心？看似一顿并不丰盛的宴请，背后却隐藏着官僚主义、享乐主义的恶劣作风。对隐藏在工作生活中的"四风"问题，党员干部更要慎之又慎，想好再做，不要触碰规则的底线。"不积跬步，无以至千里"，让我们从细节入手，以小事自律，将作风建设抓出实效，逐步形成良好的党风、政风、民风。

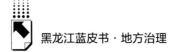

3. 下基层，解决人民诉求

引导党员干部走到群众中去，有效下沉社区，了解群众思想动态、生活诉求。黑龙江省应该充分利用互联网手段对党员干部走访情况给予监督管理。比如，我们可以在居民楼道或指定地点张贴走访登记二维码，当领导干部走访某户群众时，可以扫描二维码，并填写电子日志，对走访时间、地点和群众诉求的问题进行记录。这种方法迫使党员干部抽出时间到群众中调研，既避免了工作上的弄虚作假，也可以掌握群众诉求，并对问题解决的进程和时间随时跟踪。领导干部到群众家主动听取问题，并帮助协调解决问题，不仅人民群众得到了实惠，而且对其创新群众工作制度，转变作风也起到了积极作用。

（四）健全党员干部作风管理制度

党的作风建设要纳入制度体系中，与思想建设互为补充、相互结合。

1. 要做到"规定动作"不走样

一是按上级要求深入学习。根据党的十八大以来中共中央对党员干部教育培训的要求，学习教育绝不是一朝一夕的事情，会持续进行。黑龙江省党员干部也要通过集中学习、个人自学、专题讨论、宣传讲解等形式，按照指定材料原原本本地理解和掌握中央精神。二是广泛听取各方面意见。要采取召开座谈会、发放征求意见表、上门征求意见、重点人员谈话、设立意见箱、网络征求等多种方式，向社会各界征求意见和建议，为对照检查、开展批评和解决问题打好基础。三是查摆问题要准确。要通过自己找、群众提、上级点、互相帮、集体议等方式，把存在的问题找准、找全，深挖根源。四是整改落实要迅速到位。根据"问题清单"，发现什么问题就立即整改什么问题，要从严从紧抓落实。制订整改方案，落实责任人和时间表，并向社会公布，广泛接受监督，让群众看到实实在在的变化和成效。五是制度执行要到位。对与作风建设相关的制度进行梳理，对实践证明有效且符合实际发展需要的制度要坚决执行；对不适应新形势新任务要求的制度，进行修订完善或废止；同时，总结实践中的好经验、好做法，研究出台一些加强作风建设的新的具体制度和规定，推动改进作风常态化、长效化。除此以外，严格的问责措施要跟上，不能让制度成为"稻草人""纸老虎"。

2.要做到"自选动作"有特点

黑龙江省整顿作风的制度建设不应仅仅是贯彻执行中央的"规定动作"，还要有符合全省实际情况，着重解决作风中突出问题的"自选动作"制度。这些"自选动作"要注重如下方面：一是要符合中央大政方针；二是要根据作风问题的变化和不同阶段的突出表现，不断修订和完善；三是要根据新的时代要求和特点制定具有创新性的规定措施，既体现人民的呼唤，又体现新时代的新要求；四是制度的制定要细化，越细化，可操作性和执行性越强。

3.要做到对敢于担当的干部有激励

党的十九大报告提出的"建立激励机制和容错纠错机制，旗帜鲜明地为那些敢于担当、踏实做事、不谋私利的干部撑腰鼓劲"。勇于创新、敢于担当的干部是全社会的宝贵资源，建立激励机制和容错纠错机制是党和政府保护干事创业好干部积极性和创造性的有效手段，是给干部"一颗定心丸""一针强心剂"。建立相关机制要以习近平总书记提出的"三个区分开来"为原则，即把干部在推进改革中经验不足出现的失误与明知故犯的违纪违法行为相区别；把没有明确限制的探索性错误与明确禁止的违法违纪行为相区别；把推进发展的无意过失和谋私利的违纪违法行为相区别。结合工作中的实际情况，客观判断责任担当，既要最大限度地保护鼓励党员干部的主动性和创造性，也给他们改正试错和失败的机会。只有这样，才能最大限度地调动广大干部的工作热情，形成想干事创业、敢干事创业的良好社会风气。

B.5
黑龙江省促进边境地区人口集聚
路径研究

黑龙江省社会科学院课题组*

摘　要：　边境人口安全是边境地区安全的基础和重要保障，是边境地区经济社会发展的必要条件。近年来，黑龙江省边境地区人口数量减少，人口密度偏低，劳动力人口明显减少，老龄化程度加深，尤其是抵边村屯"空心化"现象严重。边境人口的减少直接影响到黑龙江省经济社会发展和边境安全。因此，要准确掌握黑龙江省边境地区人口变化趋势，多方位构建边境地区人口增长动力机制迫在眉睫。

关键词：　边境地区　人口集聚　黑龙江

边境人口发展是边境地区安全的基础和重要保障，是经济社会发展的必要条件，其数量和结构的演变对稳边固边、兴边富民具有重要意义。近10年来，黑龙江省边境地区人口外流严重，已成为"兴边富民"成效的一大瓶颈，也成为黑龙江省统筹发展与安全、履行"五大安全"政治责任的关键问题。为提高黑龙江省边境人口数量和质量，构建边境地区人口增长动力机制迫在眉睫。

---

* 课题组成员：许淑萍，黑龙江省社会科学院政治学研究所所长，研究员，研究方向为行政学理论；史晓杰，黑龙江省社会科学院政治学研究所研究员，研究方向为行政学理论；李峰，黑龙江省社会科学院政治学研究所副研究员，研究方向为行政学；汤辉，黑龙江省社会科学院政治学研究所助理研究员，研究方向为地方治理；孔祥龙，黑龙江省社会科学院政治学研究所助理研究员，研究方向为公共治理。执笔人：许淑萍、史晓杰、李峰、汤辉、孔祥龙。

一 黑龙江省边境地区人口变化的基本特征

从第七次全国人口普查（以下简称"七普"）数据与第六次全国人口普查（以下简称"六普"）数据的统计比较分析来看，黑龙江省边境地区人口变化呈现以下基本特征。

（一）人口总量减少，呈负增长态势

2020年"七普"数据显示，黑龙江省边境地区常住人口为265.3万人，比2010年"六普"的318.8万人减少53.5万人，下降16.8%。18个边境县（市、区）除爱辉区常住人口数量增长1.25万人（上升5.9%）外，其他地区人口均呈现减少趋势，总体呈现负增长，增长率为-16.8%。其中，人口减少较多的县（市）为塔河县、漠河市和穆棱市，人口分别减少44.8%、35.2%和32.8%（见图1、图2）。

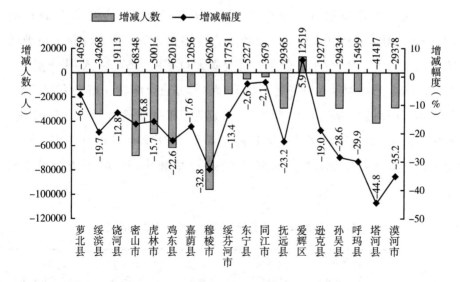

图1 黑龙江省"七普""六普"18个边境县（市、区）常住人口增减分析

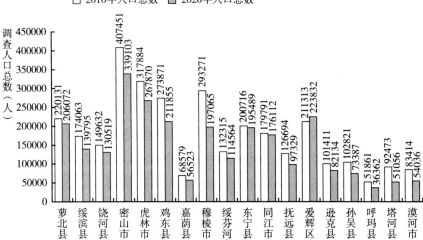

图2 黑龙江省"七普""六普"18个边境县（市、区）常住人口变动分析

（二）人口密度低，地广人稀特点明显

黑龙江省边境地区总面积约14.9万平方公里，占全省总面积的31.53%，但边境县总人口仅占全省总人口的8.33%。黑龙江省边境地区人口密度为17.79人/平方公里，是全省人口密度（67.34人/平方公里）的26.4%。边境地区人口密度不足10人/平方公里的县（市）有呼玛县、漠河市、塔河县、逊克县和嘉荫县，分别为每平方公里2.54人、2.93人、3.63人、4.73人和8.38人。人口密度高于全省平均水平的县（市）有绥芬河市和萝北县，分别为271.56人/平方公里和95.11人/平方公里（见表1）。

表1 2020年18个边境县（市、区）人口密度表

地区	总面积 （平方公里）	占全省 比重(%)	总人口 （万人）	占全省 比重(%)	人口密度 （人/平方公里）
全省	473000	100	3185.01	100	67.34
鸡东县	3243	0.69	21.19	0.67	65.34

续表

地区	总面积 （平方公里）	占全省 比重（%）	总人口 （万人）	占全省 比重（%）	人口密度 （人/平方公里）
虎林市	9334	1.97	26.79	0.84	28.70
密山市	7843	1.66	33.91	1.06	43.24
萝北县	2167	0.46	20.61	0.65	95.11
绥滨县	3335	0.71	13.98	0.44	41.92
饶河县	6765	1.43	13.05	0.41	19.29
嘉荫县	6739	1.42	5.65	0.18	8.38
同江市	6300	1.33	17.61	0.55	27.95
抚远市	6263	1.32	9.73	0.31	15.54
绥芬河市	422	0.09	11.46	0.36	271.56
穆棱市	6673	1.41	19.71	0.62	29.53
东宁市	7139	1.51	19.55	0.61	27.38
爱辉区	14446	3.05	22.38	0.70	15.49
逊克县	17344	3.67	8.21	0.26	4.73
孙吴县	4319	0.91	7.34	0.23	16.99
漠河市	18432	3.90	5.40	0.17	2.93
呼玛县	14335	3.03	3.64	0.11	2.54
塔河县	14059	2.97	5.11	0.16	3.63
合计	149158	31.53	265.31	8.33	17.79

（三）劳动力人口减少，老龄化程度加深

国际上人口老龄化的通用标准是：当一个国家或地区60岁及以上老年人口占人口总数的10%，或65岁及以上老年人口占人口总数的7%，就意味着这个国家或地区进入老龄化社会。2020年"七普"数据显示：黑龙江省边境地区0~14岁人口为28.18万人，占边境县（市、区）总人口比重为10.62%；15~59岁人口为175.61万人，占边境县（市、区）总人口比重为

66.19%；60 岁及以上人口为 61.52 万人，占边境县（市、区）总人口比重为 23.19%。与 2010 年"六普"相比，边境县 0~14 岁人口比重下降了 1.95 个百分点；15~59 岁人口比重下降了 8.21 个百分点；而 60 岁及以上人口比重上升了 10.15 个百分点。呈现劳动力人口下降，老龄化程度加深的趋势（见图 3）。

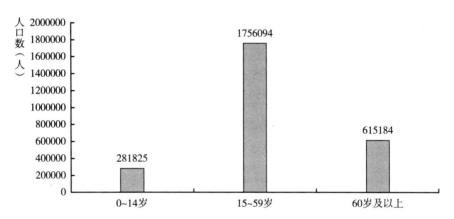

图 3　2020 年 18 个边境县（市、区）"七普"总人口年龄结构

（四）受教育程度低于全省平均水平，文盲率呈下降趋势

黑龙江省 18 个边境地区平均受教育年限为 9.75 年，比全省平均水平少 0.18 年。边境县（市、区）受教育人数排名前三的教育阶段为初中、小学、高中，分别为 121.08 万人、56.58 万人、39.37 万人，合计占 3 岁以上总人口的 83.03%；而专科以上仅占 12.70%，即约 33.2 万人。边境地区的文盲人口为 6.1 万人，同 2010 年"六普"相比，文盲人口减少 3.4 万人，文盲率由 2.55% 下降至 2.33%，下降 0.22 个百分点，降幅高于全省平均水平 0.07 个百分点（见图 4）。

（五）抵边村屯"空心化"现象严重

近年来，黑龙江省抵边地区村屯的实际常住人口不断减少，远远低于户

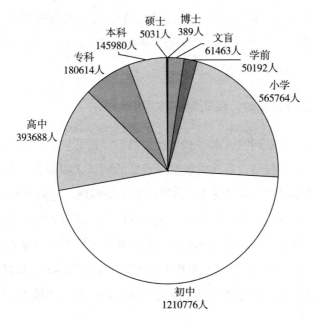

图4　18个边境县（市、区）3岁以上人口受教育程度分布

籍人口数量，"空心化"现象较为严重。例如，永和村户籍人口为1150人，但常住人口只有120人；东星村户籍人口为9428人，常住人口却只有1810人。许多本地居民选择离开抵边一线，到相对发达的城镇定居生活，使守边、固边面临严峻挑战。

二　黑龙江省人口逐年减少的原因分析

（一）产业支撑弱，吸纳劳动力就业空间狭小

近年来，随着振兴东北老工业基地等政策的实施，黑龙江省的产业结构升级，呈现第一产业稳固上升，第二产业规模下降，其劳动力和资源转移至第一、三产业的升级方向，但与全国产业结构升级速度相比，趋于缓慢。黑龙江省产业结构偏重，民营经济偏弱，高新产业数量和规模有限，以农业、重工业和劳动密集型产业为主的产业结构对于吸纳大学毕业生的优势不足。

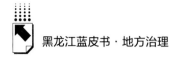

加之黑龙江省人均 GDP 多年在全国末位徘徊，使其就业吸纳能力不强，适合青年人才的岗位供给不足，导致大学毕业生流失严重，在省外高校上学的大学生选择省外就业的更多。

（二）经济欠发达，薪资待遇水平低

人口流向往往受到收入水平和事业发展前景的影响，人们普遍都喜欢居住在人均收入水平较高、事业发展前景较好的地区来满足其自身需求，实现自身价值。黑龙江省经济欠发达，薪资待遇水平偏低，与南方发达省份相比，其收入水平差距较大。2011 年以来，大兴安岭地区连年增加林业企业职工工资，但整体工资水平仍偏低。2019 年，大兴安岭地区林业企业在岗职工人均年收入 40368 元，是全省职工年平均工资 55740 元的 72.4%，与其他省份同岗位的福利待遇相比，其比例更低，使大兴安岭地区相关领域人才大量流失至其他省份。

（三）基础设施弱，社会保障水平低

公共服务是衡量一个地区发展的重要指标，也是人才选择一个工作地的重要因素。黑龙江省边境地区公共服务设施建设薄弱，缺乏吸引力，发展相对缓慢。城市排水、污水和垃圾处理等环境治理措施相对滞后；教育基础设施落后，医疗救助设施短缺，社区服务场所不足，市政道路、棚户区、老旧小区改造等问题依然突出。铁路是国家重要的基础设施，是国民经济的大动脉，对国家政治、经济、文化及国防建设与发展都发挥着重要作用。黑龙江省边境地区铁路建设严重滞后，18 个边境县（市、区）有 8 个县（市、区）不通火车，这无疑给群众出行带来不便，也无形中增加地区经济发展成本。

黑龙江省边境县（市、区）教育资源、医疗资源匮乏的问题普遍存在。在一定程度上消减了人口留在当地谋求发展的劲头和动力。在漠河的调查访谈中，几乎所有的被访者都提到教育资源和医疗服务水平上不去，不少干部职工为方便孩子求学、老人就医流向外地，形成了人才与人口的双流失。漠

河市在职卫生技术人员平均年龄为 47.5 岁，教师平均年龄为 45 岁，老龄化严重，医院存在新老技术人员衔接不上、断层、一人身兼数职的情况。例如，皮肤科、精神科等一些基础科室因为人员短缺已无法正常开展工作。耳鼻喉科室仅有一名医生，但还面临退休。在边境县（市、区）生活比较单调，文化生活匮乏，远没有大城市丰富多彩，能够提供的公共文化环境局促逼仄，会让习惯大城市文化氛围的年轻人觉得很孤单。社会保障、公共服务与地区经济发展水平呈正相关关系，黑龙江省特别是边境县（市、区）的社会保障水平明显低于经济发达地区的社会保障水平，成为人口外流的主要因素。

（四）气候不宜居，生活成本相对高

黑龙江省地处高纬度地区，南起 43°26′，北至 53°33′。全年平均气温比较低，南部地区冬季最冷月平均气温只有−19.7℃，北部地区冬季最冷月平均气温可达−38.1℃。高纬度地区冬季黑夜漫长，日照时间减少，太阳辐射强度小，极大地影响人们的身体健康。心脑血管疾病、呼吸道疾病、消化道疾病、循环系统疾病、风湿、关节病等的发病率及死亡率在全国均占首位并远远高于全国平均水平。冬季寒冷且漫长，有些地区长达 8 个月的供暖期，与江南水乡、沿海地区相比，其自然环境相对不宜居。由于黑龙江地区纬度高，冬季寒冷，当地居民人体代谢率高，对服装保暖性需求高，属于"四层穿衣带"，生活成本高。以漠河市为例，居民人均消费支出中食品、衣服、居住所占比例达 60% 以上，冬季取暖期长达 7 个多月，取暖费平均3000～5000 元/户，占年工资总收入的 1/10，生存成本过高。

三　构建边境地区人口集聚动力机制的路径

针对黑龙江省边境地区人口逐年减少，严重影响和制约边境地区经济社会发展和安全的问题，应构建边境地区人口增长动力机制，加快黑龙江省边境地区人口聚集，提高黑龙江省边境人口数量和质量。

（一）创新产业集聚机制，增强人口吸纳能力

发达国家和地区城市化发展的历程表明，产业聚集是促进城市化进程快速发展的重要因素，是促进区域经济增长的最主要的源泉。政府作为现代经济生活中的重要因素，其职能的发挥对产业集聚的形成、发展势必产生重要影响。一是以科学规划引导产业聚集。统筹考虑地理位置、资源禀赋、基础设施、历史人文环境等多方面因素，科学规划、准确定位产业发展布局，明确产业具体实施内容，为产业聚集发展提供前提条件。边境县（市、区）要充分考虑本地所具有的比较优势，选择代表技术发展方向、市场前景广阔、关联效应强，具有地方特色的产业为主导产业，实行重点开发。二是以政策供给吸引产业集聚。针对当前18个边境县（市、区）普遍存在的地方财税渠道过窄、建设资金短缺、土地用地紧张等方面存在的困难，建议从政策层面给予扶持和帮助。例如，省级部门安排的建设资金、专项资金应考虑提高边境县的分配比例；国家要求地方配套的项目以省级配套为主，尽量减少或免除边境县承担的部分；加大对边境地区财政转移支付力度，加大税收返还比例；争取边境地区享受所得税减免15%的政策；扩大基层银行贷款范围和贷款规模；等等。三是以人力资本支撑产业集聚。充分利用外部科技、智力资源，提高企业创新能力。围绕产业发展定位及劳动就业需求，引导重点企业和大专院校、职业教育联合办学，培育企业紧缺的技能人才。比如，满洲里建有内蒙古大学满洲里学院，内蒙古自治区高校毕业生服务基层项目向满洲里倾斜；珲春设有延边大学珲春校区，为推动口岸经济发展提供有力支撑。黑龙江省是否可以考虑在绥芬河进行同样的操作。四是以营商环境改善推动产业集聚。作为经济秩序的维护者和仲裁者，黑龙江只有为企业提供一个安全、法治、公平、有信的本地创业、就业环境和市场竞争环境，才能保证本地的产业集聚得以持续发展。同时要强化服务职能，提高服务意识，制定形成一套完整的产业服务体系，以良好营商市场环境推动产业加快集聚发展。

（二）建立旅游人口吸纳机制，促进边境地区人口流动

随着交通、通信等技术的发展，区域间经济活动的增加，人口的长期和短期流动越来越频繁。人口流动过程本身就是消费过程，流动人口在流动过程中起着调节当地消费的作用。消费力度的加大能有效地促进当地的经济增长，要增加消费，人口流动就是有效的途径之一。伴随旅游业的发展，服务业所占经济比重增加，不仅可以促进就业，而且还能提高当地居民的可支配收入水平和消费能力。充分利用边境地区的资源优势，吸引外域人口流入。一是释放生态红利，打造全域旅游品牌。黑龙江省边境地区拥有丰富多彩的大美自然、人文景观，包括大森林、大湿地、大界江、大湖泊、大冰雪等得天独厚的旅游资源。黑龙江省国家级森林公园的数量和面积均排名全国第一，是当之无愧的"森林之冠"。黑龙江省湿地旅游资源丰富，现已形成全国最大、最优的省级湿地保护管理体系。黑龙江省边境地区亟待凭借全季全域旅游资源，发展森林游、湿地游、冰雪游、边境游、生态康养等重点旅游项目，让"绿水青山""冰天雪地"这两座"金山银山"奏出生动的"四季歌"，形成"春赏花、夏漂流、秋采摘、冬滑雪"四季畅游、处处皆景的全域旅游新格局。二是挖掘边境文化，打造特色民俗村镇。边境重点城镇要坚持"彰显特色"的"个性化"发展理念。黑龙江省18个县（市、区），有少数民族30个，民族乡（镇）18个，少数民族聚居村151个，有着丰富的民族特色资源。这些民族特色资源可以融入边境城市设计中，从文字符号设计着手，以汉字为主，以少数民族的文字为辅，融入道路标识、机场标识、火车站标识、汽车站标识，凸显地域文化特色，同时，呈现黑龙江边境城市的民俗文化和城市内涵，提升边境城市整体形象魅力，吸引更多的游人来体验丰富多彩的民俗文化。三是利用地缘优势，发展边境特色跨境游。黑龙江水资源充盈丰沛，黑龙江、乌苏里江两条大界江沟通中、俄两岸，拥有中俄最大界湖——兴凯湖等类型多样、风景各异的大小湖泊。利用与俄罗斯接壤的地缘优势，发展边境特色文化跨境游。可以考虑在俄罗斯、东北亚的部分城市试点免签的磋商，吸引边境旅游者。

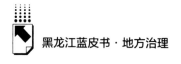
（三）建立政策补偿机制，提高边境地区居民收入

近年来，黑龙江省在遏制边境人口外流方面多措并举，出台了一系列兴边富民的政策，取得了相应的效果，但一些地区执行政策不力，使政策红利难以释放，尚未取得良好的政策效果。在继续发挥政策效应的基础上，应加大政策创新力度，有效遏制本土人口外流。一是提高艰苦边远地区津贴，扩大艰苦边远地区津贴补助范围。20世纪六七十年代，黑龙江省基层和边境地区人才相对稳定，这与当时基层和边境地区工资和福利待遇普遍高于内地30%左右直接相关。黑龙江省大兴安岭地区素有"高寒禁区"之称。与大兴安岭地区纬度接近、自然条件大体相同的新疆、内蒙古一些地区的县（市、州），目前当地工资和津贴待遇水平远远高于大兴安岭地区。建议国家参照新疆、内蒙古艰苦边远地区津贴标准，提高大兴安岭地区艰苦边远地区津贴。二是实行地方疾病医疗补贴制度，逐步提高大病保险报销比例。针对黑龙江省高寒高纬度地区易发的地方性疾病，如脑血栓、脑出血、风湿、气管炎、心脏病、高血压、甲状腺等疾病采取医疗补贴制度，并逐步提高大病保险报销比例，降低边境地区居民（以下简称边民）的医疗成本，提高边民的生活水平。三是适度扩大和提高边民补贴范围和额度。黑龙江省边民补助发放对象为年满16周岁在抵边自然村长期居住、具有固定住所的户口在籍农村居民，补助范围相对狭窄。应将黑龙江省边境城镇居民纳入边民补助范围，提升边境中心城镇对人口的吸引力，为发展边境中心城镇提供必要的人口资源。同时，适度提高边民补助金额。2020年西藏边境一线边民补助每年每人4700元，自2012年以来经历了4次提高。而黑龙江省2020年的边民补助为每人每年3000元。建议增加黑龙江省边民补助金额，通过补助方式吸引人口留守边境。四是建议国家出台智力"支边""援边"计划。借鉴西部大开发的边疆治理经验和古代"屯垦戍边"的政治智慧，在高校毕业生中设立"支边"计划，争取国家出台政策支持中直单位开展智力"援边"项目；简化边境县（市、区）公务员录用程序，对边境县（市、区）基层公务员采取直接面试制度，只要符合条件的高等院

校毕业生志愿到基层工作 5 年以上即可免笔试直接就职；鼓励边防军人就地安置到公检法系统，培训本地退役军人，选拔优秀者到急需人才的企事业单位就业。

（四）建立特色教育与产业融合机制，吸引留住青年人口

人口构成比例体现一个地区是否具有活力，如果适龄劳动人口的比例开始下降，那么就意味着人口的流失和活力正在丧失。与 2010 年"六普"相比，黑龙江省边境地区 15~59 岁人口比重下降了 8.21 个百分点，60 岁及以上人口比重上升了 10.15 个百分点。劳动力人口不断减少，老年人口不断增加。留住了青年人，就留住了未来。要根据边境地区的特点将特色教育与产业深度融合，给年轻人创造更多的就业机会和发展空间。一是大力发展特色高等职业教育。高等院校对人口和人才具有重要的集聚作用。结合地区发展需要，大力发展边境地区高等（职业）教育。可以依托东北林业大学、东北农业大学、黑龙江中医药大学、哈尔滨师范大学等特色大学高教资源和人才优势，在边境地区筹建小而精的特色高等职业教育，如筹建北方寒地林业职业技术学院、寒地农业职业技术学院、寒地药材学院等。发挥哈尔滨师范大学艺术院校高教资源筹建北方特色书画艺术学院（版画、岩画、鱼皮画）等。二是试行中等职业教育免费制度。对于边境地区的中等职业教育办学采取免除学费的政策，经费由财政解决。对于该地区的考生，升入该省中等职业教育学校在免除学费的基础上给予一定的生活补贴。三是试行边境地区 12 年义务教育政策。为提高人口自然增长率，可以考虑进一步扩大义务教育范围，把高中纳入义务教育体系。新疆实施高中阶段学生免费教育，具体包括免学费、免教材费、免住宿费，补助家庭经济困难学生助学金（"三免一补"），民办学校按照当地同类公办学校免费教育标准给予补助，高出公办学校免费教育标准部分由学生家庭负担；低于公办学校免费教育标准的，按照民办学校实际标准予以补助。黑龙江省可延长边境地区义务教育时段，试行将高中教育纳入边境地区义务教育范畴。

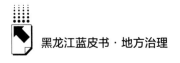

（五）建立公共服务能力提升机制，吸纳聚集人口

黑龙江省边境地区基础设施、教育、医疗、养老等公共服务供给质量不高已经成为影响人口数量的重要因素。针对边境地区居民关注的教育、医疗、养老、交通等公共服务，边境地区需要用创新思维来提升公共服务水平。一是加大公共文化设施建设力度。文化是聚集民心，凝聚社会团结力的催化剂。随着互联网的普及，城乡之间、发达地区和欠发达地区之间的数字鸿沟得到弥补，边境地区可以享受无差别的网络文化服务。但是边境地区的线下文化设施与城市相比还存在较大差距。在布局中心城镇建设时，建议在中心城镇建设县图书馆的分馆，定期组织文博巡展、文艺团体巡演等，满足边境地区人民日益增长的文化需求。二是提升边境县（市、区）教育供给质量。选派优秀教师、优秀师范毕业生驻边支教，支持当地教师队伍建设。加大教育对外开放力度，支持边境城市与国际知名院校开展合作办学，支持边境县（市、区）教育机构加盟省内教育机构。试点部分教育局直属中小学作为分校加盟哈尔滨继红教育集团、德强教育集团、松雷教育集团等，学习先进经验和教学理念，提升边境县（市、区）教育供给质量。三是实行边境县（市、区）医疗帮扶行动。医疗服务具有特殊性，不能依靠市场化手段。建议以哈尔滨医科大学附属医院、黑龙江省医院、黑龙江省中医药大学附属医院、齐齐哈尔医学院附属医院、牡丹江医学院附属医院、佳木斯大学附属医院等为依托，选派医疗技术和政治素质双过硬的医生到边境地区进行技术指导，选拔边境地区医疗机构的技术人员到国内和省内大医院进行业务培训学习。

（六）建立跨省移民援边逆向迁移人口机制

为了吸引更多的人口流入，一些城市"人才政策"频出，政策虹吸效应显著。在此背景下，黑龙江省人口特别是边境人口大量外流，导致"空心村"现象，对边境地区经济社会发展及安全造成极大的影响。一是探索边境地区土地管理制度创新。边境地区发展要利用好土地资源，推动跨省区向边境地区移民。为保持农村经济社会稳定，国家延续土地"30 年不变"的政策。但是对于黑龙江省边境地区人口减少、土地利用率不高的现实情况，应积极探索边境县（市、区）土地管理制度。对连续 3 年不在本地居住、已经定居外省的本地农民所承包的土地，边境地区县级人民政府通过一次性补偿、兜底保障等方式，收回这部分土地承包权。由市（地）民政部门及移民管理部门向山东、河南、河北、四川等人口大省定向招募农民到边境地区生活，并给予土地承包、移民补助。二是落实边境地区国有农、牧、林、渔企业跨省定向招工。省农垦集团、省森工集团位于边境地区的农场、牧场、林场每年制订用人计划，定向向河南、山东、四川等人口大省招募工作人员，并给予住房保障，支持新招募工作人员家属到边境地区生活。三是完善边境地区人才定向培养机制。建议省教育厅、省人社厅联合各边境县（市、区）实行定向人才培养计划，省属高校每年结合边境地区人才需求拿出部分招生计划名额面向边境县（市、区）定向降段招生，签订定向培养协议，学生毕业之后到边境地区工作和生活。

B.6
黑龙江省农村残疾人精准扶贫研究[*]

郝　帅^{**}

摘　要： 党的十八大以来，黑龙江省委、省政府深入贯彻落实习近平总书记提出的"全面建成小康社会，残疾人一个也不能少"的重要指示，全省上下联动开展实施农村贫困残疾人口精准扶贫工作，目前全省农村贫困残疾人脱贫效果显著，贫困残疾人口大幅度减少，农村贫困残疾人生活质量得到有效改善，生活幸福感增强。但是全省贫困残疾人精准扶贫工作还存在一些问题，例如，农村贫困残疾人扶贫难度系数较大、政府部门在扶贫助残政策执行力度不够、新型农业经营主体与农村贫困残疾人利益绑定松散、农民素质偏低且助残意识薄弱、农村贫困残疾人脱贫存在"等靠要"思想，并针对上述问题提出了具有前瞻性和可操作性的对策建议。

关键词： 贫困残疾人　精准扶贫　脱贫攻坚

党的十九大报告中提出"重点攻克深度贫困地区脱贫任务，确保到2020年我国现行标准下农村贫困人口实现脱贫，贫困县全部摘帽，解决区域性整体贫困，做到脱真贫、真脱贫"。[①] 2020年全国的脱贫攻坚工作已经

＊　本文为黑龙江省新型智库项目"构建我省新型农业经营主体对农村贫困残疾人精准扶贫对策研究"批准号（18ZK073）阶段性成果。

＊＊　郝帅：黑龙江社会科学院文学研究所助理研究员，研究方向为残疾人问题研究。

①　习近平：《决胜全面建成小康社会 夺取新时代中国特色社会主义伟大胜利——在中国共产党第十九次全国代表大会上的报告》，http://www.gov.cn/zhuanti/2017-10/27/content_5234876.htm，2017年10月27日。

进入全面收官决胜阶段。但是农村贫困残疾人因身体残疾导致文化水平不高，劳动技能简单，是乡村振兴战略帮扶难度最大、返贫率最高的人群。据国家相关统计，残疾人发生贫困的概率是普通人的 3 倍以上。2019 年，全国贫困残疾人累计脱贫 511.8 万人，完成攻坚任务超过 75%。习近平总书记指出："全面建成小康社会，残疾人一个也不能少。"农村贫困残疾人数量多、贫困深度大、增收渠道单一是黑龙江省精准扶贫战役中的难点和重点。截至 2019 年底，全省农村建档立卡未脱贫贫困残疾人为 21833 名，农村贫困残疾人脱贫致富工作是关系到乡村振兴战略实施的重要保证。农村贫困残疾人精准扶贫是一项跨部门、多领域的综合性任务。全省各级党委政府要把贫困残疾人作为脱贫攻坚的重点，对贫困残疾人等特殊群体采取特殊帮扶政策。

一　黑龙江省农村贫困残疾人精准扶贫取得的成效

2013 年习近平总书记首次提出了"实事求是、因地制宜、分类指导、精准扶贫"的重要指示。[①] 农村贫困残疾人脱贫攻坚是国家精准扶贫工作的重要组成部分，特别是对农村贫困残疾人要因地制宜、精准扶贫。

（一）全省农村贫困残疾人脱贫情况

黑龙江省残联调研数据显示，由全省各级政府主导，各级残联组织实施的扶贫帮扶作用凸显，各地农村建档立卡贫困残疾人有绝大部分通过产业帮扶实现脱贫。与 2017 年相比，2020 年全省农村残疾人脱贫情况效果显著（见表1）。

2018 年，全省对农村贫困残疾人精准识别时，持证残疾人被纳入建档立卡贫困残疾人数为 87971 人，占全省持证残疾人总数的 8.36%，占全省建档立卡贫困人口总数的 14.38%。全省建档立卡贫困残疾人脱贫人数为 66138 人（见图1），未脱贫为 21833 人，其中，因残致贫未脱贫持证残疾人为 10617 人。

---

① 《精准扶贫的湘西经验》，http://gongyi.people.com.cn/n1/2019/0331/c151132 - 31004976.html，2019 年 3 月 1 日。

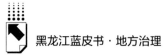

表1 2020年与2017年残疾人致贫类别对比

单位：人

年度	建档残疾人总数	已脱贫残疾人数	未脱贫残疾人数		因病	因残	缺劳力	缺资金	缺技术	缺土地	因学	因灾	自身发展动力不足	其他	合计
2020年底	87971	66138	21833	全部	35306	44312	3271	1471	673	892	406	962	363	315	87971
				未脱贫	9892	10617	660	222	82	163	40	101	36	20	21833
				脱贫致富	25414	33695	2611	1249	591	729	366	861	327	295	66138
2017年底	81595	40280	41315	全部	31296	41657	2881	2217	525	957	441	962	391	268	81595
				未脱贫	16274	21195	1261	1473	154	447	178	287	140	6	41315
				脱贫致富	15022	20562	1620	744	371	511	263	675	251	262	40280

其中，2018 年与 2017 年残疾人致贫原因相比，在因病、因残、缺劳力、缺资金、缺技术、缺土地、因学、因灾、自身发展动力不足和其他等10 个致贫因素上脱贫数量均有所增加（见图2）。

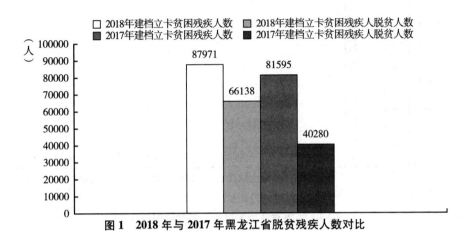

图 1　2018 年与 2017 年黑龙江省脱贫残疾人数对比

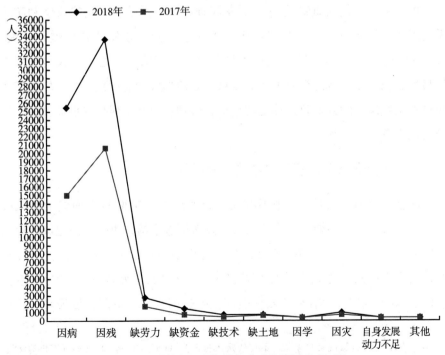

图 2　2018 年与 2017 年残疾人致贫原因状况对比

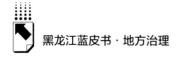
2020 年，残疾人在因病、因残、缺劳力、缺资金、缺技术、缺土地、因学、因灾、自身发展动力不足和其他等 10 个致贫因素上分布情况如图 3 所示。

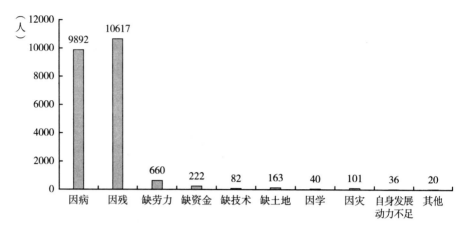

图 3 2020 年未脱贫残疾人致贫原因状况

由此可见，截至 2020 年底，黑龙江省农村贫困残疾人脱贫攻坚和防止返贫工作仍然艰巨，而且全省残疾人生活水平同国内发达省份差距较大。2020 年是脱贫攻坚战役胜利之年也是乡村振兴战略开启之年，农村残疾人致富增收和防止返贫是今后工作的重点，必须加大产业帮扶力度，增强广大农村贫困残疾人的脱贫致富的主动意识，鼓励农村贫困残疾人创业就业，保障残疾人享有的权利。

（二）充分释放国家扶贫助残政策红利

习近平总书记强调："中国有几千万残疾人，2020 年全面建成小康社会，残疾人一个也不能少。为残疾人事业做更多事情，也是全面建成小康社会的一个重要方面。我们一定要把全面建成小康社会这个历史性任务完成好，这是当代共产党人的历史使命。"① 《中国农村残疾人扶贫开发纲要（2011—2020 年）》指出，"农村残疾人是贫困人口中贫困程度最重、扶持

---

① 习近平：《打赢脱贫攻坚战，不让残疾人掉队》，http：//www.sohu.com/a/129927585_654067，2017 年 3 月 23 日。

难度最大、返贫率最高、所占比例较大的特困群体，是农村扶贫工作的重点人群。加大农村残疾人扶贫开发力度，缓解并逐步消除农村残疾人绝对贫困现象，缩小残疾人生活水平与社会平均水平的差距，是贯彻落实科学发展观的迫切需要，是全面建设小康社会、实现全体人民共同富裕的必然要求，是促进社会公平、构建社会主义和谐社会的重要内容"。[①] 该纲要推动了我国残疾人脱贫攻坚的基本建设，同时积极号召社会各界力量对农村贫困残疾人脱贫致富进行帮扶，全国残疾人的生活水平有了很大的提高。特别是党的十八大以后，党中央、国务院高度重视农村贫困残疾人精准扶贫方面的工作，相继出台了《关于打赢脱贫攻坚战的决定》《关于打赢脱贫攻坚战三年行动的指导意见》《关于支持深度贫困地区脱贫攻坚的实施意见》，明确将农村贫困残疾人脱贫攻坚纳入工作要求。2019 年，民政部、财政部、国家卫健委、国务院扶贫办和中国残联等五部门联合印发《关于在脱贫攻坚战中做好贫困重度残疾人照护服务工作的通知》，助力贫困重度残疾人精准脱贫。

（三）政府高位推动贫困残疾人扶贫工作

政府高度重视农村贫困残疾人脱贫工作，将农村贫困残疾人脱贫工作纳入全省脱贫攻坚大局统筹考虑，黑龙江省扶贫开发领导小组多次研究农村贫困残疾人脱贫攻坚工作。2018 年，省委书记张庆伟在出席省残联第七次代表大会并同省残联新一届主席团和理事会班子成员集体谈话时强调，要"坚定政治方向，强化责任担当，聚力脱贫攻坚"。省委副书记、省长王文涛就全省农村贫困残疾人脱贫攻坚提出"足不出户、居家脱贫"的明确要求。2019 年 8 月，副省长、省政府残工委主任程志明在全省残疾人脱贫攻坚工作专项推进会上指出："打赢残疾人脱贫攻坚战要落实落靠五个聚焦，一要聚焦残疾人脱贫攻坚，确保完成工作任务，要突出兜底保障，保证不漏

[①] 《中国农村残疾人扶贫开发纲要（2011—2020 年）》，http：//www. chinanews. com/gn/2012/01-19/3616817. shtml，2012 年 1 月 9 日。

掉一个残疾人；二要聚焦残疾人就业创业，推进残疾人家庭增收，要多渠道促进残疾人就业，各成员单位要带头招录残疾人；三要聚焦残疾人基本公共服务，提高残疾人生活质量，一是加强贫困残疾人康复服务，二是提高贫困残疾人教育质量，三是推进无障碍环境建设；四要聚焦残疾人自强不息事迹的宣传，激发内生动力，将扶贫与扶智、扶志相结合，体现示范带动作用；五要聚焦脱贫攻坚机制和工作方式创新，要健全政府购买助残机制，各成员单位要健全工作机制，结合职责增强履职能力和服务水平。"省人大、省政协对残疾人脱贫攻坚工作以及落实残疾人兜底保障政策和措施情况进行了专项视察巡察，为维护和保障全省广大残疾人的合法权益提供了重要保证。省政府残工委各成员单位主动支持配合残疾人事业发展，制定"十三五"残疾人康复、教育、就业、无障碍建设、文化体育、基本公共服务等相关配套措施。全省各级党委、政府积极促进残疾人工作与全省发展战略相契合、与全省各项建设相融合，全面推动各项惠残政策的落实。

（四）充分发挥各级残联扶贫助残职能作用

黑龙江省各级残联组织按照省委、省政府的部署要求，聚焦"全面建成小康社会，残疾人一个也不能少"的目标，立足自身所能，发挥自身所长，依照"问需响应、精准施策、政策联动、持续帮扶、激发动能、全员发力"的工作思路，持续织密织牢残疾人民生保障安全网，深入推进残疾人脱贫攻坚"1+10"行动方案，积极引领帮助全省贫困残疾人过上幸福美好生活。一是全省农村贫困残疾人的帮扶政策出台效果很好。《黑龙江省"十三五"加快残疾人小康进程规划》《黑龙江省农村残疾人扶贫开发纲要（2011—2020年）》《黑龙江省残疾人自主就业创业扶持办法》《黑龙江省"助盲就业脱贫奔小康"行动实施方案》等若干文件对黑龙江省贫困残疾人帮扶效果明显，省残联会同相关省直部门相继制定出台了《关于着力解决因残致贫家庭突出困难的实施方案》《关于对建档立卡未脱贫残疾人贫困户建立"一户一策"档案工作的通知》《黑龙江省残疾人精准康复服务行动实施方案（2016—2020年）》《"因人施策式"残疾人家庭医生签约康复服务品牌实施方案》等多个涉及残疾人脱贫攻坚的文件。省残联结合全省贫困残疾人实际，深入开展脱贫攻坚"十大行动"并制订了实施方案，助推贫困残疾人脱贫攻坚。各地残联组织积极争取将残疾人精准扶贫纳入本地脱贫攻坚政策范围，细化精准扶贫措施，因地制宜出台了一些具有地方特点的帮扶残疾人脱贫的特惠政策。地方的一系列针对贫困残疾人的精准扶贫政策为全省贫困残疾人脱贫攻坚提供了必要的保障。二是组织实施"问需响应、精准施策，政策联动、精准帮扶，激发动能、社会动员"的工作思路准确到位。政府有效的精准帮扶措施促进全省农村贫困残疾人的脱贫攻坚取得了实质性进展，有劳动能力的贫困残疾人通过产业带动脱贫和就业脱贫等方式实现了稳定可持续增长的经济来源，不但摆脱了贫困，生活信心也得以树立。各级残联深入推进残疾人脱贫攻坚"1+10"行动方案，持续织密织牢残疾人民生保障安全网，形成了"龙江经验""哈尔滨方案""巴彦模式"脱贫攻坚工作典型经验。三是全省各级残联组织深入贫困残疾人家中开展"一问（问需）四送（送政策、送项目、送服务、送温暖）一响应（回应一人一策方案）"工作，因地制宜根据贫困残疾人家中的问题，制订方案，实现精准帮扶。四是做好宣传教育工作。选取残疾人脱贫致富典型人物进行宣传，举办"身残志坚·脱贫光荣"自强典型"百团千场"巡讲活动，通过身边的身残志坚致富典型，言传身教残疾人的致富经，向广大农村贫困残疾人传播正能量，使其坚定自身脱贫攻坚的信念。

二　黑龙江省精准扶助农村残疾人工作面临的挑战

在党中央集中统筹部署下，2020年由黑龙江全省各级政府主导，各级残联组织实施的农村贫困残疾人精准扶贫取得了重要胜利，全省脱贫攻坚进入收官决战期，但农村贫困残疾人的可持续增收和防止返贫难度仍然很大。

（一）农村贫困残疾人扶贫难度系数较大

目前，全省脱贫攻坚进入决战时期，农村贫困残疾人及其家庭的精准扶贫是全省脱贫攻坚的重点与难点。一是贫困残疾人扶贫难度依旧很大。目前，全省建档立卡未脱贫残疾人数量相对不少，他们都是一户多残、重度残疾、老残一体、残病一体的无自我脱贫能力的家庭，家庭收入主要依靠最低生活保障、"两项补贴"等，不具备参与产业扶贫、居家就业的能力，是打赢脱贫攻坚中最难啃的"硬骨头"。二是因残致贫家庭困难问题突出。有的残疾人有慢性病和大病，病残一体者多，医疗自费支出较大，给家庭带来支出压力。有的重度贫困残疾人的照料问题拴住了家庭劳动力，致使家庭脱贫解困难度大。

（二）地方扶贫助残条件相对薄弱

黑龙江省各地区域发展不均衡，从而导致各地方在扶贫领域的投入不尽相同。一是政府对扶贫助残政策实施不到位。主要表现是：精准扶贫助残资金在使用过程中被用作他用或者资金部分被扣留，未能做到专款专用，不能发挥最好的帮扶效果。另外，帮扶政策缺乏针对性，不够精准，实际可操作性不强，纸上谈兵而已。二是各地扶贫领域腐败现象时有发生。例如，2019年8月，鸡西市纪委监委通报4起扶贫领域腐败和作风问题典型案例；2019年7月，齐齐哈尔市纪委监委通报4起涉农领域腐败和作风问题典型案例。三是政府对社会各界力量参与残疾人扶贫领域引导不够。以往全省农村残疾人脱贫攻坚工作，依然是以官方力量为主，社会力量参与很少，贫困残疾人脱贫攻坚形成了政府行为，造成财政压力很大。各地财政富裕程度不同，致使全省各地对农村贫困残疾人帮扶不均衡。有些地方财政吃紧，仅仅能保证贫困残疾人政策兜底，刚刚达到脱贫线。一旦天灾人祸发生，很容易造成再次贫困，极易返贫。贫困残疾人脱贫是全社会行为，只有政府和社会共同参与，相互配合，才能更好地促进贫困残疾人脱贫致富。四是农村残疾人帮扶基础设施现代化尚未实现。由于地方财政有限，黑龙江尚不能在广大农村实现残疾人的康复训练、无障碍环境、托养服务的现代化。乡镇大部分没有康复治疗机构，很多农村残疾人需要去市里进行康复训练，如果家庭条件不好，就只能在家，从而丧失了康复的机会，加剧了农村贫困残疾人家庭的贫困。另外，家中有需要托养的残疾人，而乡镇残疾人现代化托养服务尚未实现，造成家中必须留人照顾残疾人，从而限制了残疾人家中的正常人外出打工。五是社会上对帮残助残的舆论宣传不够。有些地区对残疾人帮扶政策宣传力度不够，社会上群众缺乏帮残助残的公共意识，往往对残疾人不够尊重，侵害残疾人权益。同时残疾人由于知识水平不高，很多人都是文盲、法盲，对《中华人民共和国残疾人保障法》不能很好地掌握，当自己的利益受到损害时，不能用法律的武器维护自己的利益。六是政府为农村残疾人提供的供给能力不足。全省广大乡镇无法为残疾人提供康复、托养和无障碍设施等基本服务，另外，农村专业的医务康复人员严重缺乏。康复服务、辅具适配、家庭无障碍改造等工作的覆盖面和服务力度有待加大。调研中发现，大部分贫困残疾人家庭对农村残疾人康复中心、残疾人托养和农村无障碍建设有需求。七是在惠残政策落实上不到位。基层残联组织建设仍然比较薄弱，政策宣传还存在盲点和死角，党委政府惠残政策难以在第一时间落实到位，比如，国家脱贫攻坚成效考核发现，哈尔滨市延寿县有103名符合条件的困难残疾人生活补贴政策落实不到位。可以说，农村贫困残疾人是弱势群体中的弱势群体，是全省脱贫攻坚最难啃的"硬骨头"，已成为整个脱贫攻坚战中不容回避的攻坚重点和难点人群，是全面建成小康社会的突出短板。

（三）新型农业经营主体扶贫助残带动力弱

黑龙江省新型农业经营主体包括：专业（种、养）大户、家庭农场、农民专业合作社和涉农企业。目前，全省农村新型农业经营主体数量超过20多万个，新型农业经营主体因为公益雇用贫困残疾人务工，带动广大贫困残疾人脱贫致富，然而新型农业经营主体在黑龙江省处于起步发展阶段，与农村贫困残疾人利益绑定仍不牢固。一是新型农业经营主体助残力度不够。很多新型农业经营主体并没有把残疾人纳入主体参与者范围，新型农业经营主体只是提供了一些公益岗位，例如，看门、打扫卫生等简单工作。这些工作只是给农村贫困残疾人一些报酬，并没有为贫困残疾人缴纳医保、养老保险等基本社会保险。二是全省新型农业经营主体以中小微为主，大型涉农龙头企

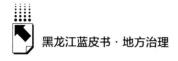

业较少，农村合作社发展缓慢。黑龙江省是欠发达省份，因此，新型农业经营主体发展缓慢，自身发展实力不强，所以带动农村贫困残疾人脱贫致富能力不强。另外，黑龙江省新型农业经营主体自身管理不够规范，与农村贫困残疾人的利益绑定机制不够牢固，贫困残疾人只是新型农业经营主体简单的被雇用者，而不是真正的参与者，他们之间荣辱与共的利益共同体并未实现。三是农村贫困残疾人参与新型农业经营主体的主人翁意识不强。农村贫困残疾人知识水平不高，心存自我否定心理，常常怀疑自己能否被社会接受，因此，参与新型农业经营主体的主人翁意识不强，缺乏维权意识。当自己在新型农业经营主体中的利益受到侵害，也不敢进行维权，自认为低人一等，造成了农村贫困残疾人与新型农业经营主体绑定不牢固。

（四）农民扶贫助残意识相对薄弱

黑龙江省农村农民扶贫助残意识比较薄弱。一是全省的农民文化水平大多不高。全省农民多是以中小学毕业为主，有的甚至小学都没有念完，农村残疾人的文化水平更是不高。特别是在乡镇，针对残疾人的特殊教育更是落后，几乎等于没有，农村贫困残疾人的文化水平和技能水平都比较低。另外，农村封建思想仍存，人们普遍对残疾人带有歧视和偏见，认为残疾人是落后分子，有的甚至不尊重残疾人，给残疾人起外号，这极大伤害了农村残疾人的自尊心，从而导致农村残疾人缺乏自信心，缺乏自我维权意识，当自己的利益被侵害时，也不敢声张。二是全省新型农业经营主体存在产权不够清晰，管理不够民主，存在主体经营者"一言堂"现象。由于新型农业经营主体经营者文化水平较低，缺乏扶贫助残意识，入社的农村贫困残疾人利益根本无法得到保障，甚至常常被侵害。此外，针对贫困残疾人未能设立照顾性岗位和公益性岗位，帮扶针对性不强。

（五）农村贫困残疾人存在"等靠要"思想

农村贫困残疾人的身体残疾并不可怕，可怕的是一些农村贫困残疾人因身体残疾导致的内心自卑心理，这使他们心理长期存在"等靠要"思想，缺乏自我脱贫意识。阻碍农村贫困人口脱贫致富的一个重要因素就是他们的"等靠要"思想，常年靠政府的兜底政策过日子。究其原因是有些农村贫困残疾人缺乏自我主动脱贫意识。由于农村贫困残疾人家庭成员文化水平不高，也很少鼓励残疾人自我主动脱贫，同时国家对残疾人家庭有政策扶持，所以农村贫困残疾人家庭存在"等靠要"思想，也使农村贫困残疾人脱贫致富难度加大。

三 推动黑龙江省农村扶贫助残的对策建议

目前，黑龙江省脱贫攻坚进入决战时期，贫困残疾人精准扶贫是全省脱贫攻坚工作的重点和难点，针对上述存在的问题，全省上下必须齐抓共管，形成合力，确保2020年全省脱贫攻坚战役胜利。

（一）持续加大政府对农村扶贫助残的帮扶力度

黑龙江省对农村贫困残疾人的脱贫攻坚必须坚持政府主导，社会参与，发挥产业帮扶的作用。各地市行业部门要认真落实执行《黑龙江省农村残疾人扶贫开发纲要（2011—2020年）》《黑龙江省"十三五"加快残疾人小康进程规划》等文件精神。一是各级政府要加大投入资金支持。全省各级党委、政府要开源节流加大扶贫助残资金的投入，适当情况下号召全省党政机关发起一日捐款活动，设立农村扶贫助残发展基金。加大产业扶贫助残资金的投入，加强对农村贫困残疾人的培养，增强农村贫困残疾人的自我脱贫能力。全省上下要认真落实关于残疾人扶贫建设小康的文件。在保证农村贫困残疾人"两不愁，三保障"的前提下，各地结合自身财政情况，出台农村残疾人帮贫助残特殊政策，发挥各地政府扶贫助残的主导作用。二是积极投入保障农村残疾人九年义务教育和发展农村残疾人特色教育。为了提高广大农村残疾人的文化水平和专业技能，各级政府要加大力度保障农村有能力的残疾人积极开展小学和中学九年义务教育，提升他们的文化水平，鼓励学习成绩达标的残疾学生进入大学课堂学习。另外，各地要因地制宜，在中小学开展残疾人特殊教育，针对残疾人情况，精准施教，培养残疾学生的专业技能。三是加强农村贫困残疾人的康养、无障碍、托养服务基础设施建设。各级乡镇政府要加大对农村残疾人康养服务、无障碍设施服务、托养服务的建设。为农村贫困残疾人实现就近康养服务，尽最大努力改善残疾人的残疾程度；认真落实国家关于改善残疾人出行服务无障碍设施的政策和关于贫困重度残疾人家庭无障碍改造工作的政策，政府要加大对农村残疾人申请无障碍家庭的改造投入，同时要为农村贫困残疾人工作的新型农业经营主体提供无障碍服务，使广大农村残疾人在无障碍环境下好好工作；各级政府要加强农村的托养服务，为残疾人家庭减轻负担，使残疾人家庭正常劳动力可以出门打工，增加家庭收入。四是在扶贫助残过程中，残疾人要发挥主体的作用。各个村两委和扶贫工作队要深入贫困残疾人家中，宣讲国家的精准扶贫和精准脱贫政策。用实际经典案例鼓舞广大贫困残疾人家庭树立主动脱贫的信心。根据农村贫困残疾人家庭实际情况，因地制宜，制定帮扶政策和帮扶措施。同时贫困残疾人也要发挥主体参与意识，鼓励残疾人对帮扶过程中的行为进行评估和监督，从而增强残疾人的自信心和参与意识。

（二）持续强化基层政府和社会扶贫助残的责任担当

黑龙江省要加大对农村地区农民扶贫助残的宣传，大力弘扬扶贫助残是新时代中国社会主义建设下的传统美德，大力倡导"平等、参与、共享"的新时代社会残疾人世界观，在全社会树立良好的扶贫助残社会主义新风尚。一是加强基层残联建设。在县级残联增加编制，乡镇配备残联专职理事或者专职干事，村残协明确村委会纪检员为残协主席，各级残联组织充分发挥好残疾人权益守护者的职能。二是加大基层残联的扶贫助残的宣传力度，进一步宣传残疾人事业和扶贫助残工作的意义。利用典型案例进行全方位宣传，提高广大农村群众对扶贫助残事业的认识水平，切实增强广大群众的扶贫助残的意识和责任。同时加大广大残疾人的维权意识的宣传力度，当农村贫困残疾人权益受到侵害时，其能用法律的武器进行维权。三是对合作社带头人进行重点宣教。通过对《残疾人就业条例》宣教，使广大合作社带头人明白残疾人就业的条例，督导他们务必遵守条例，通过经典案例使其明白残疾人的艰辛和不易，从而使其树立扶贫助残的责任感。同时各级残联组织要对农村贫困残疾人帮扶效果好的企业进行奖励。

（三）持续增强新型农业经营主体扶贫助残的带动力

农村贫困残疾人增收致富是乡村振兴战略的重点与难点，仅仅依靠政府主导是不够的，一定要建立政府主导、社会参与的全社会扶贫助残行为，让二者相互配合、互为补充。一是千方百计增强新型农业经营主体带动脱贫致富的主体能力。因地制宜地发展新型农业经营主体，坚持"宜农则农、宜牧则牧、宜林则林、宜商则商、宜游则游"的发展方针，着力发展地域特色品牌，实现差异性发展，避免千篇一律，恶意竞争，实现新型农业经营主体的品牌化发展，充分增强新型农业经营主体的带动能力。二是加大对新型农业经营主体的扶持力度。坚持线上与线下相结合的销售方式。立足于省"小康龙江"扶贫电商平台，建立省、市、县后勤食堂部门由"小康龙江"平台统一供应机制，利用龙粤对口合作，将全省新型农业经营主体生产的农产品销售到经济发达的广东地区，通过以上措施来保障新型农业经营主体有稳定的收入。三是增强产业的载体功能。鼓励新型农业经营主体发挥示范基地作用，带动贫困残疾人到产业基地工作，通过培训、教学来提升贫困残疾人自身能力。四是鼓励新型农业经营主体吸纳农村贫困残疾人。制定政策对吸纳农村贫困残疾人的企业给予奖励，在扶贫项目安排上向吸纳农村贫困残疾人就业的新型农业经营主体倾斜，残联部门积极联系税务等部门给予减税政策。

（四）持续激发农村残疾人脱贫解困的内生动力

黑龙江省各级政府认真贯彻习近平总书记关于"精准扶贫、精准脱贫"的指示精神，向广大农村残疾人做好残疾人精准扶贫的宣讲，让广大贫困残疾人树立正确的脱贫致富思想，转变以往"等靠要"思想，增强他们主动战胜贫困的自信心。一是省级残联组织要开展"身残志坚·脱贫光荣"自强典型"百团千场"巡讲活动，树立典型人物先进事迹，坚持线上、线下结合，全方位立体的宣传报道，在全省、全社会弘扬扶贫助残的社会主义新风尚，使广大残疾人受到典型事例的鼓舞，从而增强贫困残疾人主动脱贫的意识。二是各村"两委"和驻村扶贫工作队要注意激发农村贫困残疾人主动脱贫的内生动力。村"两委"和工作队要在工作中树立"没有残疾人的小康，就不是真正意义上的全面小康"的工作观念，完善村党组织和驻村工作队针对残疾人专项工作的安排，向农村残疾人宣传党的精准扶贫、精准脱贫政策，通过典型案例鼓励贫困残疾人树立自我脱贫的信心，同时要因地制宜根据贫困残疾人家庭制定脱贫策略和帮扶措施。另外，要在村里树立正确的扶贫助残观念，消除农村农民对残疾人不正确的看法，引导大家落实扶贫助残的行为。

（五）加大对残疾人的教育及职业技能培训力度

我们要根据残疾人的残疾类别和程度进行因材施教。一是政府要强化对残疾儿童进行九年制义务教育，另外，要加大对特殊教育的扶持力度。目前，农村残疾人受教育程度低，劳动技能简单，维权意识薄弱。我们必须通过教育来提高他们的文化水平和劳动技能，让有上学意愿的残疾儿童和正常学生接受同样的文化教育。政府加大对残疾儿童九年制义务教育的支持力度，可以考虑给予残疾儿童上学的生活补贴等，加大对残疾儿童上学积极性的培养。在残疾儿童上小学时，就因材施教地增加他们的课外技能课，同时老师要向残疾儿童讲授残疾人政策和法规，使他们从小就了解关于残疾人的法律知识，培养正确的残疾人维权意识。加快发展残疾人职业教育，社会各院校要加大对残疾人的招生，培养残疾学生的职业技能，提升他们的就业能力。在普通高校就读的残疾学生和家庭经济困难的残疾人家庭子女，按规定享受国家奖学金、励志奖学金、助学金、国家助学贷款等资助政策待遇。二是政府要加大对残疾人技能和就业能力的培训力度。残疾人技能培训应该以市场为导向，因材施教。各级残联组织要积极联系人社部门，积极开展短期就业培训班，使残疾人至少学会一项技能。同时鼓励培训组织与企业合作，实现定向培训就业。残联组织要协助残疾人就业的企业实现无障碍设施环境，同时对扶贫助残效果好的企业给予一定奖励。残联组织每年要定期举办残疾人技能就业竞赛，向社会和企业展示新时代残疾人的风范。

参考文献

《中国农村残疾人扶贫开发纲要（2011—2020 年）》，2012 年 1 月 3 日。

高圆圆：《农村特殊困难残疾人扶贫政策实证分析》，《残疾人研究》2015 年第 2 期。

《黑龙江省"十三五"加快残疾人小康进程规划》，2017 年 5 月 5 日。

郝丽红：《黑龙江省农村残疾人扶贫开发策略研究》，《北方经贸》2016 年第 10 期。

程凯：《精准扶贫战略为贫困残疾人带来机遇》，《行政管理改革》2016 年第 5 期。

章敏敏：《农村贫困残疾人精准脱贫的关键》，《学习时报》2018 年 4 月 13 日。

王琳：《关于我国养老保险制度改革》，《劳动保障世界》2018 年 2 月 20 日。

地方法治篇

Local Rule of Law

B.7
黑龙江省基层农业综合行政执法
改革研究

——基于4县（市）的实地调查

冯向辉　李 爽*

摘　要： 在"三农"工作重心转移到全面实施乡村振兴战略的时代背景下，作为农业大省的黑龙江省推进农业综合行政执法改革意义更为重大。通过对4县（市）的实地调查发现：在县级区划这一基层改革实践中，黑龙江省普遍比较注重队伍规范化建设，多措并举严格执法，形成了一定的工作创新方式，但仍存在执法综合能力较低、制度可操作性不强、制度的系统性不够和执法监管不严等问题。究其原因主要是农业综合行政执法体系不健全，基层保障力薄弱等。要切实提升基层农业综合行政执法效能，就应该重视人才、强化队伍建设，加强学习、推行案卷

* 冯向辉，黑龙江省社会科学院法学研究所所长，研究员，硕士研究生导师，法学博士，从事地方法治研究；李爽，黑龙江省社会科学院硕士研究生，从事地方治理研究。

标准化管理，严格执法、创新工作机制，进而打造一支政治过硬、业务精湛的农业综合行政执法队伍，为农业农村现代化和乡村振兴保驾护航。

关键词： 农业　执法改革　黑龙江省

党中央、国务院高度重视农业综合行政执法改革。党的十八届四中全会对此做出具体部署；党的十九届三中全会审议通过的《深化党和国家机构改革方案》明确提出，整合组建"五大领域"综合执法队伍，其中的一支就是农业综合执法队伍。这些指示充分体现了党中央对农业农村法治工作的高度重视和中央推进农业综合行政执法改革的坚定决心。2018年11月，中共中央办公厅、国务院办公厅印发《关于深化农业综合行政执法改革的指导意见》，就深化农业综合行政执法改革、整合组建地方农业综合行政执法队伍做出专门的具体部署。2020年2月，中共中央、国务院印发《关于抓好"三农"领域重点工作确保如期实现全面小康的意见》，提出"深化农业综合行政执法改革，完善执法体系，提高执法能力"的要求。县级区划作为农业综合行政执法改革的基层版图，其贯彻落实情况将直接影响农业农村改革和农民群众的安全感。

农业是我国这个农业大国的立国之本，而黑龙江省是传统的农业大省。黑龙江省农业综合行政执法的成效直接关系到全国"一盘棋"。农业综合行政执法内容主要包括农业农村法律法规能否全面实施，农民群众合法权益能否得到维护，以及国家粮食安全和农产品质量安全能否有效保障。

一　黑龙江省基层农业综合行政执法改革的概况

黑龙江省位于中国东北部，全省的地形主要以平原为主，是我国的农业大省，全省现有耕地2.39亿亩，玉米耕种面积和产量均占全国的15%

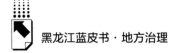

以上，肩负着保障国家粮食安全、生态安全的重任。习近平总书记更是给予黑龙江省"中华大粮仓"的高度赞许。黑龙江省 M 市 H 市、J 市 H 县、F 市和 S 市 B 县作为全省的农业大县（市），其农业执法成效直接关系到黑龙江省的农业产量和安全。2020 年底，通过实地探访、集体座谈、个别谈话、案卷核实、采访行政相对人等方式，从机构改革实施情况、队伍设备、办案成效等方面了解黑龙江省 4 县（市）基层农业综合行政执法改革的基本情况。

（一）基层农业综合行政执法改革的基本情况

为贯彻落实《中共中央办公厅、国务院办公厅印发〈关于深化农业综合行政执法改革的指导意见〉的通知》文件精神，黑龙江省委办公厅、黑龙江省人民政府办公厅印发了《黑龙江省关于深化农业综合行政执法改革的实施意见》（以下简称《意见》），《意见》明确了农业综合行政执法队伍整合范围，并对县（市、区）农业综合行政执法机构设置和职责分工等提出了明确要求。《意见》强调县（市、区）要全面组建农业综合行政执法队伍，构建"局队合一"体制，并根据实际情况探索具体落实形式。以下是所调查的 4 县（市）对《意见》的具体落实情况。

（1）F 市农业综合行政执法大队成立于 2019 年 8 月，隶属于 F 市农业农村局，以农业农村局的名义承担全市农业行政执法检查、行政强制、行政处罚等职能。内设综合办公室（政策法规股）和农业投入品执法中队、畜牧兽医执法中队、农业环境与农产品执法中队、农机执法中队、渔业执法中队等 5 个中队，与其他农业农村局的内设机构以及所属行业管理、技术推广、检验检测等股室分工明确。

（2）J 市 H 县农业农村局结合 H 县深化行政执法体制改革实际情况，以建设人民满意农业为出发点，以农业治理体系和治理能力现代化为导向，以建立适应经济社会发展的农业行政执法体制为目标，整合组建农业综合行政执法队伍，以县农业农村局的名义统一行使行政执法职能。H 县农业综合行政执法大队以县农业农村局名义承担全县农业行政处罚、行政强制、执法检查等职能,实行"局队合一"体制。将 H 县原来由水产总站、种子管理站、畜牧兽医局、畜禽屠宰所、农村合作经济经营管理局、农机安全监理站、食用菌产业发展办公室、农村能源办公室、农业技术推广中心、绿色食品产业化办公室等 10 家单位行使的农业行政执法职能整合至县农业综合行政执法大队。

(3)H 市编办下发《关于组建 H 市农业综合行政执法大队的通知》(H 编发〔2019〕49 号),依托 H 市农业执法局,按照"局队合一"体制,组建市农业综合行政执法大队,以市农业农村局名义实行统一执法,将原来由农机局、畜牧局行使的行政执法职能整合并划转。单位内设办公室、执法监察股、综合执法股、渔业和蜂蚕业执法大队、农业投入品执法大队、农产品质量安全执法大队、畜牧兽医执法大队、农机执法大队、农村经济管理执法大队等股室。

(4)根据《关于〈B 县机构改革方案〉的实施意见》和《关于 B 县农业综合执法大队"十定"规定》,在 B 县动物卫生监督所、动物检疫站、农机总站、水政稽查大队、水产总站、绿办等部门的基础上,成立了 B 县农业综合行政执法大队,内设综合办公室、政策法规办公室、投诉受理中心和8 个执法中队,以 B 县农业农村局的名义统一行使全县种子、农药、化肥、农产品质量安全、兽医兽药、动物屠宰、动物卫生监督、农机监理、水政稽查、渔政稽查等行政检查、行政处罚和行政强制职能。

(二)基层农业综合行政执法队伍建设情况

执法队伍建设直接关系执法质量,黑龙江省基层队伍人员到位率不尽理想,缺乏法律背景的高质量年轻力量。一方面,随着基层农业综合行政执法改革不断深入,队伍人员数量问题逐渐暴露出来。执法人员到位率偏低的问题,难以保证正常执法工作有序开展。F 市农业综合行政执法大队核定事业编制 77 人,实际到岗人数为 33 人,人员到岗率不足 50%(见图 1)。其他县(市)人员同样紧张,执法人员均在超负荷工作。人员结构老化也是当前基层面临的重要问题。以 B 县为例,年龄结构在 40~50 岁的执法人员多达 40 人，占编制人数的 48.2%，而 20~30 岁的工作人员仅有 2 人，30 岁以下人员出现断层，人员整体老龄化，结构不合理。执法工作是严肃认真的工作，只具有农业知识，很难公正执法。

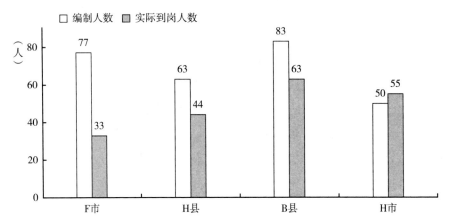

图 1 2020 年黑龙江省 4 县（市）农业综合行政执法人员数量情况

资料来源：相关单位 2020 年 12 月提供。

另一方面，黑龙江省基层执法队伍学历水平不高（见图 2），且几乎没有法学背景的专业人才。一些执法人员对法律法规的学习和掌握不够深入，特别是对新颁布和平时涉及较少的法律法规，存在不能熟练准确运用的情况。对同一案件，出现多个法律法规均可处罚即出现法律竞合的情况时，需要提高具体定性适用哪些法律法规的能力和素养。特别是在黑龙江省农垦系统改革后，"三局两场"农业执法职能先后向地方政府移交，农业执法管辖面积和监管对象不断增加，现有执法人员数量和能力难以满足执法实际工作的需求。

执法设备是公正执法的重要保障。在资金投入与执法保障方面，黑龙江省基层政府为执法机构配备了办公电脑、打印机、照相机、摄像机、录音笔、执法记录仪等基础采证取证设备，增强了执法的专业性，但其他配套设施短缺仍影响执法的及时性（见表 1）。

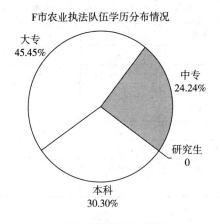

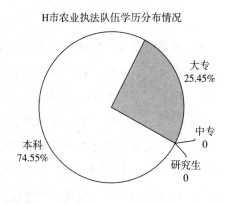

图2 黑龙江省4县（市）农业综合行政执法人员学历情况

资料来源：相关单位2020年12月提供。

表1 黑龙江省4县（市）农业综合行政执法设备情况

设备名称	F市	H县	H市	B县
台式电脑（台）	18	31	10	24
笔记本电脑（台）	2	6	7	8
彩色打印机（复印机）（台）	2	3	—	—
普通打印机（复印机）（台）	6	6	8	5
执法记录仪（台）	18	10	10	20
对讲机（个）	15	—	—	50
执法车辆（辆）	5	—	1	2

续表

设备名称	F 市	H 县	H 市	B 县
执法船只（艘）	4	—	3	—
无人机（架）	1	—	—	—
执法移动复印机（台）	—	1	—	3
执法扫描仪（台）	—	1	—	—
录音机（台）	2	3	5	—
数码摄相机（台）	—	4	2	2
数码照相机（台）	—	5	2	3
单警执法视音频记录仪（台）	—	1	—	—

资料来源：相关单位 2020 年 12 月提供。

执法车辆和保障经费短缺是当前执法机构面临的突出问题。农业执法很多时候需要下乡入村，农业执法勤务用车是满足日常执法工作的需要，但很多县（市）均没有配备执法车辆，导致开展执法工作时需要临时租车，这在涉农犯罪手段隐蔽、手段高超的情况下，显然不能满足基本任务的需要。客观上这也造成了执法人员办案取证困难，反应速度慢，一些违法行为得不到及时查处。以 H 县农业综合行政执法大队为例，其基础设施较为完备，但缺乏执法车辆等配套设施，导致执法保障力不足。执法机构没有核定稳定且充足的办案经费，造成了"有钱养兵，无钱打仗"的局面，在一定程度上影响了农业综合行政执法人员的工作情绪，容易导致执法人员在日常监督和案件调查过程中无所作为的情况。

（三）基层农业综合行政执法成效情况

黑龙江省各级农业综合行政执法机构始终将依法严查涉农违法案件作为工作的重中之重。近年来，全省各级农业综合行政执法部门高度关注种子、农药、肥料、兽药等案件，主动调解农业生产纠纷，将"两法衔接"的相关要求落到实处。2018~2020 年黑龙江 4 县（市）农业综合行政执法案件情况如表 2 所示。

F 市共有 41 起，均属于一般程序行政处罚的案件。其中农资案件共 8

起，包括种子案件1起，未审先推案件1起，未建立种子经营档案案件2起，经营的种子未按规定备案1起，假农药案件1起，农药包装、标签不符合规定案件1起，肥料未取得登记证案件1起；畜牧案件30起，均为未经检疫运输畜牧案件；渔政案件3起，均为未依法取得捕捞许可证擅自进行捕捞的案件。共没收违法所得16800元，罚没款96000元，接待信访投诉30余起，为农民挽回经济损失360余万元。

H县农业农村局与市场局、公安局开展联合执法行动5次，规范市场，抓专项整治。加强农资市场监管，打击制售假劣农资及欺诈、误导消费者等违法行为。咨询答疑32起，调解纠纷12起，赔偿金额100多万元。核查近3年一般程序执法案件4起，均为农资案件。

H市农业执法一般程序行政处罚案件数量为8起。其中，经营假农药案2起、经营未取得种子生产许可证的种子案1起、违反禁渔期规定案1起、经营劣质农药案2起、使用电鱼机捕捞案1起、未取得农业机械操作证件驾驶拖拉机案1起，累计为农民挽回经济损失237万元。无行刑移交案件，执法人员无违法违纪行为发生，办理的执法案件始终保持零诉讼和零复议。

B县农业综合行政执法制度健全，执法机制运行顺畅，执法成效明显。立案查处各类案件131起，其中，农资案件24起；畜牧案件86起；农机案件3起；渔政案件18起，包括水政稽查12起，渔政稽查6起，共罚没款101万元。调处各种涉农纠纷和受理涉农投诉58起，赔偿农民损失200万元，挽回农民损失600余万元。全年共组织农机安全培训600人次，发放宣传资料1500册，免费为农机具粘贴反光膜1600余张。年检车辆600辆，落户办证750辆。

表2　2018～2020年黑龙江省4县（市）农业综合行政执法案件情况

单位：起

案件类型	F市	H县	H市	B县
农资案件数量	8	4	5	24
畜牧案件数量	30	0	0	86
渔政案件数量	3	0	2	18

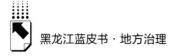
续表

案件类型	F 市	H 县	H 市	B 县
农机案件数量	0	0	1	3
总计	41	4	8	131

资料来源：相关单位 2020 年 12 月提供。

二 黑龙江省基层农业综合行政执法改革的经验成效

（一）注重队伍规范化建设

建立党组织，铸魂强基。基层党组织是基层公正执法的根基。B 县农业综合行政执法大队成立了农业综合行政执法大队党支部，配齐支部各委员，严格落实"三会一课"等各项党内制度，把党的领导贯穿到农业综合行政执法改革和农业行政执法工作各方面和全过程，充分发挥基层党组织的战斗堡垒作用和党员先锋模范作用。党支部定期召开支部党员大会，传达上级精神，通报支部年度工作总结和工作计划等支部重大问题，组织党员开展"不忘初心、牢记使命""祖国在我心中""法律知识竞赛"等丰富多彩的主题教育活动，极大地提升了队员的凝聚力和向心力，充分发挥了党建工作"铸魂补钙、强身健体"的重要作用，为执法工作提供了政治思想指导和纪律作风保障。

综合执法，体系完善。基层农业执法机构积极探索执法模式，理顺职能。H 县农业综合行政执法大队以县农业农村局名义承担全县农业行政处罚、行政强制、执法检查等多项职能。大队实行"局队合一"体制，按照地理区划分为东、中、西三个区中队，各自负责本区域内的畜牧、农机、种子、化肥、农业环保、农业信访、农产品质量监管等业务工作。第一中队负责 H 县东部 3 个乡镇和 1 个农场；第二中队负责 H 县中部 2 个乡镇和 1 个农场；第三中队负责 H 县西部 4 个乡镇。此外，渔业中队负责全县渔政监管工作。H 县通过改革措施，整合农业执法队伍，理顺职能配置，打破行业界限，精减执法费用，加强执法保障，提高执法效能，形成权责统一、权威高效、监管有力、服务优质的农业综合行政执法队伍。

建立网格化监管制度。按照"合理定界、规模适度、无缝覆盖、动态调整"的原则，H 县整体作为总网格，由局长担任总网格长，负责全县网格化管理各项工作。9 个乡镇整体为 1 个网格，设 1 名一级网格长；按 9 个乡镇划分，设 9 名二级网格长；按 105 个行政村划分，设 105 名三级网格长，按每个网格 40~50 户农户划分，设 567 名网格员。业务副局长为一级网格长，各乡镇农业综合行政执法负责人为二级网格长，各村农业负责干部为三级网格长，村里责任心强的人为四级网格长。实行农业网格化管理，明确各级网格长责任目标，方便农业法律法规宣传，便于农业违法行为早发现、早处理，实现民情民意在网格中掌握、法律咨询在网格中开展、农业方面矛盾纠纷在网格中化解的目标，农业综合行政执法水平显著提升，人民群众幸福感明显提高。

（二）多措并举严格执法

广泛宣传，提高认识。为进一步提高广大农民群众的法治意识，采取了灵活多样的执法举措。一是出动农业执法宣传车，走村串乡进行广播宣传。围绕"放心农资下乡，维护农民利益"这一主题，组织开展了"放心农资下乡进村宣传周"和"3·15 国际消费者权益日"活动。二是在每年春耕前期在县电视台发布《告全县农民的一封信》和农资知识电视培训，将法律法规制成活动板报，在县城区、乡（镇、场）明显地段组织群众观看学习。三是召开专题培训班，组织农药、种子、肥料、兽药、饲料等农畜商品经营者每年进行集中培训。对经营者进行宣传教育，以案说法，以事警人，规范经营。增加微信通知等交流途径，在最短的时间内将通知发到每家经营主体，再由经营主体转发至企业内部群，以保证每名从业者都能及时了解行业规定和监管部门的通知。

加强监督，规范管理。H 县、B 县、H 市等农业农村局紧紧围绕"服务农业、保护农民合法权益、维护农业的发展环境"这一目标，坚持"依法治农、依法兴农、依法护农"的基本原则，逐步规范农业投入品市场秩序，确保农业生产安全和农业投入品质量安全。一是开展经营主体清查摸底工作，组织力量对全县343家农业投入品经营业户信息进行全面采集，摸清情况，建立档案，对经营资质、经营条件不符合要求的经营业户责令限期整改和取缔，全面规范县域农业投入品市场秩序。二是健全监督管理制度，根据《食品安全法》《农产品质量安全法》《农药管理条例》《兽药管理条例》等相关规定，对辖区内农业投入品经营使用依法实施监督管理，指导监督农业投入品经营者规范建立使用农业投入品追溯系统，农业投入品录入率达到98%。严格落实限制使用农业投入品定点经营、专柜经营、实名购买等制度。三是协助各级农业行政主管部门开展农药、兽药等投入品质量抽检、信用评价活动。H县高度重视农产品质量安全监管工作，开展国家级农产品质量安全县创建工作，争创国家级农产品质量安全县。H县农业农村局严格监管，依托内设机构农产品检测中心，对县域内绿色有机种植基地实行从种到收、从存储到加工全过程监管。

点面结合，服务群众。H市以"打假、护农、保安全"为目标，运用全国农业综合执法信息共享平台，推进执法办案，打造相互协作、联合办案模式，与市场监管、公安等执法部门定期互通信息，畅通案情会商渠道。联合开展"春季农资打假""封冰期禁渔"等整治行动，推行"录音录像同步取证法"，农机执法开展上路检查，畜牧执法实行蹲点检查，农资执法创新"三同检查模式"，即开展专项执法行动时，两人成为一组，在同一区域、同一时间、一轮检查同步到位。探索推行产品倒查模式，对假劣农资产品向上查进货来源、向下抓销售去向，最大限度地减少农民群众损失。B县根据《行政处罚法》的相关规定，按照当事人违法行为的性质、情节、社会危害程度等将法律法规和规章中的行政处罚裁量权予以细化，对确因家庭困难、无法承担大额行政处罚、执行较难的违法当事人，鼓励其争取立功表现，提供案源线索，提出减轻或从轻处罚诉求，经执法人员核实报法规股审核立案后，经案件评审委员会集中审议通过后予以减轻或从轻处罚。这种方式，既遵循了相关法律规定，也规避了行政执法风险，进一步提高了案件执行力，拓宽了案件来源和执法领域。

（三）创新执法工作方式

开展农药包装废弃物回收处置工作。B县按照"谁购买谁交回，谁销售谁收集，谁生产谁处理"的原则，积极与企业合作，创新开展"B县——盈创"模式，全力推进农药包装废弃物押金制度。经营业户在产品销售时收取一定金额的押金，通过押金回收制度将农药包装废弃物送到指定的回收站后，押金退回购买者，实现回收率的最大化，委托第三方专业企业进行集中无害化处置，切实保护环境。开创了农药包装废弃物回收处置与贫困户就业增收相结合的新方式。坚持按照贫困户、低保户、特困供养对象等低收入群众优先参与的原则，将具有一定劳动能力的贫困户作为参与主体，提供相应劳务报酬，既推动了全县农药包装废弃物减量化、无害化、资源化处理，解决了农业面源污染问题，又将回收处理与扶贫增收有机结合，为精准扶贫蹚出了一条新路径。

以服务为宗旨，完善行业机制。H市充分利用"九争同创"经验，突出亲民服务窗口作用，严格文明执法窗口单位标准，发放亲民联系卡，对外公布举报电话和接待地点。坚持着装上岗、挂牌接待，做到举止文明、态度和蔼、语言规范，实现工作日全天候接待，休息日举报电话24小时自动受理。树立"严查、轻处、重赔"理念，通过执法公正、办案公开、查处公平等执法举措，让被处罚业户心服、让受害农户满意。为方便渔民检船、渔业管理、渔民安全自救，创新了捕捞许可证、渔船编号、救生衣编号、电话小号编号一致的"四个一"平安渔业服务模式。对湖区渔民划定安全自救区域，区域内渔民上湖必须用"电话小号"相互通知，出现险情时区域内渔民通过查看渔船编号，确定渔民身份，方便渔民开展自救行动。

三 黑龙江省基层农业综合行政执法改革的问题分析

目前，黑龙江全省多地已经制订了农业综合行政执法方案，但是可操作性不强，加上人员、设备有限，很难真正做到公正执法。目前仍面临以下突出问题。

第一，执法队伍综合能力不强。农业综合行政执法难度大，要求执法人员既要懂得法律、政策，又要通晓农业、畜牧业、渔政业的行业业务，不少执法人员很难适应行政执法工作的需要。加之工作制度仅有条条框框、执法机关办案经费不足、设备技术落后等，执法人员的职能难以得到更好的发挥。

第二，缺乏强有力的监督和制约机制。这使执法"滥""乱"等问题不能及时得到解决。虽然近年来黑龙江省各地的行政执法制度建设工作取得了很大的成效，但从标准化要求的角度，目前省内多地行政执法责任制度本身仍面临类型较多、效力等级不高、结构松散、内容不细致不具体等问题，清晰度不足，与能够保障执法工作顺利实施所需的体系尚有差距，以致在追究责任时很难有充分的信息资源作为依据，同时缺乏明确的客观真实反映执法痕迹的机制，很难评估执法信息及时性、准确性和全面性。

第三，卷宗书写管理归档流程不严谨。黑龙江省多地基层农业执法单位挂牌成立时间较晚，组建后新成员较多且业务能力参差不齐，培训跟不上，特别是纸质档案管理，有些执法案卷存在记录不清、漏填补填等现象，有的基层执法人员专业术语掌握不到位，语言逻辑性差，在制作立案通知书、行政处罚决定书等案件文书时不能做到简洁、准确地讲清当事人的违法事实，也做不到准确适用法律和合理进行自由裁量。执法卷宗书写不规范。一些基层执法人员为节省制作卷宗时间，在书写文书时严重依赖模板，导致几起同类案件的语言表述和自由裁量权基本相同，忽略了不同个案的特殊性，严重影响了案件的说理效果。此外，在法律条文的适用中，个别执法人员存在对法律法规的相关条款理解错误和适用不当等情况；在案卷装订过程中，存在文件排列顺序不正确或者缺失，个别案卷甚至将本应装订在主案卷里的相关文书装订在副案卷里。

黑龙江省基层农业综合行政执法机构以综合行政执法改革为契机，不断加强与公安、市场监督等部门的协作联系，做到了日常监管与执法有效衔接，通过案情互通、案件会商等制度，畅通了行刑衔接通道，为维护基层县（市）农业生产安全和农产品质量安全提供了坚实的法治保障。但在队伍保障、制度建设、卷宗管理、培训学习等方面仍存在一些问题，主要原因如下。

第一，顶层设计不完善导致综合执法体系不甚健全。一方面，我国农业综合行政执法在基层遇到困难。查阅相关领域法律法规发现，农业综合行政执法在法律中有执法机构设立的依据，却没有明确执法主体。例如，《中华人民共和国农业法》没有明确规定农业综合行政执法机构的法律地位，其他与农业有关的法律法规也没有明确规定其执法主体为农业综合行政执法队伍。现有农业综合行政执法机构都属于相关农业行政主管部门的委托执法单位。另一方面，农业主管部门可以改变委托内容，导致执法工作具有不稳定性。比如，某些执法权限可以随时通过一纸文件收回或赋予。黑龙江省基层机构编制部门在出台农业综合行政执法机构的"三定"规定中对农业执法职能的界定较为模糊，且单位性质多为事业单位。因此，农业综合行政执法的责任范围一般由同级农业行政主管部门以内部文件的形式规定，这种内部文件往往具有不稳定性，形成授权执法，而这种模式往往会随着领导的调整而改变。根据我国《行政强制法》规定，只有国家机关工作人员才能承担强制执法，不能委托，这使得目前在一些重大案件执法中农业综合行政执法机构的执法效率受到影响，处于尴尬境地。

第二，基层保障不足导致综合执法能力存在短板。

（1）人员编制严重不足、工作量极大导致队伍超负荷运转。充足的执法人员是促进执法工作顺利开展的重要保证。而现实是基层农业综合行政执法工作人员严重短缺，执法任务繁重。县级农业执法队伍实际到岗不超过50人，年龄结构普遍偏大，还要共同执行农药、化肥、种子、农产品质量安全、生猪屠宰、农业机械、兽药、饲料等多项涉农事务。加之县级行政区划面积广，下辖乡镇多且并不集中，执法人员经常东奔西跑，执法效率受到严重影响。按照"谁执法，谁普法"的要求，在完成较为繁重的执法工作的同时还要进行日常的普法和扶贫等工作，基层的执法队伍均已超负荷运

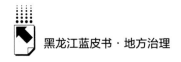
转。基层农业综合行政执法人员普遍不足，日常执法监督、检查巡逻等工作难以高质量完成，导致农村地区不法分子有机可乘。

（2）基层执法经费保障不足导致执法积极性不高。执法经费不足已成为制约黑龙江省基层农业综合行政执法工作的一大问题。长期以来，受地方财政制约，全省基层农业综合行政执法部门经费短缺现象普遍存在。执法经费不足很难保证执法设备的供应，也就必然影响执法效率。例如，摄像头、执法记录仪、对讲机等执法设备无法及时到位更新，执法车辆严重不足以及缺乏专业维护和运行保障，这将不可避免地影响执法规范性和效率。此外，农业综合行政执法工作具有及时性。接到举报时需要执法人员快速响应，及时完成执法处置。一旦保障设施设备不足，执法人员无法在第一时间到达涉案现场，加大了后续工作的难度，这可能会延误对违法行为的最佳查处时间。

（3）执法人员身份混乱是农业执法改革难以深入的一大原因。目前，农业执法机构多为事业单位或者参公事业单位。但是参照《公务员法》管理的事业单位是一类特殊的事业单位，和一般的事业单位存在极大差别。执法人员是公务员或事业人员，其待遇实行当地的薪酬标准，二者相关福利、保障、待遇相差较大。然而，基层农业行政执法人员工作环境艰苦，工作强度高。工作压力明显不同于普通公务员和其他事业单位。在此前提下，他们的工资薪酬仍然按照普通公务员或事业单位的标准执行，在一定程度上缺乏公平性。不仅严重影响了农业综合行政执法工作的有序开展，而且导致人员流失、招录困难等恶性循环。

四　黑龙江省基层农业综合行政执法改革的对策建议

黑龙江省基层农业综合执法改革，贯彻了国家、省、市相关文件精神，整合了基层全县（市）涉农领域的行政执法职能，剥离了原先承担的非行政执法职能。同时，通过强化联动机制，严格进行"双随机、一公开"等日常监管制度，加强了与农业、种植业、畜牧、渔政等行业管理部门和检测检验部门的联系，在全县（市）形成了职能明晰、协调配合的工作机制。但若要不断提高农业综合行政执法效能，还需在以下几个方面完善改革工作，进而为农业现代化助力、为乡村振兴助力。

（一）引进人才，建设队伍

积极引进专业人才，不断强化执法队伍建设。据了解，黑龙江省多县（市）农业执法招录一直没有新进展，这造成执法队伍人员越来越少、知识越来越老化的现状。事实上，人员年龄老化、知识固化、观念陈旧、管理能力和手段缺乏、创新意识不强、工作激情不高，是难以担当当前农业执法重大任务的。面对基层执法人员少、监管任务重、队伍"青黄不接"等问题，各级政府应该增加考录名额，把现有的人员多投入到一线，精简机关编制，增加基层的编制。黑龙江省各级政府要在基层农业综合行政执法队伍建设中至少注重两点：一是积极引进农业和法学背景高素质人才，这些人才在执行力上有较强保障，执法检查工作中鉴别问题能更精细，法律运用能更精准，执法程序能更严密，同时为农业执法工作注入新活力；二是基层政府要进一步加大执法人员招录力度，持续给农业执法系统注入新鲜血液。

健全学习培训交流制度，提升执法人员工作本领。黑龙江省各级政府要高度注重队伍建设，紧紧围绕构建新型农业综合行政执法体系和工作机制的目标，树立"队伍建设制度化，市场管理法治化"观念，用制度规范执法行为。抓好执法规章制度研究，建立健全涉农规章和流程，依规依章进行执法工作，不断提升基层农业综合行政执法队伍能力，打造一支执法水平高超和业务素质过硬的优秀执法队伍。首先，加强理论知识和业务学习。不断丰富学习的内容、形式、方法。注重业务实践学习和研讨，在实践中不断增强执法人员政治理论、法律知识和业务技能。其次，严格按照国家、省、市的相关要求，执行执法人员持证上岗和资格管理制度，实现全员执法持证率100%，积极开展集中学习、岗位练兵和执法培训活动，保证执法人员每年平均参加学习时间达到40学时以上。

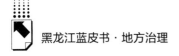

（二）推行案卷标准化管理

基层农业综合行政执法机构不断强化卷宗管理实施的标准化、精确化、规范化。首先，要加强立卷规范，按照"谁办案、谁立卷"的思路，真实反映案件情况，对于重大案件集中讨论要标明应到人数、实到人数。同时，按照案件材料立卷和归档的要求，认真组织检查验收，对于案卷质量不符合要求的要及时退回案件主办人重新整理。其次，基层执法单位务必按照《农业农村部印发〈农业行政执法文书制作规范〉和农业行政执法基本文书格式的通知》《黑龙江省农业行政执法文书和卷宗管理制度》的要求，统一使用黑龙江省农业行政执法文书，规范执法工作程序和行政处罚程序，实现罚缴分离和收支两条线管理，确保执法理念和执法行为无偏差。

开展案卷评比、查办案件回头看等活动。尽快建立健全农业执法案卷档案，推行执法案件电子管理，实现一卷一档案，一季一归档，做到表、卡、册齐全，立案登记、案卷归档及时准确，人员素质必须得到极速提升。一是要定期回顾梳理案件，分析办案过程，总结经验教训，不断提高办案质量；二是要切实规范书写并归档执法文书，进一步规范执法行为，提升办案能力和水平；三是要制定案件受理、调查取证和听证、重大案件集体审议、执法投诉举报、物品查封、案卷管理等工作制度；四是严格执行执法公示制度，大力推行重大执法决定法制审核制度，推进"阳光执法"工程。

（三）创新机制，注重监管

规范执法，提升效能。第一，日常执法工作中要严格遵守农业执法"六条禁令"和执法公示制、重大案件法制审核制和执法全过程记录制等制度，主动把《农业行政处罚程序规定》和法制审核贯穿执法办案全过程，严格执法程序，规范执法行为，震慑违法行为，维护公平正义。第二，严格落实领导干部违法干预执法活动和插手违法案件查处责任追究制度以及行政过错纠正和责任追究制度，确保执法人员依法履职尽责。第三，针对农业生产季节性特点，瞄准农资、农机和农产品市场关键节点，开展春季交叉检查、夏季百日行动、秋冬季专项行动专项执法，突击检查，起到事半功倍的整治效果。

有效监督，服务群众。一方面，基层农业执法单位要实现对农资生产经营者主体清查工作的制度化，为监管主体建立诚信档案，对不符合条件的经营者责令限期整改，净化农资市场秩序。另一方面，依据有关法律法规规定，严把农资产品的市场准入关。构建监管长效机制，重点关注农资经营主体持证上岗、进货查验以及进销货台账、发票等记录情况，确保农资生产经营者做到守法经营、诚信经营。务必公布举报电话，接受社会监督，从而规范干部职工和农业执法人员的服务行为，增强执法人员依法行政的能力，提高办事效率，机关作风、服务质量和工作水平得到不断改善。

广泛宣传，联合行动。一是按照"谁执法，谁普法"的原则，黑龙江省各级执法机构要充分利用电视、网络等媒体，通过媒体报道、印发宣传资料、张贴宣传画、制作宣传横幅、培训等措施开展多层次、多形式、多渠道的农业法律法规宣传活动。二是实施农业投入品经营"黑名单"和"征信"制度管理，通过对各项管理制度的贯彻和落实，确保经营者做到守法经营、诚信经营。以作风整治活动为平台，大力推行政务公开。以实行服务承诺制为作风建设的切入点和突破口，制作政务公开栏，明确职责范围、服务承诺、服务程序等内容。三是建立与市场监管、公安、检察院、纪委等多部门的合作机制，以农资打假联合行动为纽带，通过案情互通、案件会商等制度实现行刑衔接，为全县农业生产安全和农产品质量安全提供法治保障。

参考文献

吕普生、吕忠：《中国基层执法中的相机选择：从策略赋权到话语使用》，《中国行政管理》2020年第2期。

戴浩飞：《行政执法体制改革研究》，中国政法大学出版社，2020。

程琥：《综合行政执法体制改革的价值冲突与整合》，《行政法学研究》2021年第2期。

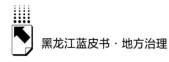

丁煌、李雪松：《整体性治理视角下综合行政执法改革的深化之道》，《南京社会科学》2020 年第 12 期。

李雅云：《农业综合执法面临的难题与对策》，《中国党政干部论坛》2017 年第 11 期。

卢护锋：《行政执法权重心下移的制度逻辑及其理论展开》，《行政法学研究》2020 年第 5 期。

杨丹：《综合行政执法改革的理念、法治功能与法律限制》，《四川大学学报》（哲学社会科学版）2020 年第 4 期。

谭宗泽、杨抒见：《综合行政执法运行保障机制建构》，《重庆社会科学》2019 年第 10 期。

李强：《"局队合一"：综合行政执法改革方向和实现路径——基于 J 省 R 市综合行政执法体制改革试点实践的思考》，《中国行政管理》2019 年第 8 期。

李利平、吕同舟：《省以下地方政府纵向职责配置的新趋势及配置模式探索——基于对五个领域综合行政执法改革的观察》，《行政管理改革》2020 年第 11 期。

谢寄博、王思锋：《中国共产党保证执法的实践逻辑——以行政执法体制改革为视角》，《西北大学学报》（哲学社会科学版）2021 年第 5 期。

曹龙虎、段然：《地方政府创新扩散过程中的利益契合度问题——基于 H 省 X 市 2 个综合行政执法改革案例的比较分析》，《江苏社会科学》2017 年第 5 期。

黑龙江省社会科学普及立法调研报告*

李店标**

摘　要：　《黑龙江省社会科学普及条例》已经被纳入黑龙江省人大常委会立
法工作计划，在起草阶段需要加强对这一立法的调研关注，不断
提高草案的质量和效率。调研报告应明确此项立法工作的调研目
的、调研方法和调研环节。问卷调查、基地访谈、资料分析、文
本分析等方面的结论，形成黑龙江省社会科学普及立法的微观背
景资料。黑龙江省社会科学普及立法的宏观背景应分析关注条件证
成、制约因素和推进思路三个方面，并在框架体例、主体职责、主
要制度、立法重点和立法难点等五个方面提出具体建议。

关键词：　黑龙江省　社会科学普及　立法调研

　　社会科学普及立法是适应新时代哲学社会科学事业健康发展的新任务和
新要求，是规范和保障社会科学普及工作有效开展的关键举措，也是动员、
引领和推动全社会关心、支持、参与社会科学普及活动的重要依据。只有从
法律层面确立社会科学普及事业的地位，为其提供强有力的制度保障，才能
从根本上提高社会科学普及工作的实效。虽然制定《黑龙江省社会科学普
及条例》已经被纳入黑龙江省人大常委会的预备立法项目，但该条例的立
法进程仍然比较缓慢。2020 年 11 月，笔者成功申报黑龙江省经济社会发展

---

*　本文为黑龙江省经济社会发展重点研究课题"黑龙江社会科学普及立法调查研究"
（20246）成果。

**　李店标，黑龙江省社会科学院法学研究所副教授，法学博士，从事立法学研究。

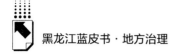
重点研究课题"黑龙江省社会科学普及立法调查研究",以黑龙江省社会科学普及立法的立法目的、制度设计和推进思路为调研重点,突出整合资源、集中力量、发挥优势的特点,实现以课题研究介入和带动立法实践的工作方式创新。自立项以来,课题组坚持调查研究和立法实践的同步推进,在8个月的时间内有序开展各项研究工作,形成如下调研报告。

一 基本情况

(一)调研目的

1. 把握立法背景

每一部立法都有特定的需求,包括政治需求、法律需求和社会需求,这决定了在立法工作开展前要对立法背景的情况有所把握。此次课题调研的目的之一就是对《黑龙江省社会科学普及条例》立法的必要性、可行性和可能性进行了解,弄清楚"为什么立法"的问题,这需要结合党和国家的政策、黑龙江省的相关立法需求、国内法律体系的现状等综合考察。

2. 抓住立法重点

立法重点是指核心制度的设计要具有合法性和合理性,符合科学立法、民主立法和依法立法的要求。对于制定《黑龙江省社会科学普及条例》而言,立法的重点决定了法规制定的质量和效率,这既需要对其他省份的立法进行参考借鉴,也需要明确黑龙江省社会科学普及工作中的突出问题。

3. 明确立法难点

对于省级地方性法规的制定而言,立法的难点主要体现在:既要结合本省实际,体现出立法的创新性;又要立足现行法律体系,体现出立法的合法性。对于制定《黑龙江省社会科学普及条例》而言,既需要了解全省社会科学普及工作中出现了哪些需要进行立法规制的问题,也要实现相关制度设计与上位法的衔接以及与同类法的协调。

4. 设计立法思路

加强立法调研是设计立法工作思路的最主要方式，也是提高立法工作质量和效率的重要保障。目前《黑龙江省社会科学普及条例》正处于起草阶段，2021年是立法预备项目，2022年上升为正式项目。因此，无论是起草单位还是提案单位都要对立法工作安排进行详细的规划，通过调研不断修正已有的工作思路和计划。

5. 体现立法针对性

黑龙江省社会科学普及工作的实施缺乏立法依据，导致实践过程中的相关主体职责不分，工作开展实效有待提高。本课题调研的目的在于明确黑龙江省社会科学普及工作中出现的一系列问题，并通过立法的形式加以规制，提高相关主体履职的主动性，明确相关工作的保障机制，以及违法行为应承担的法律责任，以使全省社会科学普及工作依法有序开展。

（二）调研方法

1. 问卷调查

2020年12月22日分别向社会公众和科普工作者发放了两套调查问卷，并要求在问卷星进行作答。两份问卷针对社会科学普及立法的相关问题分别设置了15个和25个题目。截至2021年2月22日，分别有1522名和1351名人员参与问卷调查。调查结果显示，非常支持社会科学普及立法的比例分别达到81.08%和60.1%。

2. 基地访谈

2021年3月15日，由黑龙江省社科联协调，课题组对全省第一、二、三批24个省级社会科学普及基地进行了电话访谈。截至3月23日，根据访谈提纲的12个问题，共访谈了17个基地，包括大庆铁人王进喜纪念馆、鹤岗黑龙江流域博物馆、伊春市马永顺纪念馆、黑河知青博物馆、黑河瑷珲历史陈列馆、佳木斯大学赫哲族历史文化陈列馆、黑龙江省浩源地方文献博物馆、东北林业大学博物馆、哈尔滨中东铁路印象馆、哈尔滨市图书馆、黑龙江中医药博物馆、东北烈士纪念馆、哈尔滨商业大学博物馆、黑龙江省图书馆、

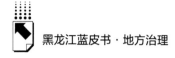

黑龙江省博物馆、黑龙江大学博物馆、侵华日军第七三一部队罪证陈列馆。每个基地平均访谈时间在一个小时左右，并制作完成了访谈综述和访谈记录。

3. 资料分析

课题组收集整理了 100 余篇（部）关于社会科学普及及其立法的相关理论文献，撰写了较为系统的文献综述，并将 10 篇针对性较强的论文纳入理论资料汇编。相关理论文献中关于各地社会科学普及立法优点、缺点的分析对于黑龙江省立法具有重要指导意义。此项工作不仅为本课题研究提供了理论参考，也为后期立法工作的开展奠定了基础。

4. 文本分析

课题组对我国现有的关于社会科学普及相关立法的文本进行收集整理，包括宪法、法律、行政法规以及同类地方性法规和政府规章。其中，宪法 1 部（摘编）、法律 15 部（包括全文和摘编）、行政法规 10 部（摘编）、同类立法 21 部（全文），并撰写了文献综述，对文本资料进行了汇编。

5. 实地走访

受新冠肺炎疫情影响，课题组对部分社会科学普及场馆进行了实地走访。例如，课题负责人于 2020 年 11 月 18 日利用省第四期社会科学理论界青年人才培训的机会，对哈尔滨工业大学博物馆进行了实地走访；2021 年 3 月 2 日对大庆铁人王进喜纪念馆和大庆油田科技馆进行了实地走访。

6. 网络浏览

2021 年 1 月 15～25 日，课题组对黑龙江省部分科普基地的网站进行了浏览，分析各基地社会科学普及的内容、方式和效果，以及各基地的管理制度、人员结构和主管单位。如黑河瑷珲历史陈列馆、黑龙江省图书馆、哈尔滨市图书馆、黑龙江省博物馆、侵华日军第七三一部队罪证陈列馆等。

（三）调研环节

1. 课题开题论证会

2020 年 11 月 19 日，课题组在黑龙江省社科联会议室召开了本课题的开题论证会，通过课题组成员的汇报和研讨，明确课题研究的重要任务、具体调研计划和人员分工。同时对黑龙江省社会科学普及立法的相关问题进行研讨。

2. 立法工作推进协调会

2020 年 12 月 29 日和 2021 年 4 月 19 日，在黑龙江省人大教科文卫委员会会议室召开了两次条例立法工作推进协调会。课题组就此项立法的相关问题进行了汇报，会议通过了立法工作推进方案，研讨了立法的重点和难点问题，并安排部署了下一步的工作思路和方法。

3. 立法起草工作材料

2020 年 12 月 29 日前，课题组成员协助完成了《〈黑龙江省社会科学普及条例〉制定工作推进方案》的起草工作；2021 年 1 月 11 日前，课题组协助完成了《关于加快制定〈黑龙江省社会科学普及条例〉的议案》（省人大议案）的起草工作；2021 年 8 月 5 日前，课题组成员协助完成了《黑龙江省社会科学普及条例（草案）》第五稿至第九稿的修订工作。

4. 省外调研

2021 年 5 月 31 日~6 月 4 日，黑龙江省人大教科文卫委员会、黑龙江省人大常委会法工委、黑龙江省社科联和课题组有关负责同志联合组成立法调研组，就条例立法工作赴山东省、河南省开展调研。调研组通过召开座谈会、实地考察、资料收集等方式，重点调研了两省在社会科学普及立法方面的成功经验，听取了有关单位和个人的意见建议。

二 主要结论

（一）问卷调查结论

问卷调查结果分为两类：关于社会大众的调查结果和关于科普工作者的调查结果。由于问卷调查结果可以在问卷星直接导出，所以比较直观明了。

1. 关于社会大众的调查结果

其中，对"社会科学普及"基本含义的了解的比例不高，达到 34.82%；

经常接触社会科学普及工作的比例为 27.6%；接触社会科学普及活动的最主要途径是阅读书籍、报纸和杂志，占比达到 26.41%；最喜欢的社会科学普及读物是历史数据，占比达到 59.59%；认为社会科学普及工作重要的比例较高，达到 76.08%；社会科学知识讲座对听众最主要的影响是拓展视野和知识领域，占比达到 85.22%；比较喜欢的社会科学普及内容中最多的是日常生活科普常识，占比达到 77.14%；63.01% 的人愿意参加社会科学普及活动；41% 的人认为本地社会科学普及场所较少；80.68% 的人认为社会科学普及场所应当免费开放；65.05% 的人认为青少年是最主要的社会科学普及对象；87.25% 的人认为国家机关、企事业单位、社会团体应当开展社会科学普及活动；本地当前社会科学普及工作的满意度比例较低，占比为 35.61%；认为社会科学普及立法很重要的，占比达到 81.08%。可见，社会公众对社会科学普及这一专业术语了解不多，对活动的参与不多，满意度不高，但认为社会科学普及活动很重要，支持社会科学普及立法工作。

2. 关于科普工作者的调查结果

对社会科学普及工作非常了解的比例不高，达到 14.88%；经常参加社会科学普及工作的占比为 15.91%；主要以讲座、讲坛的形式参加的比例为 35.09%；认为科普和科研同等重要的比例最高，为 71.21%；认为科普的最有效途径是互联网，比例为 78.68%，其次为广播电视；70.98% 的人认为国家机关、企事业单位、社会组织有必要每年固定开展社会科学普及活动；76.98% 的人认为社会科学普及场馆应当免费开放；51.67% 的人认为社科联组织在社会科学普及工作中的地位非常重要；67.8% 的人认为当前黑龙江省此项工作的最主要制约因素是缺少专门的经费支持；49.07% 的人认为应当将社会科学普及工作纳入职称评审和职务晋升优先条件；41.3% 的人认为黑龙江省社会科学普及工作效果与其他省份相比较为落后，10.14% 的人认为黑龙江省处于领先地位；54.77% 的人认为黑龙江省社会科学普及工作人才不足；72.91% 的人认为扰乱社会科学普及场馆秩序的现象发生较少；18.28% 的人认为本单位开展社会科学普及工作的效果明显；70%~77% 的人认为做好社会科学普及工作需要政府推动、社会支持、群众参与、社会科学工作者参与，且参与比例相当；73.8%的人认为经费投入不足是最主要的阻碍因素；当前对黑龙江省社会科学普及内容非常满意的人的比例为14.8%，基本满意的比例为59.36%；对全省社会科学普及立法非常支持的比例为60.1%，一般支持的为32.27%。可见，社会科学工作者对社会科学普及工作的了解程度和参与程度总体上不高，但也认为社会科学普及工作具有重要意义，黑龙江省社会科学普及工作仍面临不少问题，对于社会科学普及立法的看法也存在不一致性。

（二）基地访谈结论

1. 关于科普内容和方式问题

各科普基地进行社会科学普及的内容各有特色，主要围绕黑龙江省本地的东北抗联精神、北大荒精神、大庆精神、铁人精神、少数民族特色文化、历史文化、民俗文化等内容。一部分场馆有自己的网站，但规模比较小的场馆没有建立网站。在社会科学普及工作中除了参观展览外，都注重利用现代新媒体手段，如抖音、微信公众号、微博等宣传各自场馆的信息，实现科普方式的技术化和信息化。

2. 关于社会科学普及活动月问题

绝人部分基地是持赞同的态度，认为开展礼会科学普及活动月活动对于提高社会科学普及工作的实效具有重要的价值，但有些基地参与得较多，有些基地对此项活动并不了解。不少基地对于设立社会科学普及活动月提出了相应的意见，如加强统筹规划、明确普及重点、加强宣传、资源共享和合作、选择合适的时间等。关于时间的确定存在两种观点：一是在旅游淡季（11月至下一年4月），二是在旅游旺季（5~10月）。

3. 关于科普经费问题

各基地的经费来源多种多样，主要与基地的性质有关，有的是政府拨款，有的是上级单位拨款（如企业），有的是自行筹措，还有的是多级单位都进行拨款。总体来看，对于经费是否充足这个问题各个基地情况不同，认为充足和不充足的大约各占一半。这表明，科普经费的情况具有不平衡性，与管理体制存在直接的关系。还有的被访谈对象对经费问题了解不多。关于

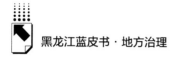

经费的违法违规使用问题，各基地均认为没有发生过。

4.关于建立社会科学普及绩效评估机制的意见

绝大多数基地持有赞同的态度，也有不少基地对绩效评估制度并不了解。有不少基地认为，绩效评估机制的建立具有重要意义，通过这项制度能够激励科普行为。也有不少基地认为，绩效评估要注重差异性，各基地的规模不同，不宜建立统一的评价标准，否则不公平。还有个别基地认为，绩效评估应当简洁化，不宜加重基地的额外负担；应当注重评估后的奖励，专门建立相应的配套措施。

5.关于政府支持力度问题

各基地的情况有所不同，主要以基地的管理体制为依托。如果是政府直接管理的基地，支持力度还是比较大的；如果是企业直接管理的基地，政府支持力度往往较小，个人举办的基地也存在这种情况。各地目前关于政府的特殊支持，如购买服务、专项补贴的情况并不多见。

6.关于法律责任的问题

各基地大多没有发生过以社会科学普及的名义从事危害国家安全、损害社会公共利益或者他人合法权益的情况，扰乱社会科学普及场馆秩序或者非法侵占、破坏场馆、设施的情况也很少发生。一部分基地访客破坏场馆设施的情况时有发生，但处理的方式都是由基地进行自行维修，对当事人也仅是批评教育，也不会要求进行相应的赔偿。

（三）资料分析结论

理论文献是黑龙江省社会科学普及立法背景材料的重要组成部分，有助于揭示社会科学普及立法中的核心问题，如立法模式、立法结构、立法不足和立法创新等。尤其需要指出的是，理论文献的分析对黑龙江省社会科学普及立法具有两个方面的启示：其一，在立法过程中，可以借助专家学者的助力，发表相关的学术研究成果，扩大该项立法的影响力，引导专家和公众参与立法的积极性，从而提高立法质量和效率；其二，在立法完成后，可以组织专家学者对条例的内容进行理论评析，为法规的实施进行普法性质的宣传提供渠道，也可为条例以后的修改提供相应的意见建议。

1. 著作方面

目前缺乏社会化科学普及立法的专著，大多是社会科学普及方面的著作，大部分针对社会化科学普及的基本问题进行分析，也有个别是对地方立法的释义研究。代表性著作包括：《社会科学普及研究》《社会科学普及信息化研究》《哲学社会科学普及教育论》《我国社会热点事件与科学普及的互动关系研究》《发展与普及：社会科学新论》《〈河南省社会科学普及条例〉释义读本》。

2. 论文方面

2021年3月1日，在中国知网以"社会科学普及"为"篇名"的期刊文献共计211篇。从这些论文（文章）来看，我国关于社会科学普及问题的研究在2001年之前成果较少，此后逐步增多，至2016年达到顶峰，之后整体呈现下降趋势（见图1）。现有研究成果分为三个层面：宏观层面，研究社会科学普及的价值、任务、信息化、模式、载体、背景、挑战和对策等问题；中观层面，研究社会科学普及立法比较、立法价值、立法模式、立法趋势等问题；微观层面，研究云南、江西、广东、福建等地社会科学普及条例制定背景、重要价值、基本制度、主要特色等问题。总体而言，国内关于社会科学普及立法的研究具有立足国情、关注文本、贴近实践和共识广泛等优点，但也存在研究主题重复、内容零散、思路狭窄和方法单一等不足。

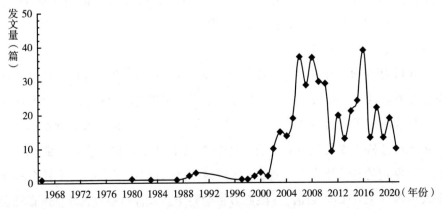

图1 社会科学普及问题研究趋势

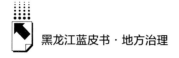

（四）文本分析结论

《黑龙江省社会科学普及条例》在制定过程中应当坚持科学立法、民主立法、依法立法，确保立法质量和效率。一方面，依法立法原则的要求之一是法律体系内部上下层级的规范之间应当统一，不得出现内部冲突或者不一致，因此该条例的制定应对其上位法和黑龙江本地同类的规定有充分的了解和把握，不得出现与上位法相抵触的情况，并与本地同类法相协调。另一方面，科学立法原则的要求之一是遵循和尊重规律，别的地方已有的经验可以参考借鉴，因此，《黑龙江省社会科学普及条例》的制定应当密切关注其他地方的同类法，对值得参考借鉴的制度应当结合全省实际进行吸收或者改造。

1. 作为省级地方性法规，其上位法主要体现在宪法、法律和行政法规三个方面

在宪法层面，第20条、第24条关于发展社会科学事业，普及科学知识和各类教育的表述是最直接的宪法基础；在法律层面，《中华人民共和国科学技术普及法》（以下简称《科学技术普及法》）虽然是比较直接和系统的上位法依据，但其主要是针对自然科学的制度安排，因此本条例在起草过程中要明确所有内容不得与这一法律相抵触，尽量做到衔接或者细化；在行政法规方面，国务院到目前为止并没有专门制定有关社会科学普及的专门行政法规，但部分行政法规中零散规定了一些内容，如《野生植物保护条例》第6条、《公共机构节能条例》第5条等。

2. 关于外地同类法

2012年至今，全国14个省份（宁夏、广东、福建、山东、湖南、江苏、青海、河南、广西、江西、山西、云南、内蒙古、新疆）以地方性法规的形式制定了社会科学普及条例，1个省（河北）以地方政府规章的形式制定了社会科学普及规定。还有5个省份（天津、四川、重庆、浙江、辽宁）将制定的科学技术普及地方性法规或者地方政府规章纳入了社会科学普及内容（见表1）。目前，《陕西省社会科学普及促进条例》《贵州省社会科学普及促进条例》《湖北省社会科学普及条例》正在制定过程中。

表1　各省份社会科学普及立法状况

序号	名称	制定日期	施行日期	类型	模式	结构	章数	条数
1	《新疆维吾尔自治区社会科学普及条例》	2021年3月25日	2021年7月1日	地方性法规	单行立法	章	7	45
2	《内蒙古自治区社会科学普及条例》	2020年7月23日	2020年9月1日	地方性法规	单行立法	条	0	30
3	《云南省社会科学普及条例》	2019年9月28日	2019年12月1日	地方性法规	单行立法	章	6	39
4	《山西省哲学社会科学普及条例》	2019年3月22日	2019年6月1日	地方性法规	单行立法	章	6	29
5	《江西省社会科学普及条例》	2017年11月30日（2019年9月28日修订）	2018年1月1日	地方性法规	单行立法	条	0	27
6	《广西壮族自治区社会科学普及条例》	2017年7月28日	2017年10月1日	地方性法规	单行立法	章	7	40
7	《江苏省社会科学普及促进条例》	2016年7月29日	2016年9月1日	地方性法规	单行立法	章	7	35
8	《河南省社会科学普及条例》	2016年11月18日	2016年12月1日	地方性法规	单行立法	章	7	41
9	《青海省社会科学普及条例》	2016年9月23日	2016年12月1日	地方性法规	单行立法	章	6	36
10	《湖南省社会科学普及条例》	2015年9月25日	2016年1月1日	地方性法规	单行立法	条	0	21
11	《福建省社会科学普及条例》	2014年9月26日	2014年9月26日	地方性法规	单行立法	条	0	31
12	《山东省社会科学普及条例》	2014年7月31日	2014年10月1日	地方性法规	单行立法	章	6	45
13	《广东省社会科学普及条例》	2014年5月29日	2014年9月1日	地方性法规	单行立法	章	7	45
14	《宁夏回族自治区社会科学普及条例》	2012年8月1日	2012年10月1日	地方性法规	单行立法	章	6	25
15	《河北省社会科学普及规定》	2014年9月18日	2014年12月1日	地方政府规章	单行立法	条	0	25
16	《天津市科学技术普及条例》	1997年6月18日（2010年9月25日第一次修正、2013年9月24日第二次修正）	1997年6月18日	地方性法规	纳入立法	章	8	60

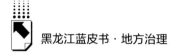
续表

序号	名称	制定日期	施行日期	类型	模式	结构	章数	条数
17	《四川省科学技术普及条例》	1999年8月14日（2012年9月21日修订）	1999年8月14日	地方性法规	纳入立法	章	6	41
18	《重庆市科学技术普及条例》	2008年11月27日	2009年1月15日	地方性法规	纳入立法	章	6	33
19	《辽宁省科学技术普及办法》	2011年9月5日	2011年11月1日	地方政府规章	纳入立法	条	0	28
20	《浙江省科学技术普及办法》	2006年9月30日	2006年12月1日	地方政府规章	纳入立法	条	0	26

3. 关于本地同类法

本地同类法主要体现为自施行以来并未修改过的《黑龙江省科学技术普及条例》。《黑龙江省社会科学普及条例》的制定和《黑龙江省科学技术普及条例》的修改，二者之间在立法进程上的关系要明确，因为二者均是同一主体提案，且均被列入黑龙江省人大常委会2021年立法预备项目。因此，无论是提案主体还是审议主体可能会在立法项目安排方面存在一定的压力。基于此，关于二者的关系处理，要看在立法上是存在竞争关系还是协同关系。如果是竞争关系，那么《黑龙江省社会科学普及条例》应当优先，因为立法缺位比立法不完善的影响更大，补足缺位是首要问题；如果是协同关系，可以考虑修改立法在进程上稍早于本条例制定，以便为本条例提供更多的经验。

（五）省外调研结论

1. 主要做法

山东省、河南省高度重视社会科学普及立法工作，分别于2014年和2016年通过了其社会科学普及条例，并在条例制定和实施过程中形成了诸多值得借鉴的经验。如立法前强化问题意识、立法中注重调研协调、立法后健全配套措施、实施中营造良好氛围。

2. 存在的问题

山东省、河南省的条例尚存在一些需要引起重视的问题，既包括立法过程中的技术问题，也包括实施过程中的效果问题；既包括微观的制度设计问题，也包括宏观的思路把握问题。这些问题往往相互交织、相互影响，反映出社会科学普及立法需要统筹协调、明确重心、精准施策。如个别制度落实乏力、政府部门作用有限和地方立法特色不均等。

3. 几点启示

通过省外实地调研，黑龙江对山东省、河南省社会科学普及条例的制定和实施有了更为全面的认识，提炼出诸多值得学习和借鉴的经验，为黑龙江省开展社会科学普及立法工作进一步明确了方向、厘清了思路、提供了动力。相关启示包括条例定位为以促进型立法为主、以管理型立法为辅；条例功能为以立法促进改革，以改革适应立法；条例制定既要立足实际，又要有适当的前瞻性；条例制定既要遵循惯例，又要体现特色。

三 黑龙江省社会科学普及立法的宏观背景

（一）条件证成

1. 立法的必要性

黑龙江省社会科学普及立法是贯彻落实习近平总书记关于哲学社会科学工作的重要论述和指示精神、加快构建中国特色哲学社会科学、贯彻落实全面深化改革和全面依法治国战略部署 推进国家治理体系和治理能力现代化、坚持和完善繁荣发展社会主义先进文化制度、助力龙江全面振兴全方位振兴、加快法治黑龙江建设、提升全省人民社会科学素质和思想道德水平，以及加强黑龙江省社科联工作的必然要求。同时，黑龙江省社会科学普及工作目前没有相应的直接法律法规依据，导致工作开展缺乏规范性依托，工作实效受到影响，亟须通过立法来加强社会科学普及工作。例如，《中共黑龙江省委关于加快构建中国特色哲学社会科学的实施意见》指出，"办好龙江讲坛等社会科学普及平台……开展形式多样的普及活动，提高全社会人文素养和文明程度……普及社会科学知识，讲好中国故事和龙江故事……加强相关领域立法，保障哲学社会科学工作"。《中共黑龙江省委贯彻落实〈中共中央关于坚持和完善中国特色社会主义制度　推进国家治理体系和治理能力现代化若干重大问题的决定〉的实施意见》指出，围绕坚持和完善繁荣发展社会主义先进文化的制度，努力打造文化强省，要坚持马克思主义在意识形态领域指导地位的根本制度、坚持以社会主义核心价值观引领文化建设制度、健全人民文化权益保障制度、完善坚持正确导向的舆论引导工作机制等。中共黑龙江省委印发的《黑龙江省法治社会建设实施方案（2021—2025年）》指出，深入学习宣传习近平法治思想，深入宣传以宪法为核心的中国特色社会主义法律体系，广泛宣传与经济社会发展和人民群众利益密切相关的法律法规，持续提升公民法治素养。

2. 立法的可行性

在黑龙江省委、省人大的高度重视和有力指导下，省第十三届人大常委会在当届立法规划中将制定《黑龙江省社会科学普及条例》列为第二类项目。2021年2月发布的《黑龙江省人大常委会2021年度立法工作计划》（黑人大办〔2021〕21号），将制定《黑龙江省社会科学普及条例》纳入预备立法项目。牵头起草单位省社科联正积极推进《黑龙江省社会科学普及条例》的起草、调研及论证工作。社科联科普工作是社会科学普及立法的实践基础，成功打造了以龙江讲坛、科普活动月、科普基地等为代表的多个有影响、有实效的科普品牌和科普平台。外地成熟的立法经验可资借鉴，全国近20个省份已经出台了相关立法，在立法思路和文本规范上具有参考价值，如基本原则、联席会议制度、经费保障、社会支持等内容。《宪法》第20条规定："国家发展自然科学和社会科学事业，普及科学和技术知识，奖励科学研究成果和技术发明创造。"《科学技术普及法》是关于科学普及工作的专门立法，全国人大教科文卫委员会在《关于〈中华人民共和国科学技术普及法（草案）〉的说明》中明确指出，"科普的内容，不仅包括自然科学与技术，也包括社会科学"。

3. 立法的可能性

黑龙江省社会科学普及立法的政策背景已经具备，如中共中央印发的《关于进一步繁荣发展哲学社会科学的意见》《关于加强和改进党的群团工作的意见》《关于加快构建中国特色哲学社会科学的意见》《中共黑龙江省委关于加快构建中国特色哲学社会科学的实施意见》等政策文件都对社会科学普及工作进行了部署。此外，黑龙江省社会科学普及立法的宪法基础和法律依据已经具备，如《宪法》《科学技术普及法》的相关规定为其提供了上位法依据。同时，本省就有相关立法的成功经验可资借鉴，例如，黑龙江省人大常委会 2005 年通过并即将修改的《黑龙江省科学技术普及条例》，作为本条例的"姊妹篇"，对于本条例的制定也具有很大的参考和借鉴价值。

（二）制约因素

1. 立法认识不够

与国内其他地方相比，黑龙江处于滞后状态，立法机关对此项工作的重要性、紧迫性认识不够，导致立法进程较为缓慢。此外，通过问卷调查和基地访谈结果也能够看出，虽然很多人支持此项立法工作，但对于什么是社会科学普及的认识程度较低，对其重要性的认识程度也不高，这种认识无疑会对全省社会科学普及立法的推进带来不利影响。

2. 立法观念影响

社会科学普及立法自 2014 年在全国迅速开展，与党和国家的部署存在重大关系。黑龙江省对此问题的认识还有待加强，导致此项立法一直处于落后状态，虽然起步较早，但至今没有提上正式立法议程。对社会科学普及工作的重视程度可能影响到全省社会科学普及立法工作，为此要充分考虑到此项立法的政治需求、法律需求和社会需求，分清立法项目的轻重缓急。

3. 立法人才短缺

受到黑龙江省区域位置、经济条件、自然环境和人文环境等因素的影响，近年来黑龙江法律法学人才流失严重，加之立法人才培养的渠道和平台

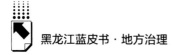

较少，目前能够熟练把握立法基础理论和立法技术的人才更是匮乏，导致黑龙江省社会科学普及立法工作智力支撑不足。为此，在立法过程中，要寻求省外立法力量的支持，要高度重视省外专家咨询论证、立法调研等工作。

4. 立法参与不足

黑龙江省社会科学普及立法是一项系统工程，需要发挥凝聚多元主体的合力。除了牵头起草单位外，负有科学普及工作职责的政府部门及社会组织应积极参与此项立法，因为他们是该法规的组织实施和参与单位，可以增强立法的动力、民主性和科学性。在调研的过程中，有几个社会科学普及基地不能配合调研工作，也说明立法参与的认识存在问题。同时要发挥社会科学普及基地、高等院校和社会公众的立法参与作用，引导他们为此项立法工作献计献策。

（三）推进思路

1. 明确一个定位：以促进型立法为主

社会科学普及立法是近年来出现的一种新型立法，理论上称为促进型立法，即重在提倡、鼓励、引导、促进社会科学普及事业的发展。这种立法类型与传统的管理型立法不同，以倡导性条款为主，对法律责任的设置要求相对宽松，但很容易导致法律效力的弱化，减损法律的规范价值和实施效果。因此，黑龙江省社会科学普及立法应当遵循立法惯例，坚持以促进型立法为主、以管理型立法为辅，在设计倡导性规范的同时也应适当融入刚性的制度设计。

2. 平衡两个面向：立足实际和适当的前瞻性

黑龙江省社会科学普及立法在全国已经处于落后地位，而且实践中无法可依的问题比较突出，因此，为破解全省社会科学普及工作无法可依的瓶颈，条例制定应当立足全省实际，着力解决社会科学普及工作中经费保障、职责分工、队伍建设等突出问题，以体现出针对性和可操作性。同时，条例制定应当体现出适当的前瞻性，为社会科学普及工作的进一步发展预留空间。

3. 坚持三项原则：科学立法、民主立法和依法立法

科学立法解决的是立法的合规律性问题，要突出条例的针对性和可操作性，需要在立法过程中广泛调研和论证；民主立法解决的是立法的合人民性问题，要在立法过程中广泛征求人民群众的意见建议，并吸收其合理的成分；依法立法解决的是立法的合法律性问题，避免与上位法的冲突导致立法违法，需要重视法律体系内部的协调统一。

4. 明确四个要求：不抵触、不重复、不抄袭、不盲从

黑龙江省社会科学普及立法的不抵触即本法不得与上位法精神、原则和规则相矛盾冲突，应当与宪法、法律、行政法规的相关规定保持一致；不重复即同一事项的立法一般情况下不重复上位法，如对社会化科学普及法律责任的规定，不能重复《科学技术普及法》；不抄袭即立法应体现地方特色、发展定位和地区差异，避免照搬照抄其他地方同类法；不盲从即坚持问题导向，科学把握立法进度，有步骤分阶段地开展立法工作，严格按照省人大常委会立法计划和提案主体通过的立法工作推进方案开展工作。

四 黑龙江省社会科学普及立法的具体建议

（一）框架体例

立法工作是一项系统性工作，目前强调最多的是"科学立法"。上位法和各地同类法的框架体例以章为结构的占多数（见表2）。关于《黑龙江省社会科学普及条例》的框架体例应当明确几点内容。一是在基本框架上，应遵循总则、分则、附则的立法惯例。总则涉及立法目的和依据、适用范围、基本概念、指导思想、基本原则、组织实施等内容；分则涉及内容和形式、社会责任、保障措施和法律责任内容；附则规定施行日期。二是在章、条结构选择上，建议以分章为基础，采用六章制，即总则、组织实施、社会责任、保障措施、法律责任、附则。三是在条文数量上，建议为40~50条，这既可满足章设置的要求，又可做到立法的精细精简。同时，鉴于地方立法

"有几条立几条""减少倡导性条款""立法节制"等要求，最终要根据条文数量来决定是否分章，即使不分章，在条例内容的表述逻辑上也应当体现出层次。此外，目前多地的相关立法将社会科学普及内容与形式单独作为一章，导致其与其他章的标题在逻辑上不够融洽，这一点需要加强调研论证：遵循惯例，单独设置一章，设置七章结构体例；放置在总则中，结构体例由七章变为六章。需要说明的是，本条例关于社会科学普及内容和形式的两条规定，按照其他地方的立法体例都是单独作为一章。在黑龙江省人大常委会领导的指导下，课题组经研究，拟将其放在总则之中，这样不仅结构合理，而且各章的逻辑也更为顺畅。

表2　各省份社会科学普及立法框架体例

序号	名称	主要内容
1	《新疆维吾尔自治区社会科学普及条例》	第一章总则；第二章内容和形式；第三章组织实施；第四章社会责任；第五章保障措施；第六章法律责任；第七章附则
2	《云南省社会科学普及条例》	第一章总则；第二章普及内容和形式；第三章组织实施；第四章保障措施；第五章法律责任；第六章附则
3	《山西省哲学社会科学普及条例》	第一章总则；第二章内容和形式；第三章社会责任；第四章保障措施；第五章法律责任；第六章附则
4	《广西壮族自治区社会科学普及条例》	第一章总则；第二章内容和形式；第三章组织管理；第四章社会责任；第五章保障措施；第六章法律责任；第七章附则
5	《江苏省社会科学普及促进条例》	第一章总则；第二章组织管理；第三章内容和形式；第四章社会责任；第五章保障措施；第六章法律责任；第七章附则
6	《河南省社会科学普及条例》	第一章总则；第二章内容与形式；第三章组织管理；第四章社会责任；第五章保障措施；第六章法律责任；第七章附则
7	《青海省社会科学普及条例》	第一章总则；第二章内容及形式；第三章社会责任；第四章保障与激励；第五章法律责任；第六章附则
8	《山东省社会科学普及条例》	第一章总则；第二章内容和形式；第三章社会责任；第四章保障措施；第五章法律责任；第六章附则

序号	名称	主要内容
9	《广东省社会科学普及条例》	第一章总则;第二章内容与形式;第三章社会责任;第四章普及组织和工作者;第五章保障与激励;第六章法律责任;第七章附则
10	《宁夏回族自治区社会科学普及条例》	第一章总则;第二章组织实施;第三章社会责任;第四章保障措施;第五章法律责任;第六章附则

（二）主体职责

一是明确县级以上人民政府的领导职责,从规划保障、经费保障、措施保障等方面加以规定。二是明确县级以上社科联的主导职责,从具体负责联席会议、工作计划、活动组织协调、交流合作、监督检查、社会科学普及基地管理等方面加以规定。三是明确政府相关部门、乡镇人民政府、街道办事处的协同职责,从指导、支持和帮助工作开展的角度加以规定。四是明确各类社会组织的参与职责,如人民团体、社会团体、企事业组织、基层群众自治组织等,应当结合组织宗旨、工作对象特点、自身优势等方面加以分类规定。五是明确社会科学工作者的示范职责,强化公务员、文艺工作者、教育工作者、媒体工作者、法律工作者等在社会科学普及工作中发挥示范作用。

（三）主要制度

一是社会科学普及工作联席会议制度,明确由政府部门、社科联和其他社会组织共同参与,社科联负责日常工作,因此需要对社科联的工作职责进行配套明确。二是社会科学普及经费、人才保障机制,明确将社会科学普及所需经费列入本级财政预算,鼓励资助、捐助款物,禁止侵占、截留、克扣、挪用社会科学普及经费,培养和储备科普人才。三是社会科学普及场馆、设施保障机制,明确规定不得非法侵占、破坏、擅自改作其他用途等,并通过法律责任的设定实现与其衔接对应。四是志愿服务保障机制,明确鼓励和支持志愿者开展社会科学普及活动,并由人民政府承担培训职责。五是

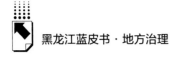

区域交流和对外合作交流机制，发挥社会科学普及基地的示范和辐射作用。六是社会科学普及活动月的制度设计应当强化论证，其他地方都是活动周，黑龙江省社会科学普及活动月已实施多年，也取得了很好的成效，可以作为一项制度创新，但同时需要考虑到配套规范性文件的后期制定问题。

（四）立法重点

1. 突出立法特色

立法要结合黑龙江省社会科学普及工作实际，突出立法特色，以提高立法质量。例如，作为黑龙江省科普品牌的"龙江讲坛"、作为黑龙江省地域文化的"龙江四大精神"、作为黑龙江省地域优势的"对俄科普交流合作"、作为黑龙江省丰富实践经验的"科普活动月"、作为科普方式的信息化和数字化平台建设、是否有必要明确科普的重点人群、可否尝试首创的"科普工作评估机制"、看似系统实则凌乱的"社会责任"一章的整合、重复上位法的"法律责任"一章的重构等相关内容都可以有机融入条例之中。需要指出的是，各地相关立法对社会科学普及工作的重点人群均没有明确，而《黑龙江省社会科学普及条例》则通过规定青少年、公务员等主体，使科普工作的对象更加具体明确，条例实施的针对性也将增强。

2. 避免重复立法

立法工作中各地成熟的经验可以借鉴，但重复上位法和照搬同类法都不能体现结合黑龙江省实际。从重复上位法来看，其他各地的条例（办法）在法律责任部分表现尤为突出，相关条例均是直接复制《科学技术普及法》的内容，虽然做到了法律责任的互不抵触，但这些法律责任的重复设置意义不大。从照搬同类法来看，有些地方社会科学普及立法在结构体例设置、主要制度设计、相关语言表述等方面存在照搬现象，导致立法的针对性不强。黑龙江省此项立法应当避免重复立法问题，做到立足全省实际、细化上位法和借鉴先进经验的结合。

3. 维护法制统一

作为省级地方性法规，条例在制度设计上要做到"上下前后左右"的体系性照顾，即上不抵触、下留空间、前后一致、左右协调。关注"上"，即与上位法的基本精神、基本原则和内容不抵触，已有规定的要衔接好和不重复，没有规定的要创制好和有特色；关注"下"，即要为作为下位法的设区的市地方性法规、省和设区的市地方政府规章留有立法空间，但目前全国各设区的市还没有进行过立法，因此"下留空间"可以暂不考虑；关注"前后"，主要是正确处理《黑龙江省社会科学普及条例》与《黑龙江省科学技术普及条例》的关系，尽量做到二者立和修的同步性，相关内容的协调性；关注"左右"，即积极吸收其他地方同类立法的经验，共通性、有实效的制度可以借鉴。需要指出的是，目前各地大都采取社会科学普及立法与科学技术普及立法并行的模式。如宁夏回族自治区、广东、福建等16个省份都是分别制定社会科学普及条例和科学技术普及条例。在黑龙江省已经有《黑龙江省科学技术普及条例》的情况下，制定《黑龙江省社会科学普及条例》也是符合当前立法趋势的。黑龙江省这两部地方性法规应当是协同关系，而非竞争或者重复关系。因此，此条例的制定应高度重视法制统一的价值，从法律体系和谐的角度要求通盘考量。

（五）立法难点

1. 问题意识有待明确

每一项立法都是对某一领域问题站在法治角度重新认识的开始，问题意识可以说是立法工作的最主要缘起。目前仍需要对社会科学普及工作中存在的问题进一步明确、凝练。如机制不畅、人才短缺、经费不足、参与积极性不高等看似一般存在的问题，在立法中都需要重新衡量，这些问题是不是突出的真问题，是不是依靠立法就能够有效解决的问题，必须在全面客观调研和反复论证后才能得出科学的结论。现在的问题意识表现在两个方面：一方面是先立法，不一定全面，但首先能够做到有法可依；另一方面是针对全省存在的问题进行立法，体现出黑龙江省的地域、文化、体制等特色。

2. 法律责任有待细化

从各地的立法来看，法律责任的规定都较为含糊，即由相关主管部门进

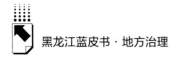
行行政处罚或者行政处分。但从事社会科学普及的主体多种多样，主管部门也有所不同，有的甚至没有主管部门。那么，当相应的主体违反《社会科学普及条例》，由谁进行处理将是一个难点问题。为此，对于法律责任，加强进一步调研和论证十分必要，并避免像不少地方那样写入刑事责任和民事责任。目前，关于法律责任的基本设想是，就经费问题、破坏秩序问题、场馆设施问题和不履行职责问题进行规定，随着调研的深入再将一些有必要规制的违法问题纳入。一是以社会科学普及的名义从事危及国家安全、损害社会公共利益或者他人合法权益的责任；二是擅自将政府财政投资建设的社会科学普及场馆、设施改变用途的责任；三是扰乱社会科学普及场馆秩序或者非法侵占、破坏场馆、设施的责任；四是侵占、截留、挪用社会科学普及经费和捐赠财物的责任；五是行政机关和社会联动在履行职责方面的责任。

3. 主体合力有待凝聚

从黑龙江省社科联了解到，黑龙江省对此项立法已筹备很久，也付出了较大的努力，但基于条例的定位和性质、社会突发事件、对社会科学普及法治化的重视程度等因素，立法进展现在看来还比较缓慢。一方面，在各地已经竞相出台相关立法的同时，黑龙江省必然面临着如何追逐和赶上的压力；另一方面，起草文本的质量是关键因素，但还存在其他制约因素，因此除了起草组提高草案起草质量和效率外，各有关单位应当形成合力，共同推动这一工作加快开展。

黑龙江省公众参与地方立法的
实践探索[*]

王 玉^{**}

摘 要： 《立法法》等法律法规将公众参与确定为立法的一项基本制度，
国务院《全面推进依法行政实施纲要》对立法过程中听取公众
意见也提出了要求，但相关具体制度和程序尚未在法律法规层面
上对公众参与地方立法予以明确。实践中，《广州市规章制定公
众参与办法》在国内公众参与地方立法制度建设中具有里程碑
意义，对黑龙江省探索有关公众参与的地方立法可起到借鉴作
用。黑龙江省开展这项工作存在的问题具体表现为渠道不够畅
通、程序有待完善、形式社会效果大于实际效果、制度化水平有
待提升等。黑龙江省地方立法机关应当为公众参与立法、与立法
者对话提供一定的途径和方式，诸如建立一个沟通的平台和利益
表达的机制等，这是推进立法民主化、科学化的重要措施。

关键词： 地方立法 公众参与 黑龙江省

地方立法是拥有立法权的地方国家机关依照规定或者授权，结合本地具

---

* 本文为国家社会科学基金一般项目"法治语境中的司法审判与公民参与良性互动机制研究"
（19BFX010），黑龙江省哲学社会科学规划青年项目"公民参与司法审判的合理性及其限度
研究"（18FXC204），黑龙江省哲学社会科学规划扶持共建项目"新时代地方法治体系构建
实证研究"（18FXE451）的成果。

** 王玉，黑龙江省社会科学院法学研究所副研究员，博士，研究方向为法学理论与地方法治。

体情况和实际需要，制定、修改、废止地方行政区域内规范性法律文件的活动。党的十九大报告将"依法立法"与"科学立法"、"民主立法"并列提出，是立法原则上的一个显著变化，表明党在新的历史时期对立法工作提出了较高的要求。"开门立法"，尤其公众参与地方立法成为地方各级立法机关的实践方向。公众参与地方立法是公民政治参与热情提高的表现，也是地方立法机关对社情民意的关注和重视，同时是地方经济社会发展的现实需要。近年来，为加强和改进新时代黑龙江省地方立法工作，深入推进科学立法、民主立法、依法立法，黑龙江省人大常委会积极发挥人大立法对黑龙江省振兴发展的引领保障和推动作用，不断探索创新，建立健全机制，扩大公众对地方立法工作的有序参与，保障公众对地方立法工作的知情权、参与权，使黑龙江省立法工作真正成为一项"阳光下的事业"。

一 黑龙江省公众参与立法的基本方式

黑龙江省在地方立法过程中，结合具体实际情况，经过多年实践，探索出以下公众参与地方立法的基本方式。

（一）公开向社会广泛征集法规立项项目

《立法法》和《黑龙江省人民代表大会及其常务委员会立法条例》规定，公民、法人和其他组织可以就黑龙江省社会经济发展中需要地方立法解决的事项提出立法选题或者立法建议。提出地方性法规、省政府规章立法选题的，注明立法项目名称、拟要解决的主要问题。提出地方立法建议，应当反映全省现行地方立法存在的问题并提出相应的意见或建议，也可以对已经施行的地方性法规和省政府规章提出修改意见。据此，黑龙江省人大常委会近年在编制立法规划、计划和制定地方性法规的过程中，通过各种方式向社会广泛征集立法项目建议，在立法源头上充分体现"人民当家做主"，发挥科学配置立法资源、有序引导立法工作的政治导向，切实提高地方立法的针对性和实用性。自 1979 年成立后的一个时期，黑龙江省人大常委会的立法民主性主要表现在面向政府部门、基层单位、人大代表征求意见，直至1996 年在工作报告中正式提出"对个别涉及公民权益较为广泛的法规草案登报征求意见"。至今，通过多种方式如报刊、网络等媒体发布公告，向社会公开征集立法项目。从 2004 年开始，哈尔滨市人大常委会每年都采取在《哈尔滨日报》等新闻媒体上发布公告的方式，向社会各界公开征集立法项目。2005 年，哈尔滨市人大还制定了《地方性法规项目公开征集的若干意见》，使这项工作制度化。2018 年，根据黑龙江省第十三届人大常委会五年立法规划编制工作的要求，面向全省公开征集本年度立法建议项目。2019年立法工作计划项目共 50 部，包括地方性法规项目 42 部、省政府规章项目8 部。2020 年，《黑龙江省哈尔滨新区条例》《黑龙江省营商环境监督办法》等均已施行，《黑龙江省住宅物业管理条例》也在年底的黑龙江省第十三届人大常委会第二十二次会议上表决通过。2021 年，审议立法项目 15 件、预备立法项目 23 件、立法调研项目 26 件。

（二）建立立法联系点与立法咨询专家库

立法联系点和立法咨询专家库是开展地方立法工作的重要"外脑"和"智库"。近年来，黑龙江省充分发挥民智，集中反映民意，利用立法联系点邀请立法咨询专家开展立法调研工作，汇集更多群众的意见建议，为立法工作提供了有效的参考和依据。截至 2019 年 1 月，黑龙江省已建立立法联系点 30 个，立法咨询专家库成员达 103 人。联系点和专家库制度增强了科学民主立法的深度和广度，基本做到了点、线、面和层级的立法体系覆盖，兼顾了本地经济社会发展方方面面的立法需求，推动了地方立法工作向精细化、专业化方向发展。这一制度的建立，能够不断提高参与地方立法工作者的能力和水平，努力形成地方立法工作的巨大凝聚力，为黑龙江全面振兴全方位振兴提供坚强的法治保障。

（三）委托起草法规草案

将法规草案委托有关方面起草，不仅可以克服政府部门起草存在的

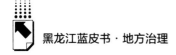
"部门利益问题"，也为社会公众参与立法提供了一个非常有效的途径。①
2008 年，哈尔滨市人大常委会法制工作室委托黑龙江省政法管理干部学院
起草《哈尔滨市养犬管理条例（草案代拟稿）》。被委托方经认真调研，先
后草拟了条例草案的个人稿、小组稿、专家组讨论稿、专家组汇总稿，最终
形成《条例草案代拟稿》和《条例草案解释》，取得了阶段性成果。

（四）召开地方立法座谈会、论证会、听证会

立法座谈会就是针对法规草案的全部或其中若干重点问题，邀请有关机
关、团体、企事业单位和有关方面的人员进行座谈，集中各方面的意见，为
立法提供决策参考。座谈会是"立法三会"中采用最早、运用最多、发挥
作用最大的一种征求意见方式。在地方立法过程中，对每项法规草案都要召
开多次座谈会，不仅听取起草部门、执法主体的意见，而且更重要的是听取
相对人和有关方面的意见。② 例如，在制定《哈尔滨市应用散装水泥和预拌
混凝土管理条例》时，分别召开了建设、施工、监理、水泥生产销售、预
拌混凝土生产供应等企业参加的座谈会，听取了各方面的不同意见，对各方
主体权利给予了恰当的界定。

立法专家论证会是立法中经常采用的一种方式，主要有两类专家论证
会：一类是法律专家论证会，黑龙江省经常邀请黑龙江大学法学院、黑龙江
省社会科学院法学研究所等单位的专家参与有关法规论证；另一类是其他方
面专家论证会，根据法规涉及的具体业务，邀请规划、建筑、农林、水利等
有关方面专家进行法规专业论证。

立法听证会是 2000 年《立法法》规定的一种崭新的征求意见方式，但
《立法法》对听证会召开的有关具体问题没有明确的规定。为使立法听证会
召开有法可依、有章可循，2004 年哈尔滨市人大常委会制定了《哈尔滨市
立法听证规定》，对如何进行立法听证做了详细规范，并在此后审议《城市

---

① 王子正、周静远：《委托第三方参与地方立法问题研究》，《地方立法研究》2017 年第 2 期。
② 熊琼、孙冠豪：《地方立法与公众参与机制探析——基于博弈论视角的考察》，《南海法学》
2017 年第 2 期。

排水条例（修订草案）》时，针对草案中的焦点问题由法制委员会组织召开了立法听证会，就执法主体、设施管护责任划分、排污费收取等问题充分听取了各方利益群体代表的意见，为常委会审议法规草案提供了较为科学的依据。黑龙江省首次立法听证会是针对2004年颁布的《黑龙江省土地登记办法》而举行的。《黑龙江省土地登记办法（草案）》经过修订后，增加了土地登记中介代理、预售商品房实行土地分割登记、出售公有住房土地登记、缺席指界认界规定、土地证书的补办和更正登记等新的内容。土地立法关系千家万户，涉及老百姓的实际生活，应当听取管理相对人的意见，倾听民意、集中民智，体现"开门立法"的原则，拓宽普通公众参与决策的渠道。

（五）公布法规草案以广泛征求公众意见

地方法规草案全文向社会公示，地方立法规划向社会公开。公众参与的形式也越来越丰富，来信、来电、来访、报纸、电视，还有网络等现代传媒。例如，2018年8月，黑龙江省第十三届人大常委会第五次会议初次审议了《黑龙江省电梯安全条例（草案）》和《黑龙江省节约用水条例（草案）》，然后将《黑龙江省电梯安全条例（草案修改稿征求意见稿）》和《黑龙江省节约用水条例（草案修改稿征求意见稿）》公布，向社会公开征求意见。2018年10月，省第十三届人大常委会第七次会议初次审议了《黑龙江省营商环境建设与监督条例（草案）》，随后将《黑龙江省优化营商环境条例（草案修改稿征求意见稿）》公之于众，向社会公开征求意见。2019年9月，省人大常委会及时将《黑龙江省生活饮用水卫生监督管理条例（草案修改稿征求意见稿）》向社会公布，在"龙视新闻联播"等媒体上进行了报道。[①] 哈尔滨市人大常委会对涉及全市重大问题、群众关注的热点问题，或者与人民群众切身利益密切相关的法规草案，通过

---

① 《黑龙江省生活饮用水卫生监督管理条例（草案修改稿征求意见稿）》，2019年9月7日，人民网，http://hlj.people.com.cn/n2/2019/0907/c220027-33332038.html。

《哈尔滨日报》等新闻媒体公之于众，征求社会各界的意见。曾将《哈尔滨市城市客运交通管理条例》《哈尔滨市市民体育健身条例》《哈尔滨市燃气管理条例》等法规草案全文登报，征求广大市民意见，得到了群众的踊跃响应。例如，《哈尔滨市城市客运交通管理条例（草案）》见报后，58名省、市离退休老干部联名写信建议在法规中增加对离退休老年人乘车免票的规定，并最终得到采纳。

审议的地方性法规，一部分是通过黑龙江省人民政府网站或者黑龙江省人民政府法制信息网等媒体向社会公布征求意见稿，还有一部分是通过信函或者电子邮件等方式反馈给省人大常委会法制工作委员会或者省政府法制办公室。这些关系广大人民群众切身利益的重要法规向社会广泛征求群众意见，提高了地方立法的透明度，拓宽了立法的视野，对完善地方法规草案发挥了积极的作用。

（六）委托第三方参与立法后评估工作

立法后评估是侧重于法律法规实施效果的评价，作为一项制度安排最初是由国务院在行政法规立法工作中提出来的，随后在一些省、自治区、直辖市地方人大常委会修改完善地方性法规、政府规章和规范性文件中试用。地方立法后评估关注法律法规的质量，及时发现现行法律法规的问题并及时进行清理，促进其更新修改完善，节约守法、执法和司法的成本。2018年7月，黑龙江省社会科学院法学研究所作为委托评估第三方，对全省49部地方性法规、21部地方政府规章进行了全面的清理、废止、修改、完善。凡是与国家及黑龙江省"放管服"改革，农垦、森工系统改革等不一致的，与上位法或者全国人大常委会、国务院废止、修改法律、行政法规决定不相符的，以及涉及产权保护的，重点是有违平等保护各种所有制经济主体财产所有权、使用权、经营权、收益权等各类产权的规定，不当限制企业生产经营、企业和居民不动产交易等民事主体财产权利行使的规定，或者在市场准入、生产要素使用、财税金融投资价格等政策方面区别性、歧视性对待不同所有制经济主体的规定等，均予以全面清理。地方立法后评估是一项社会参与度较高的民主政治工作，对法律规范实施情况的评价，使更多的群体关注立法并积极参与立法，从而使立法活动在立法机构与社会成员之间形成良性互动。

除上述六种主要形式外，还有书面征求意见、将法规草案发给有关人大代表征求意见、向市民免费发放法规草案文本、立法热线电话和立法网络专栏、公民旁听常委会会议制度、信访上访中的信息被立法机关参考甚至采纳、立法过程向新闻单位开放、接受媒体和社会各界的监督、利益群体代表约见人大常委会有关人员等参与形式。

二 黑龙江省公众参与地方立法的主要问题

综观目前黑龙江省公众参与地方立法的基本方式，一些举措对于提高地方立法的民主化、科学化，提高立法的公开性、透明度，发挥了积极的作用，取得了一定的成效。但是，从另一个角度看，这些举措无论从形式上还是实际效果上，都存在亟须完善的地方。

（一）公众参与地方立法的渠道不够畅通

公众对法规草案的关注度不够高，提出的意见和建议还相对较少。社会公众对法规草案缺乏全面深入的了解，提出意见和建议的质量不够高。公众一般只对房屋拆迁管理、物业管理等与自身利益相关的地方性法规感兴趣，对其他公布的其他法规、规章、规范性文件的反馈意见则较少。

地方立法机关为广泛深入听取各方面的意见，开辟了诸多公众参与立法的渠道，但参与的渠道还有待于进一步拓宽。黑龙江省实行的一系列公众参与立法的措施并没有被充分利用，尤其是在法规的初期调研、起草阶段、修改审议阶段，囿于财力、物力、人力的诸多限制，一些较好的举措并不能真正地在实践中加以运用。

（二）公众参与地方立法的程序有待完善

虽然地方立法的公众参与采取了合法、和平和有序的方式、方法，但呈现零散、随意、组织化程度不高等状态，公民个人关于立法提出的问题不专业、不系统，反映的大多是个人问题，立法机关收集到的意见和建议被认可吸收的成分很少。此外，边缘群体、弱势群体参与较少，也直接导致他们的意见和建议难以在法规草案中得到充分的体现。目前，黑龙江省的客观条件是，行业协会、中介机构或者其他社会组织发育得不是很理想，不能够协助公众参与地方立法，作为公民个人很难产生自己的民意代表，以致组织化参与程序还有待完善，各自为政、零散随意的个人见解很难真正地参与到立法决策程序之中。

（三）形式社会效果大于实际效果

从实际效果来看，目前采取的一些方式、方法在实践中取得的效果并不是很明显，形式社会效果的意义远大于实际产生的效果，有时候更注重的是形式意义，好的形式并未产生应有的效果。例如，地方立法座谈会、论证会、听证会在实际工作中发挥了一定的功效，但与理想中的状态还存在一定差距。

立法座谈会的弊端：一是座谈会参加人员被动，请谁参加往往由立法机关或起草部门工作人员决定；二是参加人员一般没有利害冲突，缺少辩论或意见交锋；三是座谈会意见不公开，对意见是否被采纳缺少监督。立法论证会方式仍有一些不足，主要是受专家身份的限制，公众参与程度较低，参加的专家也是被动的，邀请谁参加也是由立法机关工作人员决定。立法听证制度确立的时间还较短，通常是争议比较大的关键性问题采用听证会的形式，实践尝试的很有限，性价比不高，组织成本却较高。还有一些具体制度亟须完善，比如，如何选择听证事项、听证参加人，如何使用听证结果，如何避免听证走过场，等等。在目前状况下，听证会无论是在理论上还是实践中都不具有超越座谈会、论证会的优势，不应该在公众参与立法中占据最重要的地位和普及化，而应当与其他公众参与方式相互配合。

（四）整体制度化水平有待提升

地方立法参与在结构上具有单一性，公众参与立法的几种基本方式主要是由立法机关来决定和掌控，根据自身的工作需求进行取舍，并没有给公众提供主动、自愿的制度参与渠道；采用的座谈会、论证会、调研会等听取意见的方式也通常是非制度化的，在整个立法过程中缺乏开放性的参与制度。[①] 2008 年颁布实施的《黑龙江省人民政府立法工作程序规定》，对立法规划与计划，法规规章的起草、审查、讨论、决定和公布等一系列事项进行了规定，但相关法律规定仍较为原则和笼统，缺少必要的保障性条款和配套性措施，运行机制、制度缺少法律保障，法律制度规定模糊导致公众参与立法活动缺乏法律依据，公众立法参与表现为立法机关主动"走群众路线"，而不是公民制度化、法律化的行为。实践中，有关方面和市民提出的立法建议项目不多，目前尚没有一个建议转化为立法项目。另外，缺少对公众建议的报告和回应制度，存在"重征集、轻处理"现象，这样容易让公众感到公开征集立法项目是"走形式"，会挫伤其提出立法建议的积极性。

三　黑龙江省公众参与地方立法的路径选择

公众参与地方立法是国家和社会对立法工作的必然要求，也是地方立法工作中不可逆转的必然趋势。黑龙江应该结合省情和本土实际，采取务实可行的办法推进和完善公众参与地方立法，从而推进地方民主法治进程。

（一）促进地方人大立法信息公开，降低公众参与地方立法的成本

立法信息公开是保障公众立法知情权、表达权的前提条件。从目前实际情况看，黑龙江省立法信息公开取得了很大的进步，除了涉及国家机密、商业秘密的立法信息在一定范围内公开外，其他方面的立法信息都尽量扩大公开范围并及时公开。应继续坚持"开门立法"，扩大公众意见征集的形式和渠道。在年度公开征集立法计划项目时，公众所提的建议应当符合地方立法

---

① 曹晨旭、黄信瑜：《完善合肥市公众参与地方立法的对策》，《湖北经济学院学报》（人文社会科学版）2017 年第 4 期。

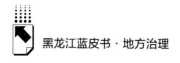

权限和全省经济社会发展的实际。提出立法项目建议，应写明项目名称、立法领域存在的主要问题、拟通过立法规范的主要内容及相关制度措施，如有立法代拟稿的，可以一并提交代拟稿及相关参考资料。未来人大立法应当进一步提升公开意识、进一步加强平台建设、进一步完善公开制度，建立立法公开的统一标准。

为公众提供免费充分的材料是立法机关的一项义务。应当将与法规项目有关的资料以及在立法过程中形成的文件向社会公开，尽量减少公众占有相关材料、了解相关信息的经济成本，使各种意见和利益诉求得到充分的表达。除了经济上的成本，还包括了解法规内容和获得相关信息所要花费的时间和精力，理解法规草案条文存在的困难，而收益还要看立法机关对其意见和建议的吸纳是否有诚意。互联网是一种成本较低、效率较高、涉及面较广的征集意见渠道，但是要使网络成为征求公众意见实现常态化的平台，需要提高公众对人大网站的关注度。

（二）创新合理便捷的公众参与方式，灵活掌握选择方式

公众参与地方立法的形式应该灵活多样，传统方式应与现代方式相配合以实现公众与立法机关的良性互动。应该重视现代信息技术的广泛应用。不仅要做好在人大常委会或政府网站上发布和搜集信息工作，而且人大代表也要定期公布工作网页和电子信箱，地方人大常委会或政府可以尝试举行网上立法听证会，通过视频技术发布会议实况。要充分发挥中介组织、社会团体在立法参与中的作用。创造更加合理、便捷的公众参与方式，提高公众立法参与的主动性和实效性，提升民意表达的空间和自由度。健全立法机关主导、社会各方有序参与立法的途径和方式。探索委托第三方起草法规规章草案。健全地方性法规规章起草征求人大代表意见制度，增加人大代表列席人大常委会会议人数，充分发挥人大代表参与起草和修改法规作用。规范地方性法规规章审议程序，提高审议质量。完善法规草案表决程序，对重要条款可以单独表决。

从地方实践看，听证会较之普遍举行的座谈会、论证会透明度更高，程

序更严密，对地方性法规草案、规章草案提出的意见更具体客观。但是，立法听证尚处于探索起步阶段，缺乏经验积累，听证会更多的是流于形式，实践中的作用还没有充分体现出来。又由于立法听证会的参与渠道"门槛过高"，对参与者的学识水平、身份地位和表达能力都有着隐性的较高要求，渠道开放面也较窄，组织成本比较高。实践中应当灵活掌握，选择座谈会、论证会、调研会等参与方式。

（三）推进公众参与地方立法的制度化与规范化

目前，中国内地除广州市（2007 年 1 月 1 日出台全国首部规范公众参与行政立法的规章《广州市规章制定公众参与办法》）外，其他省市（包括黑龙江省）还没有制定专门的公众参与立法制度的法律或法规，公众参与地方立法的对象、范围、程序和意见的研究处理、结果的反馈等一系列问题亟待制定相关的法律和法规。[①] 因此，对于公众参与的概念、范围、参与手段、参与内容和参与结果的运用缺乏明晰的认识，也间接影响了公众参与的实际效果。《广州市规章制定公众参与办法》为黑龙江省的公众参与地方立法工作提供了借鉴。

一是加强人大对立法工作的组织协调。要健全立法起草、论证、协调、审议机制和向下级人大征询立法意见机制；扩大立法联系点的范围，在一些大企业、科研院校等有代表性的单位设立立法联系点，让反映民意的渠道更广泛；完善立法项目征集和论证制度，科学选择、充分论证和合理确定立法项目，增强立法的及时性、系统性、针对性、有效性；加强立法前论证、立法成本效益分析和立法后评估工作；加大立法信息公开力度，确保立法信息的透明性和广知性，保证公众方便、快捷、全面地接受立法信息，尤其应以多种形式向社会公开立法工作年度计划、五年立法规划等相关信息，法规草案的立法目的、主要内容和有关法律知识让社会公众有所了解和认识。

---

① 石东坡、王剑：《制度化与法治化：公众立法参与的必然跃迁——以十份立法参与制度文本为基础》，《地方立法研究》2017 年第 5 期。

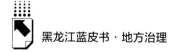

二是健全立法机关和社会公众沟通机制。开展立法协商，充分发挥政协委员、民主党派、工商联、无党派人士、人民团体、社会组织在立法协商中的作用，探索建立有关国家机关、社会团体、专家学者等对立法中涉及的重大利益调整论证咨询机制。明确区分座谈会、听证会、论证会在征求公众意见方面发挥的不同作用，以便于起草部门的实际操作，发挥立法参与各程序阶段的最大功效。在制度设计中公众应当享有陈述和抗辩的权利，立法机关应当向利益相关人说明，拟做出立法决策的合法性和合理性理由，接受公众的意见和建议。通过双方的利益博弈过程，保证充分的对话和协商，立法机关和社会公众可以达到更好的相互理解，共同实现地方立法决策的理性化。

三是建立完善的公众参与信息的处理、回应及反馈机制。[①] 立法机关要认真对待公众在对话过程中提出的理由、意见和建议等，配合提供事实、证据等，在合理期限内做出处理的决定，并将结果以某种方式告知参与者，回应附有详细的说明。要改变"重征集、轻处理"的状况，对于征集到的公民意见应当立即归纳整理，逐条认真加以研究，并通过一定的方式及时予以公布，对一些意见集中的条款做出回应和说明情况。要建立双向互动的渠道，完善公众参与意见的反馈机制。尤其应对公众参与立法适当予以误工补助，对于积极参与的公众给予适当的物质或精神奖励。立法机构要善于将社会公众立法后的评估成果作为法规、规章清理和重新制定、修改、废止的参考依据。

（四）充分发挥社会组织的独特功能

扩大公众有序的立法参与，需要鼓励社会组织的发展和壮大，尤其要特别重视中介组织、社会团体在地方立法参与中的作用。在我国，社会组织只在北京、上海等大城市的立法和政策制定中有所发挥。例如，北京青少年法律援助与研究中心、北京市农民工法律援助工作站为反映未成年人和农民工

---

① 袁洁、谢帆：《我国公众参与地方立法面临的困境和解决途径探讨》，《政策与商法研究》2019 年第 15 期。

诉求提供了重要的组织保障。《上海市制定地方性法规条例》关于提案人的规定进行修订时，增加政协、律协及其他行业协会的提议权。这些有益的经验对于提高黑龙江省立法参与的组织化程度具有很强的借鉴意义。在政策上，应对社会组织予以引导和支持，与媒体保持紧密的合作，运用媒体代表各类利益主体发出自己的声音，并为社会组织的发展壮大营造良好的环境；同时要健全和完善各种社会组织体系，使其具备立法参与的组织条件和基础。

（五）切实提高公众参与地方立法的有效性

公众参与的核心问题是保证参与立法的有效实现，就是在整个立法过程中不仅充分保障普遍的参与，而且这种参与是持续反馈并对立法机构产生实际影响的。切实提高公众参与地方立法的有效性，一方面需要公众自身参与意识的提升和参与技巧的提高，另一方面需要一整套基础性的制度保障以使参与立法的交涉成为有效的、有意义的可能。只有通过制度获得权利、方式、途径和保障等方面的认定，公众参与地方立法才有可能是有序有效的。具体来讲，一是要明确哪些领域和事项立法机关应当采用公众参与的方式，适时可以制定相关的规则、办法等加以规范和细化。明确要求全过程公开公众意见，整合征求公众意见的方式，建立一套符合黑龙江省实际情况的公众参与新模式。二是提高参与主体的广泛性和参与环节的全面性。对何为公众、如何参与、参与的方式和参与的范围都需要明确界定。① 在制定法律法规的立项、起草、审查、决定和公布等各阶段，都应当允许公众通过各种方式参与其中。在公布方式上可以考虑通过基层社会组织、社会团体、行业协会等渠道将相关法律法规"送法下乡""送法上门"等。三是针对不同的立法目的、目标群体和具体事项，确定具体的公众参与方式。四是立法公开也应当选择与利益相关群体相适应的发布方式，网络公开征求意见是较为便捷地获取公众意见的方式，但是在偏远不发达地区可使用电视、信函等方式征

---

① 李建新：《公众参与地方立法的局限性》，《河北法学》2018 年第 3 期。

求意见。涉及特殊群体利益的立法事项，应当考虑选择使用更为变通的信息发布方式，确保信息发布内容的全面性，应公布有关立法事项的内容、背景、重要条款或事项的形成过程等，涉及专业术语和内容的，可以提供通俗性解释或者说明。五是立法机关应该高效地采集并快速处理公众参与立法的海量信息，并经过深层次的加工和分析后采纳合理的意见和建议，不予采纳的应注明原因。这样才能使公众参与地方立法的活动不流于形式，保护公众参与的热情和积极性，并最终确保公众参与立法效果的实现。

B.10

黑龙江省营商环境的司法保障
问题及对策

——以涉企案件为分析视角

任广章*

摘　要： "法治是最好的营商环境"，在营商环境优化中，司法应发挥其应有的平等保护功能和服务经济发展大局的作用。公平、公正、公开的良好的司法环境，充分、全面、平等的司法保障是营商环境建设必不可少的环节，应立足现实，健全和完善司法保障机制，促进营商环境的进一步优化。

关键词： 营商环境　司法保障　涉企案件　黑龙江省

营商环境是市场主体赖以生存和发展的基础，营商环境的优劣直接影响市场主体的兴衰、生产要素的聚散、招商引资的多寡、企业发展动力的强弱。习近平总书记指出"法治是最好的营商环境"。司法是维护社会公平正义的最后一道防线，营造公平透明、可预期的营商环境离不开公正、高效的司法保障。国家司法文明协同创新中心每年发布的中国司法文明指数报告显示，黑龙江省在全国31个省（区、市）司法文明指数总分排名中靠后，分数低于各省平均值。这种司法状况与市场主体期待的法治化营商环境差距较大，应当健全完善司法保障机制，在优化营商环境中发挥司法应有的助力经

---

* 任广章，黑龙江省社会科学院法学研究所助理研究员，从事民商法学及地方法治研究。

济高质量发展的保障作用。让司法机关在建设良好营商环境中充分发挥司法职能，为经济健康发展保驾护航。

一 司法保障对优化黑龙江省营商环境的意义

营商环境是企业设立、发展、运营全过程中对企业发展产生影响的各种外部因素的综合。影响营商环境评价的指标有很多，不同评估机构的评价指标也略有不同，但司法保障是各评估机构必选的指标。

（一）司法保障营商环境是对营商环境评价指标的回应

2001 年，世界银行提出加快发展各国私营部门新战略，并创建了一套衡量和评估各国私营部门发展环境的指标体系。自 2003 年起，世界银行每年公布一份营商环境报告，对世界各经济体的营商环境进行打分、排名。最初的营商环境报告重点研究影响企业生命周期的环境指标，后来侧重研究物权登记、税制环境、对投资者的保护，最近几年研究重点转向了知识产权保护、跨国贸易、治安环境等指标。评估对象也从最初的 155 个扩大到 190 个。2018 年世界银行发布的《2019 年营商环境报告：为改革而培训》中，中国的排名比上年上升 32 位，进入世界排名前 50 位的经济体之列，列第46 位。① 2019 年世界银行发布的《2020 年营商环境报告》中，中国的排名跃居全球第 31 位，比上年提升了 15 位。

（二）司法保障营商环境是法治社会的本质要求

2019 年 10 月 8 日，国务院第 66 次常务会议通过《优化营商环境条例》（以下简称《条例》）。《条例》已于 2020 年 1 月 1 日起施行。《条例》将近年来我国优化营商环境的经验做法用法规制度固定下来，明确了优化营商

---

① 从 2013 年到 2018 年，世界银行的营商环境报告对中国的评价排名累计提高了 50 名。在2016 年和 2017 年的报告中，中国的排名均为第 78 名。2018 年，中国得分比上年提升了8.64 分，是营商环境改善最大的经济体之一。

环境的原则和方向。明确优化营商环境工作应当坚持市场化、法治化、国际化原则；明确加强市场主体保护，保障各类市场主体依法平等保护，依法平等使用各类生产要素和依法平等享受支持政策；明确优化市场环境，保障平等市场准入，维护公平竞争的市场秩序；明确加强法治保障；明确在制定法规政策上听取市场主体意见，为市场主体设置政策适应调整期，完善多元化纠纷解决机制，加强法治宣传教育，推进公共法律服务体系建设；明确提升政务服务能力和水平及规范创新监管执法。

2018 年 11 月 8 日，国务院办公厅下发了《关于聚焦企业关切进一步推动优化营商环境政策落实的通知》（国办发〔2018〕104 号），提出构建营商环境六个方面：一是破除各种不合理门槛和限制，营造公平竞争市场环境；二是推动外商投资和贸易便利化，提高对外开放水平；三是提升审批服务质量，提高办事效率；四是减轻企业税费负担，降低企业生产经营成本；五是保护产权，为创业创新营造良好环境；六是加强和规范事中、事后监管，维护良好市场秩序。

通过上述法规、举措可以看出，平等准入、公平公正、产权保护、服务市场是优质营商环境的核心特征，公平公正、高效便民的法治环境是优质营商环境的根本保障，是法治社会的本质要求。

（三）司法保障营商环境是司法机关完善自身的需要

为满足深化改革、助力护航经济发展的需要，近年来，人民法院进行了立案登记制、法官员额制等一系列改革，出台了《最高人民法院关于为改善营商环境提供司法保障的若干意见》《最高人民法院关于充分发挥审判职能作用为企业家创新创业营造良好法治环境的通知》等一系列规范性文件，在平等保护市场主体、保障市场公平交易、维护市场主体合法权益方面取得了明显成效，但效率不高、执行困难、产权保护不足、滥用强制措施等问题一直是市场主体反映强烈的问题，是影响营商环境优化的痛点和堵点。司法机关应当主动出击、积极作为，充分发挥司法职能，为优化营商环境提供优质的司法服务和有力的司法保障，并以此为契机进一步提高审判质效，发展完善自身。

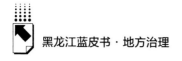

二 黑龙江省司法保障营商环境的现实表现

司法机关通过一系列的规范性文件对营商环境优化进行保障,并最终体现到具体的个案裁判之中。依法依规处理相关具体案件,将为营商环境法律法规、规章制度的活化发挥应有的指引、预测作用,从而进一步促进营商环境的优化。下面选取了黑龙江省近几年各级法院对外公布的7起民商事典型案例,通过具体案例的分析呈现司法机关在优化营商环境中的积极表现。

(一)坚持公正司法,杜绝地方保护主义

一直以来,地方保护主义是影响营商环境的顽疾,是外地企业的心头大患。在黑龙江BR公司诉哈尔滨QL公司、哈尔滨DS公司房屋买卖合同纠纷一案中,BR公司与QL公司和DS公司分别签订了《房地产买卖协议》,整体购买了涉案房屋及土地使用权,但双方一直未办理房屋及土地权属的变更登记,BR公司遂诉至法院。被告QL公司及DS公司均是黑龙江省知名企业,在全国亦具有一定知名度,本案争议标的之大、矛盾纠纷之突出引发了社会各界及舆论的广泛关注。案件处理的结果,不仅对原告、被告双方具有重大影响,而且对黑龙江省的营商环境评价具有重大影响。

法院经审理认为,DS公司、QL公司与BR公司签订的《房地产买卖协议》合法有效,支持了BR公司关于协助变更权属登记及支付违约金的诉讼请求。人民法院在依法查清案件事实的基础上,正确适用法律,不护短,依法裁判,依法维护了市场交易秩序的稳定,保护了合同履约方的合法权益,为类似案件的处理起到示范指导作用。案件的处理结果得到了最高人民法院的认可与维持,树立了法院依法公正审理案件的良好社会形象。

在上海某公司与黑龙江省某县人民政府渔业承包合同纠纷一案中,被告是黑龙江省一级地方政府,原告是招商引资来的省外企业,双方签订的《招商引资协议书》约定,上海某公司在该县团结水电站水库投资

开办综合养殖企业，该县政府给予招商引资优惠政策。后该县政府在未与上海某公司解除协议的情况下，将团结水电站水库整体连同上海某公司投入水库的鱼苗转让给案外人，上海某公司遂诉至法院。由于案件矛盾纠纷历时时间较长，争议焦点涉及合同违约、返还财产及损失赔偿等诸多方面，案情复杂，双方虽多次协商，但终未达成一致。本案法院经审理认为：某县政府在合同尚未解除的情况下，擅自单方转让水电站并将上海某公司所投入的鱼苗款作为水电站债务一并转让的行为构成违约，因此支持上海某公司关于返还投资款及利息的诉讼请求，判后双方当事人均服判息诉，为今后地方政府招商引资行为起到示范作用。地方政府在以往招商引资过程中，往往存在着政策实施不连贯、运用行政手段干预民事行为及单方违约等行为，对招商引资企业的合法权益构成侵害。本案通过对政府违约行为的否定评价，为今后政府招商引资行为的规范运作起到积极的促进作用，从司法层面切实有利于保障黑龙江省经济环境的优化发展。

法院严格审理两起案件，审理均做出公平公正的裁判，不会因被告方是本地企业或本地政府而做情感上的倾斜，进行地方保护，而是正确认定事实，准确适用法律，有效保护招商引资企业的合法权益。这不仅为类似案件的处理起到示范作用，引导市场主体自觉遵守合同约定，而且树立了黑龙江省法院公平公正司法的良好形象，有利于提高省外企业的投资信心，进而促进了营商司法环境的优化。

（二）发挥司法调解优势，降低诉讼成本

司法调解是在人民法院的主持下，以国家法律、法规、规章和政策等为依据，由企业双方在自愿的基础上达成协议，从而彻底解决纠纷。调解具有简便、快捷、义务主动履行率高的优势，能够真正做到案结事了，为企业继续合作保留空间，减轻企业诉累。在苏州某投资中心等三家企业诉黑龙江某牛业公司股权纠纷案中，因某牛业公司未在约定期限内通过上市申请，苏州某投资中心三家企业分别诉求某牛业公司支付股款。某牛业公司是黑龙江省

规模较大的畜牧业养殖、生产及加工企业，为麦当劳、汉堡王等世界知名的快餐企业供应原料及产成品，是省政府重点扶持企业，有较大的社会影响力。该企业为保证麦当劳、汉堡王的供货需求，引进几套世界一流水平的生产线，正处于快速发展期，急需生产和建设资金。如果机械地判决某牛业公司支付股款，不仅会令某牛业公司雪上加霜，而且也可能出现履行不能，致苏州某投资中心三家企业收不回股款。本案的调解解决不仅彻底化解了纠纷，而且还帮助某牛业公司走出了资金紧张、后续投资乏力的困境，为企业的日后发展和解决几百名职工的就业问题提供了有力的法治保障，实现了让双方当事人都满意的最佳审判效果。

在某集团生物工程有限公司（以下简称某生物公司）与东北某大学遗传与细胞研究所（以下简称遗传研究所）技术合作开发合同纠纷一案中，原告方为全国生物制药领域拥有较强科研能力的国家重点实验室，被告方为国内生产规模较大、市场营销能力较强的医药集团全资子公司。双方原本在共同努力下，将涉案生物技术从一项实验室中的理论成果顺利转化为生产力，既填补了国内医药领域的一项技术空白，也为双方带来了较为可观的经济收益，在激烈的市场竞争中脱颖而出，一度成为校企合作的典范。但因技术许可使用费问题引发纠纷后，双方相互指责，甚至宣称要运用舆论手段解决争议，不仅中断了双方持续多年的校企合作，也对各自的声誉带来了不良影响。法院通过审理发现，本案矛盾纠纷的焦点并不简单地在于提成款金额的多少，双方更关注违约责任的确定、在合作中所做贡献的评价以及对各自声誉所带来的影响。为了消除矛盾、促进校企继续合作、保护科研单位与生产企业实施技术成果产业化的积极性，法院确定了以调解解决纠纷为主的审理思路。在充分掌握案情、准确把握矛盾分歧的基础上，因势利导，使双方对以往成功合作的经验倍加珍惜，并鼓励双方互助双赢，互利互让，将校企合作继续坚持下去，最终促使双方握手言和，一次性全部自动履行和解协议。

诉讼是一把双刃剑，没有真正的赢家，调解则是在双方矛盾争议焦点中寻找最大公约数，促成双方和解，这是一个互谅互让的过程，也是一个换位思考的过程。双方通过一系列的调解协商、换位思考，才能够真正相互谅解，两起案件的成功调解，彻底化解了双方的纠纷，降低了彼此的诉讼成本，实现了真正的服判息诉，服务了经济环境的发展大局，是法律效果与社会效果的双重体现。

（三）慎用强制措施，以效率促公正

查封、冻结等诉讼保全等强制措施的使用一直备受企业关注，一方面它可以保障债权人债权的实现；另一方面因该强制措施的使用对企业经营影响较大，甚至有企业被保全拖垮，所以在强制措施的使用上法院一直保持慎重态度。在沈阳某航空机械制造有限公司与某汽车股份有限公司买卖合同纠纷一案中，双方是多年的合作伙伴，后因产品与模具损失问题发生纠纷，某航空机械制造有限公司诉至法院并要求对某汽车股份有限公司采取诉讼保全措施。某汽车股份有限公司是哈尔滨市的重点支柱企业，当时正处于企业改制的关键时期，集中诉讼、集中保全会影响企业的正常资金流转，使公司生产经营陷入困境。后在法院和双方的共同努力下该案成功调解，使某航空机械制造有限公司的债权得以及时、有效的实现，同时也缓解了发展关键期的某汽车股份有限公司的资金压力，保障其能够集中精力投入生产，较好地服务和保障了地方经济发展。

在大庆某公司破产重整案中，大庆某公司业务范围广、涉及人数众多、诉讼标的巨大、社会影响面广，尤其涉及 2000 余名职工、400 余家债权人以及 2 万多名股东的切身利益，各方面的问题较多，情况复杂，在大庆当地乃至全国都有较大影响，引起广泛关注。法院经审理认为，虽然其资金链断裂，但具备一定的经营能力，破产重整后可以创造良好的社会效益，因此，法院裁定批准了大庆某公司的重整计划，终止该公司的重整程序，企业重新启动经营，仅用 5 个多月的时间完成重整。该案的审理创造了全国退市企业破产重整案件审理时限的新纪录。

"迟到的正义非正义。"审判的时效性，从某种意义上说就是公正的体现。某汽车股份有限公司一案慎用保全措施，在快速、公正审理的同时，也

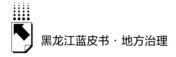

保障了企业的正常运转。在大庆某公司一案的处理过程中，法院克服诸多困难，快审快结，以效率促公正，盘活僵尸企业、助力经济发展。两案的审理法院和法官发挥司法的主观能动性，取得了良好的社会效果，彰显了良好的营商司法环境，是司法保障和服务经济发展大局的典范。

（四）创新思路，多方共赢

生态环境也是影响营商环境评价的因素，生态环境建设是营商环境建设的一部分。环境污染不仅直接危害生态安全，对人民群众的身心健康产生危害，也是影响投资和企业去留的选择因素。近几年，黑龙江省司法机关在环境公益诉讼方面做了许多有益的探索。

在某基金会诉某石油公司及该公司大庆分公司（以下简称大庆分公司）大气污染纠纷一案中，某基金会认为某石油公司大庆分公司生产排污对大气环境造成了很大危害，遂诉至法院要求赔偿。法院经审理认为，本案审理应以服务大局和保护环境为出发点，以实现环境污染治理与企业发展共赢为基本点，因此多次组织双方沟通并达成了共识：某石油公司投入1.3亿元改造升级装置设备，消除生产排污对大气环境的危害；并从公益出发，采用植树造林的方式对环境损害进行替代性修复。该案体现了"谁污染，谁治理"的原则，独创性地采取企业生产设备升级改造和"植树造林进行替代性修复"等方法促使双方达成调解协议，取得多方共赢的良好效果。同时，法院向外地投资者展示了黑龙江省在经济发展过程中保护环境的决心和信心，既是良好的法治环境和投资环境的体现，也为进一步优化营商环境、促进经济社会发展起到了积极的保障作用。

三　黑龙江省营商环境建设中的司法保障不足

司法保障虽然在黑龙江省营商环境建设中发挥了重要作用，但同时应当看到，营商环境建设中还存在企业守约履约意识不强、法律风险预估不足、风险防范能力不足等需要司法跟进之处。

（一）法治宣传建设不到位，守约履约意识不强

以营利为目的是公司设立和经营的根本，以利益为导向、寻求企业经营的最大利润是企业的生存之道，但以利益为导向不等于只见利益、不顾其他。案例中的某些企业只是一个缩影，实践中有不少企业为了自身利益背离诚实守信这一民商事活动的根本原则，不守约定，曲解合同内容，虽有履约能力和履约条件，却拖延履行或者拒绝履行，弃大义、逐小利，最终不仅身陷诉讼，影响自身发展，而且给当地营商环境建设造成负面影响。所以，每一个参与其中的市场主体都是营商环境建设的一分子，都是当地营商环境状况的流动广告板，企业应强化自身法律意识，做守约履约典范，做优化营商环境的建设者、贡献者。

（二）企业法律风险预估不足，风险防范化解能力还需加强

先进的管理制度是企业长足发展的保障，增资扩股、寻求上市、吸引资金投入，是企业开拓市场、做大做强的有效手段，但在这一过程中也存在大量不确定因素，存在较高的法律风险，需要企业有先进的管理制度，对风险有准确的预判和足够的应对措施。案例中的企业对经营风险预估不足，对上市评估过于乐观，应对法律风险防控能力明显不足。实践中，有些企业经营管理能力不足，经营风险防范能力弱，上市经验不足，常对风险抱有侥幸心理，最终陷入纠纷之中。看似偶然，实则必然。

（三）司法能动服务不足，企业管理粗放不规范

现代企业制度是法律框架下的企业制度，遵循事先设定的规则、原则进行市场行为是企业长期稳定发展的保障。实践中，有一些企业，特别是民营企业管理过于粗放，机构设置简单，不重视现代企业制度的建立，只重视技术、销售人才的引进与培养，忽视企业法律人才的引进与培养。经营中，多钟情于交易习惯，特别是有长期合作关系的交易伙伴，认为规范的市场行为过于复杂、过于烦琐，以致不依法行事，以口头约定代替书面合同的情况时

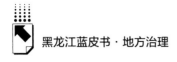

有发生，签订合同时不审查对方主体资格、代理权限、履约能力、交付标的，有的签订了合同但合同条款不具体、不完整，表述有歧义等，所以企业的法律意识和风险意识亟须提高。

（四）企业退出程序不畅通，相关法律法规及机制不健全

破产管理是世界银行营商环境评估的指标之一。市场经济总是要淘汰一些企业，应该被淘汰而未及时淘汰的企业只会占用市场资源，扰乱市场秩序，不产生任何效益。让部分企业通过"破产"退出是为了让更多企业获得更好的发展。现行的《企业破产法》已不能满足现实需要，近几年最高人民法院多次出台了相关的司法解释，但对于企业破产程序中存在的细节问题、法律适用问题还需进一步明确。江苏、四川、北京等地高级人民法院均出台了针对审理破产案件若干问题的指导意见或者解答，对破产企业和破产案件起到了重要的指引和指导作用。近年来，黑龙江省破产案件有所增加，但针对企业破产处理的指导意见、规范指引不足，增加了企业退出处理的难度。

（五）企业环保意识不强，社会责任感缺乏

长期以来，受重经济发展、轻环境保护意识的影响，企业片面追求效益，忽视环境保护，地方政府过分追求地方经济发展，对企业排污行为"明收暗放"，与企业发展相匹配的社会责任感亟待增强。另外，环境破坏原因认定困难，损害数额确定依据不足，损害赔偿方式单一，诉讼主体范围过窄等造成环境保护维权困难、维权成本高、维权执行困难，进一步放纵了企业的污染行为。案例中的环保公益诉讼为全省环保公益诉讼探索了新路，但环保公益诉讼的道路还很漫长，培养企业的环保意识和社会责任感才是根本。

四 黑龙江省完善司法保障营商环境机制的建议

依法维护市场主体交易安全、平等准入、公平竞争，对市场风险做出准确判断，促使市场主体做好风险防控，引导市场主体有序退出，促进生产要

素合理分配，营造良好的营商环境，是司法机关的当然责任。司法机关在为优化营商环境提供司法保障时，应从基本原则和具体措施两个方面加以把握和完善。

（一）应坚持的基本原则

司法保障营商环境包括对营商环境的服务、维护、引导、规范等多个方面，要避免在司法过程中片面地强调某一方面而忽视其他方面，造成问题处理畸轻畸重而产生偏颇，在具体的司法过程中应注意把握一定的基本原则。

1. 平等保护原则

民事主体在民事活动中平等享有民事权利、承担民事义务，受法律的平等保护，这是民法的一贯主张。放在营商环境的语境下，平等保护原则就是市场参与的主体权利平等、机会平等、规则平等。《优化营商环境条例》明确规定："国家坚持权利平等、机会平等、规则平等，保障各种所有制经济平等受到法律保护。"该规定体现在司法活动中，即司法机关在处理涉企案件时，应对各类市场主体给予诉讼地位、法律适用的平等，平等地保护各类市场主体的合法权益，对于违反法律规定的市场主体平等追究其应承担的法律责任。

2. 高效便民原则

"迟到的正义非正义""让人民群众在每一起案件中都感受到公平正义"。司法机关在处理案件时，应积极履行法定职责，遵守法定期限，努力提高办案效率，缩短办案期限，让市场主体尽早摆脱诉累，让纠纷尽快得到化解，让权利尽快得以明确，以便于市场主体以更好的状态、最佳的精力投入到生产经营中去。同时，司法机关在处理案件时，应当为市场主体提供必要的便利，以减轻诉累、降低维权成本为目标，在法律的框架下为市场主体提供更加坚实的司法保障。

3. 调判结合原则

诉讼的长期性、复杂性、对抗性决定诉讼没有真正的赢家，很多案件是赢了官司输了市场，赢了官司失了机会，赢了官司失了伙伴。实践中，很多

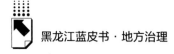

争议纠纷的形成过程是复杂的，其中夹杂着各种因素，有的是人为的，有的则是由客观原因造成的，其中的情感因素非一纸判决所能解决。相对于判决的强硬和冰冷，调解因其具有的协商性、自主性，在处理问题时显得更加柔和、有温度。在释法解疑的前提下，促使双方协商、换位思考、互谅互让的调解过程，使案件的处理更加合乎人之常情常理，更易于被接受，真正做到定纷止争。

4. 刑法谦抑原则

在处理涉企的经济纠纷中，要坚决防止以刑事手段干预经济纠纷，对市场主体的生产、经营和创新创业行为要给予必要的包容，尊重当事人意思自治。不要扩大刑罚的适用范围，只要不违反刑事法律就不能以犯罪论处。司法调查以最大限度不干扰企业经济为目标，应慎用强制手段和强制措施，严格区分企业家个人财产和企业财产，对企业财产慎用查封、扣押、冻结等强制措施。

（二）司法保障建设的具体措施

司法保障建设是一个立体系统的工程，应当从审判工作、法律制度、资源配置等方面开展司法保障建设工作，将审判工作、法律制度、资源配置等与营商环境建设联系起来，充分发挥司法保障优化营商环境的作用。

（1）探索司法服务市场主体的多种方式，延伸审判职能。通过宣传法律知识、举办企业家座谈会、送法到企业、以案释法等多种方式提高市场主体的法律意识，引导市场主体依法经营、遵守约定。提高市场主体在进行交易时订立书面合同和进行合同审查的意识，预防交易风险。

（2）探索建立司法机关工作人员联系重点企业制度，主动发挥司法服务经济大局的作用。根据司法机关工作人员的工作内容、专业分工，与相应的重点企业建立常态化联络、交流机制，定期到企业进行走访，解答企业法律问题，发现企业法律风险，引导企业依法行事，将法律风险控制在最低处、最初时，降低企业的涉诉风险。

（3）加强民事、行政审判工作，依法保护市场主体的合法权益。充分发挥判决的引领和示范作用，积极促进金融服务实体经济，引导建立诚实守信的交易秩序，大力支持创业创新，促进生产要素的合理流动和优化组合。对于违反承诺的政府为一方当事人的案件，坚决坚持平等保护原则，坚决依法支持市场主体的合理诉求，维护市场主体的合法权益。

（4）健全法律制度，完善法律法规。"法治是最好的营商环境。"法治环境是营商环境中的重要组成部分。良好的法治环境需要有相应的法律法规作基础。要优化营商环境、提高营商环境质量，需健全相应的法律制度完善相关法律法规，使法律更好地服务营商环境。

（5）合理配置司法资源，创新办案方式方法。《优化营商环境条例》体现了国家平等保护市场主体的决心和鼓励民营经济发展的目标。在当前有限的司法资源情况下，应优化司法资源配置，将优秀的司法资源向涉企案件审理上倾斜，在不违反法律规定、确保公平正义的前提下，创新办案方式方法，保障涉案企业正常经营，引导社会形成遵纪守法和诚实守信的风气，为营商环境优化提供有力的司法保障。

结　语

在当前新时代的背景下，营商环境就是确保经济持续健康发展的核心竞争力。优良的营商环境是吸引投资、聚集生产要素、提高经济发展质效的前提和基础。而影响营商环境优化的各种因素最终都将集中体现在法治环境上，要不断完善和提高司法对营商环境的保障功效，促进营商环境的不断优化，从而更好地促进经济发展。

参考文献

王亚森：《营商环境的法律保护探究》，《河北企业》2019 年第 12 期。

陈建财：《新时代营商环境的司法保障》，《广西法治日报》2019 年 7 月 2 日。

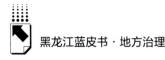
陈伟华：《营商环境下民营企业的法律保护研究》，《北方论丛》2019 年第 2 期。

徐哲：《保护企业和企业家合法权益　为打造高质量营商环境提供司法保障》，《濮阳日报》2018 年 9 月 11 日。

刘兴成：《最好的商营环境是让法治成为习惯》，《法人》2018 年第 2 期。

张婷：《涉诉民营企业困境的司法应对》，《人民司法》2012 年第 3 期。

《黑龙江省法院公布服务保障大局优化发展环境十大典型案例》，人民网黑龙江频道，2015 年 8 月 13 日。

《市中级人民法院发布十起优化营商环境典型案例》，中共大庆市委政法委官网，zfw. daqing. gov. cn/fayuan/913htm/。

B.11
黑龙江省设区的市营商环境立法调查研究

刘 勇　李志庆*

摘　要： 在加快市场化、法治化、国际化营商环境建设背景下，黑龙江省
12个设区的市应当加强相关立法工作。当前，黑龙江省设区的
市立法权配置已然健全，但不同地区的立法活跃程度相差较大、
立法类型较为单一、立法数量较少。而在营商环境立法上，黑龙
江省设区的市在城乡建设与管理方面的立法比例较高，在实体法
方面关注的内容相对集中，立法与营商环境联系的紧密性略显不
足。黑龙江省设区的市营商环境立法存在直接立法比例较低、专
项立法质量不高、与上位法衔接不够、向规范性文件逃逸等问
题，主要是由黑龙江省设区的市对立法权限的僵化理解、对红头
文件的惯性依赖、设区的市立法能力不足、营商环境立法空间有
限等原因导致的。为此，黑龙江省设区的市应强化营商环境自主
立法、选择营商环境专项立法、提升营商环境立法能力、探索营
商环境协同立法。

关键词： 黑龙江省　设区的市　营商环境立法

优化营商环境已经成为我国全面深化改革、全面依法治国和实现经济高
质量发展的重大课题。良好的营商环境不仅是一个国家或者地区经济软实力
的重要体现，也是提高一个国家或者地区综合竞争力的必然要求。在加快打

---

* 刘勇，黑龙江省社会科学院法学研究所研究实习员，主要从事法理学、法史学研究；李志
庆，黑龙江省社会科学院法学研究所助理研究员，主要从事地方法治研究。

造市场化、法治化、国际化营商环境进程中，法治的重要价值已经充分显现和达成共识。习近平总书记强调，法治是最好的营商环境；李克强总理也多次指出，优化营商环境要坚持法治化原则。近年来，随着《黑龙江省优化营商环境条例》《黑龙江省营商环境监督办法》以及国务院《优化营商环境条例》的相继出台，黑龙江省优化营商环境工作已经进入法治化轨道。但与发达地区相比，黑龙江省法治营商环境建设仍需要向纵深推进。基于此，课题组以近年来黑龙江省设区的市营商环境立法为研究对象，通过对 12 个设区的市立法基本情况的梳理，解析立法存在的问题及原因，并提出推进立法工作的建议。

一 黑龙江省设区的市营商环境立法的现状

地方法治营商环境建设是一项系统工程，既需要省域层面的统筹部署，又需要发挥市域层面的独特功能。因为，市域是省域与县域的承接环节，最容易被忽视，也最容易潜藏问题。对于黑龙江省法治营商环境建设而言，加强市域层面的立法工作，具有重要的引领、促进和保障作用。目前，黑龙江省共有 12 个设区的市享有立法权，可以围绕城乡建设与管理、环境保护和历史文化保护等事项，制定地方性法规和地方政府规章。本部分主要针对黑龙江省设区的市立法权配置情况、立法总体情况和营商环境立法情况三个方面进行实证分析。

（一）黑龙江省设区的市立法权配置情况

哈尔滨、齐齐哈尔两市的立法工作在黑龙江省设区的市中起步最早，主要源于其立法权赋予时间较早。1979 年 7 月 1 日全国人大通过的《中华人民共和国地方各级人民代表大会和地方各级人民政府组织法》（以下简称《地方组织法》）并没有赋予市级立法权。1982 年 12 月 10 日，该法由全国人大第一次修正，明确了省、自治区的人民政府所在地的市和经国务院批准的较大的市的人大常委会，可以拟订本市需要的地方性法规草案；1986 年

12 月 2 日，该法由全国人大常委会第二次修正，明确了省、自治区的人民政府所在地的市和经国务院批准的较大的市的人大及其常委会，可以制定地方性法规。同时，1984 年 12 月 15 日齐齐哈尔市成为我国第一批"国务院批准较大的市"。自此，作为省会城市的哈尔滨市和作为较大的市的齐齐哈尔市均于 1986 年 12 月 2 日正式被赋予立法权。1988 年 10 月 13 日哈尔滨市第九届人大常委会第七次会议通过《哈尔滨市城市规划管理办法》，1989 年 4 月 27 日齐齐哈尔市人民政府第 1 号令发布《齐齐哈尔市矿产资源管理费征收管理暂行办法》，分别开启了哈尔滨、齐齐哈尔两市的立法工作。近 40 年来，哈尔滨、齐齐哈尔两市充分发挥市级立法在经济社会发展中的引领和推动作用，在经济、社会、文化、生态环境等方面出台了一批实用、管用的法规规章。

党的十八大以来，中国特色社会主义进入新时代，党和国家高度重视立法工作，强调坚持立法先行，发挥立法的引领和推动作用。2015 年 3 月 15 日，第十二届全国人大三次会议通过了关于修改《中华人民共和国立法法》（以下简称《立法法》）的决定。新修正的《立法法》的亮点之一就是扩容地方立法主体，赋予我国所有设区的市（包括原来 49 个较大的市），以及 4 个不设区的地级市地方立法权。2016 年 6 月 17 日，黑龙江省第十二届人大常委会二十六次会议通过《黑龙江省人民代表大会常务委员会关于确定牡丹江、佳木斯、大庆、鸡西、伊春、黑河市人民代表大会及其常务委员会开始制定地方性法规的决定》；2016 年 12 月 16 日，黑龙江省第十二届人大常委会三十次会议通过《黑龙江省人民代表大会常务委员会关于确定双鸭山、七台河、鹤岗、绥化市人民代表大会及其常务委员会行使地方立法权的决定》。至此，黑龙江省 12 个设区的市全部拥有地方立法权，而且均在有序开展立法工作（见表 1）。

（二）黑龙江省设区的市立法总体情况

为更清晰掌握黑龙江省设区的市立法情况，我们收集整理了自 2015 年 3 月 15 日至 2021 年 11 月 30 日 12 个设区的市新制定的所有地方性法规和地

表1 黑龙江省设区的市立法配置情况

市名	授权时间	授权依据	首次立法时间	首部立法名称
哈尔滨	1986年12月2日	1986年12月2日,《中华人民共和国地方各级人民代表大会和地方各级人民政府组织法》(第二次修正)赋予了省会市和较大市的人大及其常委会制定地方性法规的职权	1998年10月13日	哈尔滨市城市规划管理办法
齐齐哈尔			1989年4月27日	齐齐哈尔市矿产资源管理费征收管理暂行办法
牡丹江	2016年6月17日,黑龙江省人大常委会批准行使地方立法权。	2015年3月15日,新修正的《中华人民共和国立法法》,赋予所有设区的市地方立法权	2017年9月15日	牡丹江市住宅物业管理条例
佳木斯			2017年1月11日	佳木斯市人民代表大会及其常务委员会立法条例
大庆			2017年1月13日	大庆市人民代表大会及其常务委员会立法条例
鸡西			2017年1月12日	鸡西市人民代表大会及其常务委员会制定地方性法规条例
伊春			2017年12月26日	伊春市人民代表大会及其常务委员会立法条例
黑河			2017年1月11日	黑河市人民代表大会及其常务委员会立法条例
双鸭山	2016年12月16日,黑龙江省人大常委会批准行使地方立法权。		2017年1月10日	双鸭山市人民代表大会及其常务委员会立法条例
七台河			2017年8月24日	七台河市人民代表大会及其常务委员会立法条例
鹤岗			2017年12月29日	鹤岗市人民代表大会及其常务委员会立法条例
绥化			2017年1月10日	绥化市人民代表大会及其常务委员会制定地方性法规条例

方政府规章，共计110部，不包括已被废止和修改的法规规章，也不包括各类立法性决定决议。这些数据来源于中国法律法规数据库以及北大法宝网法律法规检索系统，体现出以下三个方面的特征。

一是从地区分布上看，黑龙江省设区的市立法活跃程度相差较大（见图1）。在新制定的110部地方性法规和地方政府规章中，哈尔滨、齐齐哈尔立法工作起步早、经验足、能力强，分别制定30部、22部，立法活跃程度相对较高；佳木斯制定8部，黑河7部，大庆、鸡西、牡丹江、鹤岗、伊春各6部，七台河5部，双鸭山、绥化各4部，可以看出新赋予立法权的10个设区的市地方立法活跃度相对低、数量少、不平衡，平均每年新制定1部。

二是从立法类型上看，黑龙江省设区的市以制定地方性法规为主（见表2）。地方性法规共85部，占比77.3%，人大主导立法的情况较为明显；地方政府规章共25部，占比22.7%，政府立法的功能也得到了发挥。地方性法规和地方政府规章的制定主体、要求、程序以及效力位阶不同，导致其在执法和司法功能上存在差异。黑龙江省设区的市强化地方性法规的制定，主要考虑到地方性法规是司法裁判的依据，而地方政府规章只能作为司法裁判的参考。

表2　黑龙江省设区的立法类型占比情况

单位：部

市名	法规规章总量	地方性法规数量及占比		地方政府规章数量及占比	
哈尔滨	30	22	73.3%	8	26.7%
齐齐哈尔	22	9	40.9%	13	59.1%
大庆	6	5	83.3%	1	16.7%
鸡西	6	5	83.3%	1	16.7%
牡丹江	6	6	100.0%	0	0.0%
七台河	5	5	100.0%	0	0.0%
双鸭山	4	4	100.0%	0	0.0%
佳木斯	8	7	87.5%	1	12.5%
鹤岗	6	6	100.0%	0	0.0%
伊春	6	6	100.0%	0	0.0%
黑河	7	6	85.7%	1	14.3%
绥化	4	4	100.0%	0	0.0%
总计	110	85	77.3%	25	22.7%

三是从立法数量上看，黑龙江省设区的市在 2015~2016 年的立法数量较少，自 2017 年至今的立法数量有所增加（见图 1）。因为，2015~2016 年仅有哈尔滨、齐齐哈尔两市享有地方立法权，共制定 14 部地方性法规和地方政府规章。2016 年黑龙江省人大常委会批准 10 个设区的市行使地方立法权后，2017 年才开始进行立法。自 2017 年至今，12 个设区的市立法数量保持在 13~23 部，平均每年新立法 19.2 部。

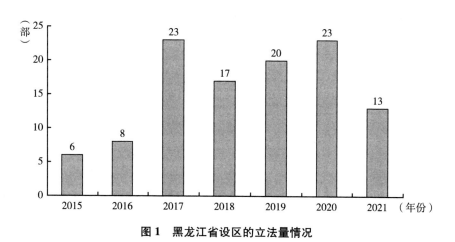

图 1　黑龙江省设区的立法量情况

（三）黑龙江省设区的市营商环境立法情况

营商环境一般包括政务环境、市场环境、法治环境和人文环境四个方面，结合其他地方的立法实践，可以对黑龙江省设区的市营商环境立法情况进行两方面理解：一是针对政务环境和市场环境的立法，被作为营商环境直接立法，其又包括综合立法和专项立法，而其他事项的立法被作为间接立法；二是从法治环境和人文环境的角度来看，所有立法都是法治环境的重要组成部分，也是关于改善人文环境的规范，都可以被视为营商环境立法。我们认为第一种理解更为合理，并据此展开以下三个方面的分析。

一是从立法权限上看，黑龙江省设区的市在城乡建设与管理方面的立法比例较高（见图 2）。新修正的《立法法》规定设区的市立法事项为城乡建设与管理、环境保护、历史文化保护三个方面。12 个设区的市针对城乡建设与管理，制定了一批具有特色的地方性法律和地方政府规章，如《哈尔滨市寒冷季节室外劳动保护规定》《大庆市露天市场管理条例》等。针对环境保护，各设区的市根据自身地理生态特点，制定了森林公园、湿地保护、大气污染防护、城乡环境综合治理等方面的地方性法规和地方政府规章。在历史文化保护方面，主要依托各设区的市的重点历史文化资源制定地方性法规，如《七台河市东北抗联文化遗存保护利用条例》《哈尔滨市金上京遗址保护条例》等，但总体数量较少。当然，也有一些立法既涉及城乡建设与管理，又涉及环境保护或者历史文化保护，存在立法事项上交叉与融合的情形，如《黑河市市容和环境卫生管理条例》《齐齐哈尔市劳动湖风景区管理办法》等。

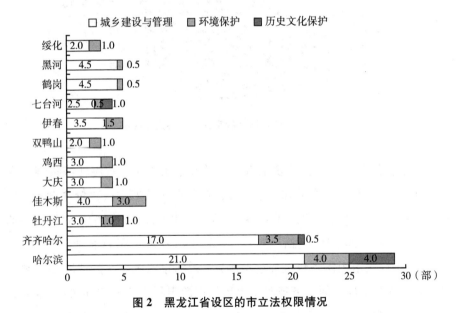

图 2　黑龙江省设区的市立法权限情况

二是从立法内容上看，黑龙江省设区的市除了制定人大和政府的立法程序法外，在实体法方面所关注的内容相对比较集中，体现出同源和同质的特点（见图 3）。一是纵向观察，设区的市立法与上位立法具有同源性。出现了从法律、行政法规、省地方性法规、本市地方性法规的纵向延续，与上位

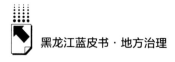
法对应性比较明显。如大气污染防治、城市市容与环境卫生管理、物业管理、城乡规划方面的立法。二是横向对比，各设区的市立法内容具有同质性，相互参考借鉴的程度较高。如2019年12月哈尔滨市出台《哈尔滨市文明行为促进条例》后，黑河、七台河、伊春、佳木斯、牡丹江相继出台各市的文明行为促进条例。

图3　黑龙江省设区的市立法内容关注情况

三是从营商环境的直接联系来看，《黑龙江省优化营商环境条例》在2019年1月18日通过之前和通过之后，对各设区的市立法数量并没有产生明显影响，均为55部（见下页图4）。目前，黑龙江省设区的市直接相关的立法仅有4部，其中地方性法规3部，即《哈尔滨市民营企业促进条例》《哈尔滨市社会信用体系建设促进条例》《黑河市寒区试车产业服务条例》；地方政府规章1部，即《齐齐哈尔市市区巡游出租汽车管理办法》。这4部立法均是《黑龙江省优化营商环境条例》出台后制定的，说明有些设区的市已经注意到营商环境的专项立法。

二　黑龙江省设区的市营商环境立法存在的问题

从本文第一部分的调查分析可以看出，黑龙江省设区的市中仅有1/4开

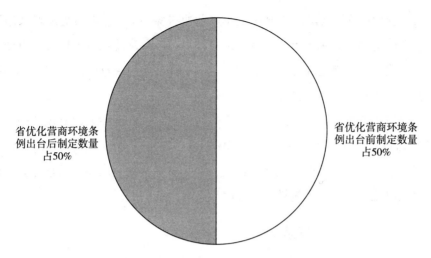

省优化营商环境条
例出台后制定数量
占50%

省优化营商环境条
例出台前制定数量
占50%

图4　《黑龙江省优化营商环境条例》出台前后制定数量对比

始了营商环境专项立法工作，这在很大程度上说明各设区的市关于营商环境立法的意识还有待提高，对有关法治营商环境建设的部署要求还有待落实。我们认为，黑龙江省设区的市营商环境立法至少存在直接立法比例较低、专项立法质量不高、与上位法衔接不够和向规范性文件逃逸四个方面的问题。

（一）直接立法比例较低

一般而言，与优化营商环境直接相关的立法包括两种类型：一是优化营商环境综合立法，如国务院《优化营商环境条例》《黑龙江省优化营商环境条例》等；二是优化营商环境专项立法，包括就政务服务、市场主体、行业发展、社会信用等相关事项的专项立法。就全国而言，在设区的市层面，前者如《滁州市优化营商环境条例》《鞍山市优化营商环境条例》《德州市优化营商环境条例》等，后者如《四平市社会信用条例》《秦皇岛市旅游市场条例》《无锡市促进中小企业转型发展条例》等。就黑龙江省设区的市而言，12个设区的市都没有采用综合立法模式，仅有哈尔滨、齐齐哈尔和黑河3个市采用了专项立法模式，即分别制定了《哈尔滨市民营企业促进条例》、《哈尔滨市社会信用体系建设促进条例》及《齐齐哈尔市市区巡游出

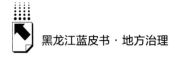

租汽车管理办法》《黑河市寒区试车产业服务条例》。这 4 部法规规章涉及的营商环境事项分别为市场环境、政务环境、政务环境和市场环境、市场环境。由此可见，黑龙江省设区的市制定的 110 部法规规章中，关于营商环境的直接立法比例较低，占总数的 3.6%；在制定的 85 部地方性法规中，有 3 部营商环境专项立法，占总数的 3.5%；在制定的 25 部地方政府规章中，有 1 部营商环境专项立法，占总数的 4%。设区的市营商环境直接立法的优势在于具有针对性，也能体现地方特色，并为省级相关专项立法积累经验；但也存在覆盖面较窄、系统性不足和时效性有限等问题。

（二）专项立法质量不高

立法质量是立法工作的生命线，也是良法善治的主要抓手。立法质量强调立法整治效果、法律效果和社会效果的统一，即包括文本的质量，也包括实施的效果。立法质量的判断标准包括合法性、合理性、规范性、可操作性、创新性等内容。上述黑龙江省设区的市制定的 4 部法规规章也存在立法质量不高的问题。一是有两部地方性法规以倡导性条款为主，采用促进型立法模式，重在观念和行为的引导，规范强度和效度相对较低。如《哈尔滨市民营企业促进条例》，无论是涉及成果产出的产学研一体合作，还是作为经济基础的企业融资等关键问题，都多使用"鼓励"一词，并未明确相关主体违反规定的法律责任；再如《哈尔滨市社会信用体系建设促进条例》，虽然详细规范了公权力主体构建社会信用体系的内容，但第 15、26、27 条对市场主体社会信用信息管理在很大程度上强调市场主体的自律配合，"鼓励"民营企业信息录入很可能无法得到积极的回应。二是《哈尔滨市民营企业促进条例》《齐齐哈尔市市区巡游出租汽车管理办法》对外地经验有所借鉴，但还需紧密结合本地实际，进一步加强制度创新。如《哈尔滨市民营企业促进条例》的内容与《浙江省民营企业发展促进条例》大致相同，《齐齐哈尔市市区巡游出租汽车管理办法》与《广州市巡游出租汽车客运管理条例》大致相同。目前，仅有《黑河市寒区试车产业服务条例》具有一定的地域特色和制度创新。

（三）与上位法衔接不够

对黑龙江省设区的市来说，制定营商环境方面的地方性法规，其上位法主要包括国务院发布的《优化营商环境条例》和黑龙江省人大常委会发布的《黑龙江省优化营商环境条例》；制定营商环境方面的地方政府规章，其上位法主要包括《优化营商环境条例》《黑龙江省优化营商环境条例》《黑龙江省营商环境监督办法》。当然，如果是营商环境专项立法，其上位法还涉及国家和省层面的其他法律、法规、规章。如某设区的市如果要制定中小企业促进方面的地方性法规，那么《中华人民共和国中小企业促进法》《黑龙江省促进中小企业发展条例》也是其上位法。事实上，对于黑龙江省设区的市营商环境立法而言，必须坚持维护法制统一原则，与上位法的精神、原则和规则相衔接，既不能与上位法相冲突，也不能重复立法。与上位法的衔接主要体现在立法目的、适用范围、组织实施的一致性，以及对上位法相关规定的细化和量化。目前，黑龙江省设区的市在营商环境直接立法和间接立法方面，都存在不少立法与上位法的衔接不够问题。在直接立法方面，如《哈尔滨市社会信用体系建设促进条例》的立法目的是营造诚实守信的营商人文环境，《黑河市寒区试车产业服务条例》的立法目的是为产业发展创造良好的政务环境，均与《黑龙江省优化营商环境条例》立法目的中"规范公权力行使，依法平等保护市场主体合法权益，维护市场秩序，激发市场活力"的表述在衔接性上有待增强。在间接立法方面，如《大庆市物业管理条例》《牡丹江市住宅物业管理条例》《双鸭山市住宅物业管理条例》等，其中有的是在《黑龙江省住宅物业管理条例》之前制定的，有的是在其之后制定。但与国务院发布的《物业管理条例》和《黑龙江省住宅物业管理条例》比较，上述立法要么存在被动重复上位法（上位法晚于下位法的制定）的问题，要么存在主动重复上位法（上位法早于下位法的制定）的问题，细化、量化程度有待进一步提高。

（四）向规范性文件逃逸

向规范性文件逃逸，是指既可以制定法规规章，也可以制定规范性文件的事项，但选择制定规范性文件，而不是制定法规规章。这里所言的规范性文件，包括人大、政府制定的涉及公民、法人或者其他组织权利与义务、职权与职责，并具有普遍约束力的公文。对于黑龙江省设区的市而言，营商环境制度建设也存在向规范性文件逃逸的问题，以规范性文件替代法规规章的情况比较明显，从而使法治化营商环境建设面临困境。在黑龙江省设区的市中，有9个城市没有制定营商环境直接相关的地方性法规和地方政府规章，但出台了一些与营商环境相关的规范性文件。这些规范性文件主要分为两类：一是由政府制定，如大庆市政府印发的《大庆市抓招商促发展八条措施》、伊春市政府印发的《伊春市鼓励支持个体工商户转型升级为工商企业实施办法》《伊春市全面推行行政审批信用承诺制工作实施方案》、牡丹江市政府印发的《牡丹江市压缩企业开办时间工作实施方案》；二是由政府部门制定，如大庆市发改委印发的《大庆市进一步优化电力接入营商环境实施方案》、佳木斯市人社局印发的《关于大力实施"人才倍增计划"的工作方案》、绥化市自然资源局印发的《绥化市自然资源局优化营商环境便民利企十三条措施（试行）》、齐齐哈尔市自然资源局印发的《关于优化营商环境、助推产业项目发展的意见》。上述关于营商环境的规范性文件，大都可以由政府制定地方政府规章，或者提请人大常委会制定地方性法规，但基于规范性文件制定成本低、速度快、灵活性强等特点，而放弃立法模式。这容易导致规范性文件合法性风险高、内容不严谨、表述不规范、相互冲突、易被滥用、不易监管等问题，向规范性文件逃逸在很大程度上影响着黑龙江省设区的市营商环境法治化建设。

三 黑龙江省设区的市营商环境立法问题的原因

学界关于地方营商环境立法存在的问题有一定的研究成果，如体系性不足、柔性规定偏多、侧重事后监管等，但存在原因分析的缺陷。我们调研发现，黑龙江省设区的市营商环境立法存在上述问题的原因是多方面的，其中对立法权限的僵化理解、对红头文件的惯性依赖、设区的市立法能力不足、营商环境立法空间狭小等是主要原因。

（一）对立法权限的僵化理解

根据《立法法》第七十二条第二款、第八十二条第三款的规定，设区的市制定地方性法规、地方政府规章的范围限于"城乡建设与管理、环境保护、历史文化保护等方面的事项"。全国人大法律委员会《关于立法法修正案（草案）审议结果的报告》对此进行了说明："'城乡建设与管理、环境保护、历史文化保护等方面的事项'，范围是比较宽的。"根据原全国人大常委会法工委主任李适时的解释，此处的"等"立法原义应是"等内"，但在具体立法项目是否越权不好确定时可通过省人大常委会法工委与全国人大常委会法工委沟通。在具体立法实践中，设区的市遇到具体立法项目是否属于权限范围不好把握时，往往是向省级人大常委会法工委进行请示沟通，省级人大法工委认为有必要时，再与全国人大常委会法工委进行沟通。此外，三类立法权限中最难把握的是"城乡建设与管理"。一是从字义上就存在"城乡建设与城乡管理""城乡建设与城乡建设管理"两种思路的理解；二是从具体事项上，按照李适时主任的解释，城乡建设既包括城乡道路交通、水电气热市政管网等市政基础设施建设，也包括医院、学校、文体设施等公共设施建设；城乡管理除了包括对市容、市政等事项的管理，也包括对城乡人员、组织的服务和管理以及对行政管理事项的规范等。因此，对于三类事项范围，还需要在地方立法实践中不断探索和把握，设区的市立法机关不能持有封闭性的态度和认知。出于对越权立法的担忧，黑龙江省多数设区的市在行使立法权时，不仅局限在三类事项的表面理解之中，而且拘泥于"城乡建设与管理"事项的狭义理解中。这种对设区的市立法权限的僵化理解，在很大程度上没有关注到立法要适应时代的变迁和满足社会的需求，未能为营商环境立法开辟广阔空间。

（二）对红头文件的惯性依赖

红头文件泛指党政机关发布的措施、指示、命令等各类非立法文件。在计划经济时代，党政机关是国家政治经济活动的领导者和组织者，国家政治

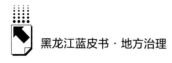
经济领域的各类活动不少由党政机关通过发布红头文件的形式进行调控管理。改革开放后，由于法律的出台和修订滞后于经济社会的快速发展，通过红头文件可以快速地实现对新行业、新问题的规范和管理，依靠红头文件实施经济社会管理的方式得以延续和发展。久而久之，形成了各级党政机关在行使职能过程中对红头文件的严重依赖。红头文件具有灵活和高效率等特点，但也存在易被滥用、质量低下、不易监管等缺点。基于此，中央做出了两项重要部署：一是在《中共中央关于全面推进依法治国若干重大问题的决定》明确"禁止地方制发带有立法性质的文件"；二是2015年修订的《立法法》赋予设区的市地方立法权，旨在发挥立法对社会治理的作用。但地方党政机关长期养成的红头文件依赖不可能一蹴而就地发生转变，对红头文件的惯性依赖还没有彻底根除，成为立法工作的重要阻力。加之，省级立法机关不可能为某一设区的市制定营商环境方面的法规规章，导致黑龙江省设区的市仍主要通过制发红头文件来推进营商环境建设工作，出台了上述一系列规范性文件，但出台的营商环境地方性法规和地方政府规章却屈指可数。

（三）设区的市立法能力不足

基于对立法权扩容后设区的市立法能力不足甚至缺失的考量，2015年修正的《立法法》在第七十二条第四款首次明确"立法能力"这一概念，并将立法能力作为省、自治区人大常委会批准设区的市立法权行使的重要因素。此后，立法能力这一概念引发理论界和实务界的广泛关注。根据最新的理论研究成果，立法能力是指立法者按照法定权限与程序完成立法任务、满足立法需求的本领和能量，主要包括认知能力、决策能力、起草能力、协调能力、论证能力、审议能力、解释能力等内容。立法是一项专业性和技术性比较强的工作，对立法主体的立法能力具有较高的要求。与一般领域的立法相比，营商环境立法的涉及面更广、影响因素更多、公众关注度更高，因此对立法能力的要求也就更高。黑龙江省除哈尔滨、齐齐哈尔两个原较大的市以外，其他10个设区的市均自2016年起开始获得地方立法权，并且立法观念、经验、人才、技术等均有所欠缺，立法能力尚不能满足地方营商环境立法的需求。具体而言，黑龙江省设区的市立法能力的不足主要体现为如下四个方面：一是立法规划的实现率不高，以牡丹江市为例，大致在 50% 左右；二是起草任务大多依赖政府部门完成，部门利益问题依然突出，人大及其常委会自主起草能力不足；三是立法过程中吸纳和整合分歧的规范程度和能力水平不高；四是立法理论和实践层面的专家学者数量有限，立法论证会的实效性不强。立法能力的不足在很大程度上导致黑龙江省设区的市营商环境立法效率较低、数量有限、质量不高等问题的出现。

（四）营商环境立法空间有限

优化营商环境是以习近平同志为核心的党中央关于经济发展的新战略部署。中央和地方围绕营商环境采取了一系列的举措。在立法领域，形成了以法律、行政法规、地方性法规和地方政府规章为支撑的较为完整的营商环境立法体系。如全国人大 2019 年制定的《中华人民共和国外商投资法》共 42 条，包括总则、投资促进、投资保护、投资管理、法律责任、附则 6 章内容；国务院 2019 年制定的《优化营商环境条例》共 72 条，包括总则、市场主体保护、市场环境、政务服务、监管执法、法治保障、附则 7 章内容。对于黑龙江省而言，省人大常委会 2019 年制定的《黑龙江省优化营商环境条例》共 63 条，包括总则、政务环境、市场环境、法治环境、监督保证、法律责任、附则 7 章内容；省人民政府 2019 年制定的《黑龙江省营商环境监督办法》共 33 条，包括总则、监督考评、监督案件处理、监督结果运用、附则 5 章内容。此外，在法律、行政法规和黑龙江省地方性法规层面还存在关于营商环境的专项立法，如《中华人民共和国乡村振兴法》《保障中小企业款项支付条例》《黑龙江省文明单位建设条例》。在国家和省级营商环境立法较为完整、具体、细致的情形下，黑龙江省设区的市在营商环境立法方面的空间有限，要进行制度创新难度也较大。同时，为避免与上位法相抵触和相重复，黑龙江省设区的市对营商环境立法均持有审慎态度。

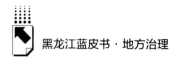

四 黑龙江省设区的市营商环境立法的推进建议

党的十九届六中全会强调，"法治兴则国家兴，法治衰则国家乱"。为了持续优化黑龙江省营商环境，需要各设区的市充分认识到立法的引领、推动和保障作用，坚持党委领导、人大主导、政府依托、各方参与的立法工作格局，在立足本市实际的基础上进行制度创新。针对上述三部分内容的分析，我们认为推进黑龙江省设区的市营商环境立法，当前应当强化营商环境自主立法、选择营商环境专项立法、提升营商环境立法能力和探索营商环境协同立法。

（一）强化营商环境自主立法

鉴于营商环境涉及的事项较多，有些适合由法律调整，有些则不适合；有些是设区的市立法权限，有些则不是；有些上位法已经进行了规定，有些则没有规定。因此，黑龙江省设区的市进行营商环境立法，既要立足于解决实际问题，又要确保法制统一，在法治框架内积极探索原创性、差异化的营商环境法律制度建设。当然，各设区的市首先要积极转变立法思维，变被动为主动，突出立法工作的自主性。在国家是否能赋予设区的市更大立法权限尚不明确的背景下，黑龙江省设区的市营商环境立法工作要做好以下几点。第一，做好营商环境立法预测。收集整理有关立法当前状况和发展趋势的预测资料。科学地预测设区的市营商环境立法的发展规律和一般趋势，预测立法所能达到的预期政治效果、法律效果和社会效果程度，确定需要制定新的法律文件的必要性、可能性和可行性以及相关制度设计的空间。第二，进行营商环境立法经验总结推广。对《黑龙江省优化营商环境条例》《黑龙江省营商环境监督办法》《哈尔滨市民营企业促进条例》《哈尔滨市社会信用体系建设促进条例》等黑龙江省自主开展的立法进行经验总结，并将成熟的立法观念、思路、方法和技术在设区的市进行推广。第三，破除对红头文件的惯性依赖。设区的市要积极推动由红头文件治理模式向法规规章治理模式的转变，既可以制发规范性文件，又可以进行立法的事项，应当优先选择立法方式。同时，司法行政部门应当加强对营商环境规范性文件的备案审查工作。

（二）选择营商环境专项立法

如上所分析，中央和省级层面对营商环境已有相关综合立法，黑龙江省设区的市对于营商环境综合立法预留空间明显不足，采用这一立法模式似乎没有实际意义。因此，为了能够更好地推动黑龙江省设区的市营商环境立法工作，我们建议采用专项立法模式，结合立法权限对营商环境相关问题开展专项立法。第一，学习外地专项立法经验。黑龙江省设区的市就旅游市场、企业发展促进、政务服务等事项可以吸收《北海市农贸市场管理条例》《秦皇岛市旅游市场条例》《无锡市促进中小企业转型发展条例》《安阳市政府服务条例》等地方性法规和地方政府规章的内容，并通过实证调研的方式吸收立法经验，提高营商环境立法的合法性、合理性、针对性和可操作性，从而避免走弯路。第二，立足本地实际开展专项立法。黑龙江省各设区的市的实际情况不同，要突出立法特色，坚持"小快灵、小切口"立法思路，增强立法的针对性、适应性、有效性。如哈尔滨市的旅游业比较发达，可以制定旅游市场条例；伊春、齐齐哈尔两市民营企业较为发达，可以制定民营企业促进条例；牡丹江、黑河等市在对外贸易上较为发达，可以制定对外贸易市场管理条例。对于在政务环境、社会信用、数字经济等共性较强的事项，各设区的市也均可以进行专项立法。第三，加强省市两级立法协调。加强省级层面的立法统筹，健全设区的市立法请示汇报制度，避免立法资源的浪费。省级层面已经着手立法的，设区的市不建议再立法；省级层面没有立法的，鼓励设区的市进行立法试点，取得成效的在全省其他市予以及时推广。如在政务服务、数字经济等重点领域开展专项立法工作，可以由立法能力较强、资源优势明显的哈尔滨市先行先试，积累经验后对其他设区的市进行立法指导和帮助。

（三）提升营商环境立法能力

立法是兼具政治性与法律性、专业性与综合性、理论性与实践性的一项复杂工作，需要以综合性的立法能力作为支撑。立法能力是保证立法工作质量和效率的基础，但对于设区的市，尤其是新赋予立法权的设区的市而言，这既是当务之急，又是持久性工作。目前，黑龙江省设区的市要推动营商环境立法工作，必须尽快提升立法能力。我们认为，以下几方面是做好这项工作的直接举措和间接举措。第一，增强营商环境立法观念。各设区的市要坚持科学立法、民主立法、依法立法，树立运用法治思维和法治方式解决营商环境立法困境的意识，坚持主动探索和学习经验的齐头并进。第二，加强立法人才建设。应当积极培养立法人才，解决立法人才不足的问题。各设区的市要出台专门的立法人才队伍建设措施；打造立法机关专职人才、科研院校专业人才、行业领域专门人才的一体化立法人才建设模式；普遍建立立法基地、立法基层联系点和立法专家库；建立全省统一的市域立法培训常态化机制。第三，建立健全立法工作机制。包括立法项目征集机制、立法审议（决定）机制、专家论证机制、公民参与机制、第三方起草机制、立法评估机制、备案审查机制等，发挥立法过程中多元主体的智慧和力量，确保营商环境立法的每一个环节都有规可依、有章可循、有据可考。第四，加强组织机构建设。进一步强化各设区的市党委以及立法机关党组对营商环境立法工作的领导，发挥人大常委会在立法工作中的主导作用和政府及其部门在立法中的依托作用，增加立法工作部门人员编制、优化人员结构、加强分工合作。

（四）探索营商环境协同立法

党的十九届六中全会通过的《中共中央关于党的百年奋斗重大成就和历史经验的决议》（以下简称《决议》）强调，"必须实现创新成为第一动力、协调成为内生特点、绿色成为普遍形态、开放成为必由之路、共享成为根本目的的高质量发展"。加快实施区域协调发展战略，为推动东北全面振兴全方位振兴、黑龙江统筹构建区域营商环境、加快市场经济持续稳定向好发展提供了新机遇。为推进设区的市营商环境立法，我们认为需要积极探索市域层面的协同立法模式。第一，从立法趋势上看，2006 年黑龙江、吉林、辽宁三省率先在全国探索区域协同立法模式，此后京津冀、长三角、泛珠三角等地区纷纷试水，省域、区域协同立法渐成潮流之势。同时，市域层面的江西省萍乡、宜春、吉安三市的武功山保护协同立法和湖南省邵阳、娄底、益阳三市的资江保护条例协调立法的实践经验和机制建设，值得黑龙江省设区的市营商环境区域协同立法予以参考借鉴。第二，从资源共享上看，集中若干个设区的市的力量进行协同立法，应当加强立法规划、立法计划、立法项目的协作和沟通，探索立法工作信息交流、联席会议、联合起草等机制，更有利于推进科学立法、民主立法和依法立法，提高立法工作质量和效率。第三，从立法事项上看，黑龙江省设区的市应当首先探索营商环境重点领域的协同立法。如黑龙江自由贸易试验区的哈尔滨片区、绥芬河片区、黑河片区所在的 3 个设区的市可以探索政务服务、市场促进、知识产权、人才建设等方面的协同立法，与将来制定的"中国（黑龙江）自由贸易试验区条例"相衔接；七台河、双鸭山、黑河、鹤岗 4 个设区的市煤炭矿产资源丰富，在区域协同立法可以就放管服改革、证照分离、环境保护等方面进行协同立法；哈尔滨、齐齐哈尔、大庆、佳木斯 4 个市可以就松花江流域资源保护先进性协同立法。

省情调查篇
Provincial Surveys

B.12

创新社区党建引领城市治理的牡丹江探索

陈晓辉*

摘　要： 2020 年，中国的城镇化率已达 63.89%（牡丹江为 60.3%）。城市治理是国家治理的重要组成部分。社区治理是城市治理的出发点和落脚点。中国共产党是中国特色社会主义事业建设的主心骨，因此，创新社区党建是推进城市治理现代化的关键所在。2019 年，经过层层选拔，牡丹江市荣获全国城市基层党建创新案例奖，为创新社区党建引领城市治理提供了样本。回顾牡丹江市创新社区党建引领城市治理发端的背景和原因，总结其成功做法的经验，提炼其蕴含的理论，可以为今后黑龙江省乃至我国创新社区党建工作引领城市基层治理提供经验和理论指导。

关键词： 社区党建　城市治理　牡丹江

* 陈晓辉，黑龙江省社会科学院马克思主义研究所副所长，研究员，研究方向为执政党建设理论与实践。

统计资料显示，在我国，城市生产了 80% 以上的经济总量，容纳了 60% 以上的人口。社区是城市社会的基本构成单元，是城市治理的"最后一公里"。中国共产党是中国特色社会主义建设事业的领导力量，城市社区党建对于增强党在城市的领导力、凝聚力和执行力至关重要，对于市域社会治理体系和治理能力现代化具有深远意义。党的十八大以来，党中央反复强调城市基层治理要坚持以城市基层党建为引领。党的十九大报告进一步指出，党的基层组织是确保党的路线方针政策和决策部署贯彻落实的基础。要以提升组织力为重点，突出政治功能，把社区、企业和学校等基层党组织建设成为坚强的战斗堡垒。作为黑龙江省的一个地级市，牡丹江市以"创新组织形式、激发组织活力、发挥党员作用、有效凝聚居民"为目标，积极进行社区党建创新。这些新举措扩大了基层党组织的辐射面，优化了社区党组织的活动形式，调动了辖区内党员和群众参与社区自治共治的积极性，构建了城市社区党组织有效引领基层治理、服务群众的新格局。2019 年 7 月，经过层层选拔，牡丹江市荣获全国城市基层党建创新案例奖，成为黑龙江省乃至全国城市社区党建创新的典范。如实描述黑龙江省牡丹江市创新社区党建引领城市基层治理的实践，并将这一成功的实践升华为基层党组织活动方式社会化理论的具体内容，总结其经验，探索其启示，不仅可以为新时代创新社区党建工作引领城市基层治理提供经验借鉴，而且还将促进党组织活动社会化理论的创新。

一　牡丹江市创新社区党建引领治理的背景与动因

城市基层党建是指城市各个党组织围绕建设和谐宜居、富有活力、各具特色的现代化城市，通过组织联建、资源共享等方式，为巩固党在城市基层的执政基础而进行系统性建设。[①] 这段话从主体、载体、目的、途径等五个方面界定了城市基层党建的内涵。第一，强调了城市基层党建的主体不只限

---

① 2017 年 7 月，全国城市基层党建工作经验交流座谈会（上海），中国共产党网。

于城市的基层党组织，而且还包括城市的其他层级党组织。第二，全国城市基层党建工作会议提出，要以建设"和谐宜居、富有活力、各具特色的现代化城市"为目标。围绕中心、服务大局是党建工作的基本原则。基于此，建设和谐宜居、富有活力、各具特色的现代化城市是城市基层党建的载体。第三，巩固党在城市基层的执政基础是城市基层党建的目的所在。第四，联建联动、共建共享和开放融合是城市基层党建遵循的基本要求。第五，城市区域人口密集、联系密切、资源集中，必须要把城市基层党建作为一个系统性、整体性工程来推进。为此，系统性建设是城市基层党建的基本内容。将城市基层党建作为社区党建工作的创新目标，是中国共产党适应社会发展需要提出的。牡丹江市创新社区党建也同样是基于社会发展现状和自身的实际状况展开的。

（一）牡丹江市创新社区党建引领治理的社会背景

牡丹江是黑龙江省东南部中心城市，辖绥芬河、海林、宁安、穆棱、东宁、林口6个县（市）和东安、西安、爱民、阳明4个城区，23个街道，167个社区，城市（含城关镇）常住人口约63万户116万人，目前配备街道干部231人，社区"两委"1371人。改革开放后，牡丹江市在城市发展方面遇到了同其他城市一样的新情况和新问题，亟须社区党建工作进行适应性变革。

1. 城市化进程中出现许多新情况

21世纪，人类社会进入老龄化社会。人口老龄化的发展趋势被业内的专业人士形象地比作"银色浪潮"。根据国际通行的标准规定，60岁及以上老年人的比例达到总人口数的10%以上，就进入了老龄社会。黑龙江省从2006年起进入老龄社会，60岁及以上老年人比例达10.3%。[①] 2019年底，牡丹江市户籍人口为250.4万人，60岁及以上老年人口为59.5万人，占比

---

① 黑龙江省统计局等：《黑龙江省统计年鉴（2012）》，中国统计出版社，2012，第58页。

超过 23.76%，[①] 属于超级老龄化城市；老年人生活在社区，对物质和精神方面都有更多期待。另外，大量流动人口进入城市，城市的资源环境与公共服务承载压力持续增大；城市管理方面存在诸多不足，社会矛盾的类型不断推陈出新，城市基层治理不断面临新挑战。

2. 城市经济社会结构发生许多新变化

改革开放后，我国经济结构不断优化升级，与此相适应，社会结构也随之变化。牡丹江市第三产业增加值占国内生产总值的比重和就业人员占比不断上升。到 2019 年，牡丹江市第三产业增加值占比为 56.9%，[②] 其中，生活服务业尤为集聚。双创活动如火如荼地开展，新业态、新商业模式催生了各类园区、商务楼宇和商圈市场等新的城市样态，成为城市经济发展的重要载体。随着所有制结构的日渐复杂，经济关系调整的日趋深入，社会群体结构和社会组织架构变化愈加深刻，越来越多的"单位人"变成"社会人"，没有上级行政主管和资产纽带关系的经济组织如雨后春笋般涌现。2011 年，牡丹江市非公经济组织 151791 个，从业人数 661493 人；[③] 2017 年，牡丹江市非公经济组织 153209 个，从业人数 642788 人。[④] 新的经济和社会组织大量涌现，新经济、新业态改变了传统的社会格局，党的组织和工作覆盖出现了"空白点"。

3. 人民对美好生活的向往提出许多新要求

党的十九大报告提出，社会的主要矛盾已转化为人民日益增长的美好生活需要和不平衡不充分的发展之间的矛盾。主要矛盾的转变关系到社会的方方面面，大到衣食住行、教育就业、医疗养老，小到生活环境、体育健身等，群众的需求更加多元，党建工作将面临更高的标准和要求。随着我国经济实力的增长，牡丹江市居民的需求层次不断提升，需求范围也不断扩大。这些都对社区党建工作提出了新要求。如何使社区党建工作人员与驻区人口

---

① 牡丹江市统计局等：《国民经济和社会发展统计公报》（2019 年），中国统计信息网。
② 牡丹江市统计局等：《国民经济和社会发展统计公报》（2019 年），中国统计信息网。
③ 黑龙江省统计局等：《黑龙江省统计年鉴（2012）》，中国统计出版社，2012，第 49 页。
④ 黑龙江省统计局等：《黑龙江省统计年鉴（2018）》，中国统计出版社，2018，第 85 页。

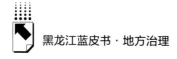

结构相匹配、社区党建工作方式与城市形态的功能相适应、社区党组织与社会组织相融合，成为城市基层党建谋划工作的"基本面"。如何把党的组织和党的各项工作无空白、无遗漏地推进到城市的方方面面，同时把驻区的单位、行业和各领域党组织整合起来，使之成为一个有机整体，形成构架严密的组织体系，是摆在城市社区党建面前的重大课题。

（二）牡丹江市创新社区党建引领治理的动因

面临以上"三新"，牡丹江市社区党建需要在基层治理机制等方面不断完善，同时这也成为其创新社区党建引领治理的动因。

1. 党建引领下的基层治理机制不健全

社区主责主业不明确。调研中，听到许多社区的工作人员反映，当政府公共事务向社区延伸时，社区承担了十几大项近百小项的工作，基本没有时间和精力抓党建、抓管理、抓服务。新冠肺炎疫情发生以来，这种情况愈加严重。党组织的引领作用发挥不到位。一些社区党组织对抓好党建工作的思路不清、举措虚浮，在城市发展和社会治理中不能发挥"主心骨"的作用，服务群众、教育群众的工作做得不实不细，不被群众认可。由于缺乏强有力的约束机制，一些社区党组织与其他各类组织之间缺少统筹协调，社区各类组织之间没有形成合力，甚至出现推诿扯皮现象。管理服务网络实质上不健全。党的十八大召开前，大部分社区没有真正形成横向到边、纵向到底的管理服务网络。党的十九大后，虽然管理服务网络从形式上实现了纵横交错，但实际上有些层级的网格处于虚设状态。党建工作的信息化程度总体不高。同时，党建工作信息化程度处于高低不均状态，有些城市中心社区的信息化程度可与发达地区的社区相媲美，但大多数的街道社区通过运用"互联网+"技术统筹推动党建、管理、服务的水平还有待提升，基层治理的理念还处于管理阶段。

2. 城市党建整体效应发挥不到位

缺乏整体上下联动的组织体系。区、街道、社区之间没有形成上下联动的组织体系和责任体系，造成社区党建工作责任传导不到位。街道"大工委"和社区"大党委"流于形式。全市驻区企事业单位数量达到 1707 家，党员 23000 余人，虽然以往试行推广了社区大党委制，对党的基层领导体制进行了有益的探索。但是在推进过程中，仍存在着社区党组织横向协调和纵向领导的权威性较小、话语权不重等问题。驻区单位与社区党组织没有明确的隶属关系，缺少行之有效的大党委推进运行机制，大党委运行效果不乐观。

3. 社区干部队伍不适应新要求

总体来看，除机关下派人员和社区物业管理员外，大多数的社区干部年龄偏大，文化程度不高，有的甚至不能熟练操作电脑，不能胜任社会性、区域性和综合性较强的城市社区党建工作；更有甚者思维固化、政策领悟力不高。受体制限制，社区工作者中有部分为聘任人员，工资待遇偏低，工作积极性不高。社区干部队伍结构与新形势要求明显不相适应。按照相关规定，社区党组织和社区居民委员会委员实行专兼职相结合。2012 年前，社区党组织书记和居委会主任"一肩挑"，占比达 63.7%，但党组织成员与其他组织交叉任职比例仅为 16.8%。对于聘任人员，如果全部认定为社区工作者，财政资金难以负担；如果部分认定为社区工作者，又会出现同工不同酬的结果。

4. 社区党建财力物力供给不足

社区党建开展工作的资金缺口很大。随着城镇化进程加快和党建工作重心下移，越来越多的社会管理服务职能开始由单位转向社区。在管理职能下移的过程中，一些部门出现了这样的怪现象，只放责，不放钱和物。经费不下放到社区，社区党建的经费就会捉襟见肘，严重影响了社区干部的工作积极性。经调研了解到，在市、区两级财政紧张的情况下，牡丹江市仅能保证社区干部的补贴经费，日常办公经费基本靠社区自筹，而很多社区根本没有创收渠道。有 20 多个社区办公房因交不起供热费，只能在冰冷的房间内办公；有的社区连购买纸笔等基本办公用品的经费都没有，经费缺口很大。黄花站社区居民委员会地处城乡接合部，辖区贫困人口、流动人口多，工作量相当大。现有 9 名工作人员挤在 30 平方米的办公用房内，两张桌子，一台计算机，办公条件十分艰苦。根据黑龙江省提出的新要求，每个社区公益服务用房要达到300平方米，基础设施要实现"七机一屏"（计算机、打印机、传真机、摄像机、电视机、照相机、放像机、电子显示屏）。据统计，牡丹江市接近一半的社区，并未达到"七机一屏"目标。有3个社区安装了电子显示屏，城区内达到300平方米的社区仅有5个，占社区的3.0%。经费紧张和基础设施差，不仅不利于社区开展工作，而且也给党员集中学习和组织活动带来了困难。

二 牡丹江市创新社区党建引领治理的做法与成效

针对社区建设面临的新情况新问题，社区党建面临的新形势新任务，牡丹江市委深入贯彻习近平总书记关于加强城市基层党建的重要指示精神，认真落实党中央、黑龙江省关于城市基层党建工作经验座谈会的要求，从实际出发，转变以往向上对应的管理模式，实施向下对接的"供给侧"改革，推动街道社区"还原归位"，制度性激发基层干部及党员作用，将广大群众和各类组织紧密团结在党中央周围，沐党恩、谢党情、听党话。

（一）从抓整体入手，构建责任"共同体"

坚持抓基层党建必抓责任制、抓责任制必抓第一责任人，完善领导体系，压实工作责任，逐层激活引擎，合力抓好城市基层党建。一是明确四级责任。全面实施市、区（县、市）、街道（乡、镇）、社区四级联席会议制度，制度保证街道社区党组织书记代表辖区组织参与上级联席会议和基层治理表达意愿的权利。实施基层党建"一单四制"，逐级签订责任清单，实施每月督导、每季通报、半年评议、年终考核机制，将城市基层党建推进落实情况纳入党组织书记述职内容和领导班子责任考核内容，自上而下拉长拓宽了"责任链"。坚持项目化推进，将街居体制改革、兑现社区工作者薪酬、招录高素质社区工作者、社区场地清欠、细化驻区共建等5项工作列为2018年市级城市基层党建重点任务。细化3年内需完成的100项任务，103

个市直党委（党组）和 14 个市委工作部门"人人身上有任务"，实施"月听季议"党建工作法，11 个牵头单位定期向市委汇报，机关工委、编制、民政、财政、房产等部门积极研究制定相关文件，年底前集中出台一批指导性文件。2018 年下半年全市召开联席会议 527 次，解决问题 1423 项，市、县两级已出台指导性文件 23 件。二是搭建四级组织。加强城市基层党建，首先要建好建实城市基层党建组织体系。全面推行"街道—社区—网格—楼组"四级组织体系，稳妥有序调整基层党组织设置，采取"一格一党组织"或"多格一党组织"的方式，提高党组织网格覆盖率。按"网格长+指导员、监督员、信息员"模式配备网格力量，强调网格长一般由网格党组织负责人担任，为网格党组织引领网格治理夯实基础。推进楼组"兼合式"党小组设立工作，为吸纳在职党员参加楼组党组织生活、居民区治理创造条件。实施居民区零散阵地台账制度，将小微场地改造升级为读书阅报、先优宣传、议事亭廊等网格微阵地。截至目前，全市 167 个社区设立所属党组织 781 个，覆盖网格 2905 个，覆盖率达 69.1%；建成网格微阵地 427 个，55.7%的社区实现"5 分钟党建阵地圈"。三是坚持从严把关。严格报备机制，凡抽调街道干部、社区核定工作者或下放相关事项的，需报市级备案，未经备案的，该地区年度城市基层党建按"0"分处理。开展清理借用社区"两委"行动，归位社区"两委"317 人，实现应归尽归。实施下沉式指导，街道干部下沉到社区、社区工作者坐进网格开展工作，已成为常态。目前，全市上下主动将城市基层党建作为"一把手"工程，一个步调抓推进、一套标准抓落实、一级抓一级、层层抓落实已初见成效。

（二）从抓改革入手，下活基层"一盘棋"

创新是我国发展新引擎，改革是点火器。做好城市基层党建，改革也是不可或缺的"点火器"。牡丹江市委以结合机构改革及"放管服"改革为契机，深化街居体制改革，配强街居力量，让看得见的街居，"亮剑"发声、管住一方。一是坚持强街扩权，确保街居领导地位。街道疲软是社区行政化的重要原因，向街道社区放权、配强势在必行。街道层面，在赋

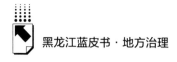

予街道相关城市规划、公共服务设施布局、区域内事关群众利益的重大决策和项目、驻区及共建单位评先评优意见建议权和取消招商引资、协税护税职能的基础上，授予街道对职能部门下派人员的管理、调整、撤换权。按"4+1+1"模式（设立党政办公、党建指导、公共管理、平安综治等4个办公室和1个自设机构）规范街道内设机构；设立公共服务中心1个事业单位，按100%～150%增加街道力量。拟在县（市）统一设立城区工委，重点抓好城市基层党建工作。社区层面，规定业主委员会、物业公司党组织隶属于社区党组织，统一招录具有本科学历的社区工作者，赋予社区对行业系统下派到社区及网格的工作人员日常监督权、"两代表一委员"纪实权、社区业委会人选推荐权、物业公司诚信建设评议权，使社区"印把子"更实更硬。二是实施双单双责，推动街居回归主业。为解决街居权责不清，副业当主业干、主业没时间干的情况，全市实行统一的街居职责权力清单和出具证明清单，职责权力清单分为直接承办类和协助办理类，凡属协助办理类，县级出台人随事转、权随责走、费随事转目录，出现过失不追究街居主要责任。严格执行准入制度，市级报备、同进同出，杜绝基层随意"加码"。推行党员代表会议、居民代表会议、社区党组织领导下的"四方共议"制度。截至目前，已确定社区不再承担工作62项，30余项原由社区承担主要责任的事项，调整为协助类，出具证明仅8项，社区直接承担及出具证明削减85%左右，各县（市、区）确定"四方共议"试点社区10个。三是完善激励机制，提升社区岗位魅力。做好城市基层党建关键是让社区有人、能留住人。研究出台《关于加强全市社区工作者队伍专业化建设的实施办法（试行）》，明确3岗13级，从任期、学历、表现等3方面，明确10种晋升依据，使社区工作者薪酬补贴制度化、增长合理化。实施分岗绩效考评，绩效占薪酬总额的20%，赋予群众40%的绩效评议权，实现干与不干不一样、干好干坏不一样。像重视人才一样，重视社区工作者队伍建设，规范从社区党组织书记中招录公务员工作要求，面向全体社区工作者定向招录事业编制人员，使社区工作者劲头更足。套改后，社区工作者薪酬补贴达到当地最低工资的3倍以上，人均增长

22%，社区正职薪酬与主任科员工资基本持平，社区工作者成为统招本科毕业生的报考目标，岗位吸引力显著提升。

（三）从供给侧入手，重构社区"熟人圈"

街区人员不熟、权不大、供给能力有限，驻区共建"一头冷一头热"等问题普遍存在。牡丹江市深入总结基层共建经验，总结提炼出当轴、归原、挖潜等"组合拳"，有效推动社区重回熟人社会。一是以街道社区为轴心，让资源转起来。按照层级合适、功能互补、实用高效原则，实施"县、街、居"三级共建，市直党委与县（市、区）共建，市直机关党组织、区直党委结合实际与街道或社区共建，区直机关党组织与社区共建，较大单位主要领导所在党支部一般与社区共建，确保社区"错层"使用驻区资源。党委、政府惠民政策以社区党组织为落实主渠道，将金秋助学、惠老乘车、平价蔬菜等作为首批惠民政策落实到社区。将居民职业、特长等群众资源，车位墙面、广告屏等公共资源，驻区单位场地经费、人才产品、服务渠道等共建资源，尤其是与群众生产生活息息相关的"两新"组织资源，统筹纳入街道社区资源库，以街道社区党组织为枢纽，生成服务项目。完善街道社区按需派单、执行主席动态跟单、驻区单位联席评单、党员居民晒单议单的链式共建积分考核法。满意率与共建单位年度考核挂钩，低于90%的减分或降档。赋予街道社区党组织针对不同单位、不同时段分值微调权，使其从摇旗呐喊的"排尾"，一跃走到"舞台中央"。2018年下半年以来，全市167个社区调整共建单位458个，参与三级共建单位1097个，新增街道社区资源1532项，生成服务项目781项，街道社区党组织调度辖区资源在本级生成项目能力提高35.7%。二是以"双300"为抓手，让社区热起来。推行社区工作者"走出300平方米、走进300户"和"网格管家"工作模式，每名社区工作者包保2个网格、300余户，定期上门服务，群众满意情况与绩效挂钩，见人知名、见名知户、见户知事、见事知策已成为社区工作者新标准。探索推行"365"广场工作法，每个社区工作者选择责任区内3个小广场作为日常办公点，每周开展服务不低于6次，重点做好读党报党刊、讲

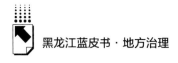

便民政策、掌大事小情、征群众诉求、解群众疑惑等 5 项工作。截至目前，
1074 名社区工作者走访群众近 11.8 万户（次）。有的居民表示，"社区干部
又入户了，党的好的作风又回来了"。实施"一站式大厅"退出机制，推行
"一窗式"受理，以服务形式趋同为前提，邀请居民参与功能区改造，潜移
默化做好政治引导，增强居民参与感、获得感、归属感。东安区长安街道平
安社区通过整改腾退，居民活动面积从 50% 上升为 87%。2020 年，全市社
区居民活动面积将达到 7.5 万平方米，约占 82%。三是以服务邻里为载体，
让党员干起来。坚持从市级领导做起、从机关干部做起，广泛开展在职党员
认领服务岗、在职党员志愿服务、离退党员发挥余热等活动，扎实推进在职
党员到常驻社区报到、服务群众工作。实施在职党员纪实制度，将纪实情况
列入谈心谈话必听内容和组织生活会重要内容，并将其作为机关事业及国有
企业党员干部提拔任职的重要依据。围绕党员中心户、楼栋信息员、便民代
办人、政策宣传员、志愿义工等岗位特点，利用驻区在职党员"八小时之
外"的闲暇时间，在管好自己，带好家人，引领所在楼栋住户、志愿服务
社区工作等方面发挥表率作用。社区党组织积极孕育、推荐在职党员报到、
离退休党员以业主身份参选业主委员会成员，为规范居民参与治理奠定基
础。截至 2020 年 9 月底，3 万余名党政机关事业单位在职党员完成报到工
作，认领服务岗位 6.93 万个，开展志愿服务 631 场，参与在职党员近 1.3
万人次，服务居民 8.1 万人次。

三 牡丹江市创新社区党建引领治理的理论升华

只有把成功的实践上升为理论，才能更好地指导实践。牡丹江市创新社
区党建引领基层治理的成功实践，蕴含了党组织活动方式社会化的原理。

（一）通过区域化党建推进城市治理

为有效推动城市党建资源共享共用，引导驻区单位党组织积极参与社区
建设，海林市全面推行社区"区域共建"模式，在城区 11 个社区成立"党

建联席会"，将辖区内 85 个机关事业和中省直部门纳入成员单位，挑选职能强的部门作为"常务理事"，实行"轮值"主席制度。将每季度首月 5 日定为"党建联席会议日"，由社区召集人员，常务理事单位轮流主持，研究商讨共驻共建、开展党建活动等事宜。同时，各驻区单位根据各自实际，将可共用共享的资源、可提供的便民利民服务列出"清单"，主动认领社区服务项目，做出服务承诺。市委将驻区共建情况纳入党建责任制考核指标。截至目前，城区 11 个社区先后召开党建联席会议 20 余次，85 家驻区单位已经列出可共用共享的资源 50 余个，主动认领服务项目 40 多个，其中就业局的技能培训、中医院免费体检、安监局安全应急演练及社区居民安全知识培训等服务，受到社区居民一致好评。通过社区与驻区单位共建共享、互联互动，初步形成城市区域党建一体化格局。海林市这一做法是区域化党建在工作中的成功运用。区域化党建是一种服务于新型社会"有机团结"的开放性、多样化的基层党建模式，是中国共产党在与外部新型环境的复杂互动过程中进行深层次结构性适应的产物。它的优势在于克服了单位制党建的不适应所带来的系统性风险。

（二）通过嵌入式党建推进城市治理

穆棱市为有效化解物业矛盾，坚持把物业服务管理融入城市基层党建工作，成立小区"红色物业"党组织，共同参与小区治理、研究小区规划，有效打开物业与业主之间的"心疙瘩"。积极推行素质提升计划，由社区党组织、各物业服务企业行政主管部门重点围绕服务群众、开展物业管理、学习党务知识等内容，对社区党员、干部、物业管理工作者等开展专题培训，不断提升其为群众解决困难的能力。采取双向培养的方式，在发展党员上向"红色物业"党组织倾斜，注重将物业公司骨干力量培养成党员，将党员培养成物业公司骨干，切实把"红色物业"党组织打造成联系群众、服务群众、优化物业管理、传递党的声音的重要平台。目前，已组建"红色物业"党组织 12 个，培训人员 62 名，新发展预备党员 2 名。穆棱市的这一做法，是嵌入式党建在实践工作中的成功运用。嵌入式党建是指社区党员嵌入或加

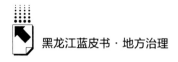

入社区管理或服务组织，并且深入居民群众组成了居民自治的集体行动单元，与群众形成横向、平等、网格式管理服务的党建工作新方式。它是从科层式架构到扁平式组织、从威权式统治到参与式领导、从垂直式管理到嵌入式服务的党建变迁过程。

（三）通过融入式党建推进城市治理

绥芬河市紧紧围绕"旗镇红帆"党建新媒体，将各领域党建活动统筹谋划，统一设计，在党员奉献日、主题党日等活动开展时，以党员志愿服务队为载体，实现活动共搞、困难共帮、问题共解，促进党群深度共融。积极开展党建为民活动，紧密结合联系包保活动，组织党员干部通过实地走访、定期联系等多种形式，多种渠道广泛收集辖区各类党群组织和党员群众关心的热点、难点问题，了解群众的思想动态和利益诉求。认真建立民情台账，通过联席会议制度或沟通机制，将收集到的问题汇总后分类掌握，需要由各单位处理的，及时通知单位妥善处理；需要由多个单位共同处理的，适时召开工作联席会议，协调处理。同时，引导辖区在职党员积极主动参与社区志愿服务，通过"居民点单、社区交单、单位下单、党员接单"的"菜单式"服务模式，为辖区居民群众提供政策宣传、科普宣传、家政服务、助学支教、贫困帮扶等志愿服务活动，并接受群众对服务质量、服务效果的监督，切实为群众办实事、解难题。开展"青春建功，献礼十九大"等主题党日活动16次，2348名党员入户47505户，达88%入户率，已解决各类事项435件。绥芬河市的这一做法是融入式党建在实际中的运用。融入式党建方式是指推动党建融入发展、服务融入民生、组织融入区域、党员融入群众，突出服务导向，建强服务队伍，完善服务体系，从而有力地提升服务的实效。

（四）通过开放式党建推进城市治理

牡丹江市爱民区祥伦社区突出政治功能，建立"大党委"，发挥组织优势，延伸工作触角，推动区域内各类组织互联互通互动。（1）组织联建大平台。吸收 10 余名驻区企事业单位、"两新"党组织负责人担任"大党委"兼职委员，搭建公共服务、社情民意、娱乐活动、社区治理互动"四大平台"，打造党建共抓、责任共担、事务共商的开放性社区治理格局。（2）完善机制求实效。建立联席会议、述职评议等 5 项工作制度，召开联席会议 4 次，研究部署辖区党的建设、社会治理等工作 30 余项，对需要协调解决的"大事"、关系民生福祉的"实事"、社区无力解决的"难事"进行共议共商，有效解决供气供暖、老旧小区改造、物业管理纠纷等各类问题 30 余件。（3）资源共享双服务。通过签订共建协议书、制定项目清单、服务双向认领等，推动社区与驻区单位对接需求、资源共享。围绕活动阵地双向开放、党员联合培训、困难家庭帮扶等开展共建活动 20 余次。市林业局组织全体党员干部走访 1037 户家庭，为社区爱心超市捐衣物及生活用品 1000 余件，慰问特困家庭 16 户，把党的温暖和关怀送到百姓家中，不断增强党组织的凝聚力。爱民区的这一做法是开放式党建模式在实际工作中的运用。开放式党建是为实现新形势下政党在基层社会执政的合法性和有效性而提出的，是通过开放的党建格局实现政党在社会建设和基层社会治理中的引领功能，从而加强党的领导作用。党建开放的渠道：通过党组织的建设统合基层社会治理，使党组织不与社会脱节；通过党组织的结构开放，使基层党建活动融入社会建设；通过多元的协商渠道，形成政党与社会的有效互动；接受社会监督，通过社会监督使基层党建保持持续的发展动力；促进社会多元共治，形成党建格局下的多元力量参与社会治理。

四　牡丹江市创新社区党建引领治理的经验启示

牡丹江市以党中央提出的城市基层党建为目标，在以往推行社区大党委制的基础上，坚持改革视角，完善领导体系，细化共建方法，探索包括驻区单位党建、行业党建、"两新"组织党建、新兴领域党建（楼宇、园区、商圈、线上）共建共治的有效途径，扎实提升社区党建的工作质量。通过总结和归纳其成功经验得出以下六点启示。

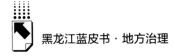

启示一：转变观念是前提。理念是行动的先导。单位制主导的时代，人们形成的"抓社区基层党建就是抓社区"的思维误区不扭转，城市社区党建就只能是"小打小闹"。牡丹江市委深刻把握阵地党建的基本特征，提出"四级责任""三级共建""月听季议党建"，将党建工作纳入领导班子年度考核，打造全员参与、全员担责的城市基层党建新模式。责任的改变，必然促动观念的转变，这为各种专业领域党建融入城市基层党建奠定了思想基础。

启示二：壮大街居是基础。1949 年新中国成立后，在城市，我国基层社会形成了以"单位制"为主、以"街居制"为辅的管理体制。为实现对城市全体社会成员的控制和整合，达到社会稳定和巩固政权的目的，国家通过单位管理职工，通过街居体系管理社会闲散人员、民政救济和社会优抚对象等。改革开放后，随着经济转轨和社会转型，单位制被逐渐取代，许多"单位人"变成了"社会人"，街居制作用凸显。这一变化使街道社区党组织成为党在城市执政根基的重要"根须"，其强壮程度直接影响党在城市的执政根基。牡丹江市借机构改革之机，深化街居体制改革，严把街居人员"抽借关"，赋予街道社区看得见、用得着的管人管事权。特别是"协助类不承担主要责任""社区直接承担削减85%"，使街居轻装上阵；增加社区工作经费、党建工作经费、项目专项支持等社区基本经费。

启示三：引领治理是任务。基层党组织引领基层治理，是城市基层居委会尤其是基层党支部委员会共建的重要使命。牡丹江市委从共建基础着手，通过分层共建、错层使用、枢纽型建设等，增强了街道社区领导共建的"底气""分类分时积分"所体现的用户思维，使得驻区资源更乐于向街道社区集中。社区工作者薪酬与主任科员持平，岗位吸引力明显提升，为基层注入源头活水。牡丹江市通过做强做大社区居委会，推动社区自治功能的回归，提升了社区自治的能力和水平。

启示四：群众满意是关键。巩固党执政根基的关键在于让群众满意。社区治理的根本任务说到底就是维护社区居民群众根本利益。社区治理要坚持源头治理，而源头正是社区最广大人民群众的根本利益。牡丹江市委综合调度各方各领域惠民政策经街道社区服务群众，赋予群众 40%绩效评议权、参与场地改造，实行一窗式服务、广场工作法，让群众重新感受到好作风、好转变，在提升群众获得感的同时，扎扎实实巩固了党在城市的执政根基。

启示五：方式创新是法宝。社会在发展，时代在前进，社区党组织的活动方式也要随之不断创新。牡丹江市以开放型的理念面向社会，通过区域化党建、嵌入式党建、融入式党建、开放式党建推进社区党组织活动方式的社会化，健全"社区党组织+网格（小区院落）党支部+楼栋党小组"的组织体系，实现党建网格与综治网格"双网融合"，实现了党的基层组织与社会的良性互动的过程。

启示六：机制制度是保障。习近平总书记指出，社区是党和政府联系、服务居民群众的"最后一公里"，要健全社区管理和服务体制，整合各种资源，增强社区公共服务能力。牡丹江所属社区的党组织积极推行党建联席轮值主席制度，建立共建事项双向清单，激发驻区单位的参与积极性，最终实现合作共赢目的，在机制上保障"大党委"制落实落靠。

参考文献

谷振春等：《牡丹江社区服务现状及发展对策》，2012 年 9 月。

中共牡丹江市委组织部：《顺势而为、乘势而上抓好城市基层党建工作》，中国共产党网，2018 年 7 月。

中共牡丹江市委组织部：《构建社区大党委共建机制激发社区党建新活力》，2017 年 5 月。

朱孟光：《中国共产党基层组织活动方式社会化研究——主要基于城市基层党建的考察》，中共中央党校博士学位论文，2016。

费柯雄：《"党建—引导"：城市社区治理新模式——以福州市军门社区为例》，《福州党校学报》2020 年第 3 期。

李威利、马梦岑：《党建赋能的城市社区发展治理：成都经验》，《华东理工大学学报（社会科学版）》2020 年第 5 期。

B.13
大兴安岭地区生态建设
与宜居城市发展研究[*]

姜欣桐[**]

摘　要： 由于自然、历史和现实的原因，目前大兴安岭地区经济振兴和社
会发展面临诸多瓶颈。稳步推进建设生态宜居城市是大兴安岭地
区实现创新发展和生态保护协调统一的最佳途径。为探索出一条
适合本地区宜居城市建设的新路子，大兴安岭地区必须进一步优
化治理结构和提高治理能力，不断强化顶层设计和完善规划体
系，加快推进基础设施建设和实现基本公共服务均等化，牢固树
立绿色发展理念和着力加快生态文明建设，打好全域旅游"组
合拳"和下好爆款产品"先手棋"。

关键词： 大兴安岭　生态建设　宜居城市

　　大兴安岭拥有丰富的自然资源，随着保护意识的增强和节制性开采，森
林资源的蓄积量和覆盖率近年来得到了持续性的恢复和增长。作为我国天然
的生态屏障，大兴安岭地区有着区域纬度高、森林面积大、林区位置集中的
天然优势，不仅能够有效地阻隔和抵挡西伯利亚冷空气和内蒙古高原的冷湿
气流，而且在森林覆盖区域形成了适合发展农牧业的生态环境。天然的生态
带既保护了东北平原不受寒风侵袭，又为黑土地提供了适宜农作物生长的气

---

　*　本研究为 2020 年黑龙江省哲学社会科学规划扶持共建项目"黑龙江省艰苦边远地区青年人
　　才流失问题与对策研究"（项目编号：20ZZE247）的阶段性研究成果。
**　姜欣桐，黑龙江省社会科学院政治学研究所助理研究员，研究方向为行政学与地方治理。

候条件，森林和湿地等丰富多样的生态结构为寒温带针叶原始林生物基因库提供了物种的多样性，因此大兴安岭地区作为生物多样性重点保护区域，有着生态保护和实现生态功能的重要战略地位。以往长期不节制的资源开采给生态环境和森林资源带来了严重的破坏和消耗，一度导致生态总资源体量骤降、总质量下降、可开采量锐减的严重情况，原始森林区域也出现了破碎化和年轻化的失控局面。自 2014 年起，大兴安岭地区开始全面改进开采模式，叫停了商品性木材的生产，并逐步开始进行生态保护和恢复性的产业转型。生态产业作为大兴安岭地区的主要产业支撑，保护和利用应该同时进行，建设生态功能区和生态宜居城市更是实现生态保护和经济发展的最佳途径。

一 大兴安岭地区的自然经济概况

大兴安岭地区北联内蒙古，东联小兴安岭，南接富庶肥沃的松嫩平原，是中国最北端的原始森林区，其行政公署所在地加格达奇地处黑龙江省辖区西北部、内蒙古自治区东北部、大兴安岭山脉东南坡，在内蒙古自治区呼伦贝尔市鄂伦春自治旗境内。

（一）自然气候和环境

大兴安岭作为"高寒禁区"，属于寒温带大陆性季风气候。从地理位置上看，大兴安岭作为中国最北、纬度最高的边境地区，地处东经 121°12′~127°00′，北纬 50°10′~53°33′，东西横跨 6 个经度，南北纵越 3 个纬度。大兴安岭区域东西侧分别毗邻小兴安岭和呼伦贝尔大草原，南北紧靠松嫩平原和俄罗斯边境，山脉绵延，南北纵横 1220 公里，平均海拔在 1100 米至 1400米，索岳尔济山作为主峰，是内蒙古高原和松辽平原的分界线。大兴安岭是中国重要的林业基地之一，区域内的原始森林物料丰富，主要树木包括红皮云杉、白桦、兴安落叶松、樟子松、山杨、蒙古栎等珍贵树种。大兴安岭处在地势第二阶梯，整体走势东低西高，山脊大多以西为第二阶梯地，山脊以东为第三阶梯地，阶梯之间的独特区位造成了地貌的不对称性，山脉和地形呈现浅山丘陵地带，形成了东北至西南的地势走向。大兴安岭东侧为松花江和嫩江水系、辽河水系与其西北侧的黑龙江源头诸水及支流的分水岭，山脉南段西坡的水注入蒙古高原。从气温上看，夏暖冬寒，最低温度可达-52.3℃，平均气温为-2.8℃，昼夜温差大，年平均降水量为746毫米，无霜期为90天至110天，属于典型的寒温带大陆性季风气候。

（二）生态规划和人文资源

大兴安岭行政所属辖区主要有漠河市、呼中区、格达奇区、新林区、松岭区、呼玛县和塔河县。区域管辖总面积约8.3万平方公里，包含4个市辖区、1个县级市、2个县（所辖加格达奇区、松岭区地权属内蒙古自治区，占地约1.82万平方公里，占总面积的21.9%），尚辖10个林业局、35个乡镇、52个林场，截至2020年，大兴安岭地区户籍人口为40.7万人。寒温带针叶林区由耐寒的常绿或落叶针叶树种构成，是大兴安岭生态区的重要组成部分，不仅分布面积广，而且资源丰富，同时生态区涵盖了黑龙江和嫩江水系的主要支流水源地和水系的水源涵养区域，这样的生态结构体系有着较高的产业生产力，对于水土保持、平衡自然资源和保持物种多样性都有着重要意义。寒温带针叶林属于连续分布的森林植被类型，从功能上看具备调节东北平原、华北平原自然气候的能力。大兴安岭功能区作为天然的生态屏障，对于北半球的生态系统结构也发挥着重要的保护和调节作用。自然生态区的主要功能体现为四种形式：湿地和农业保护生态功能区、林业与林区发展生态功能区、水源涵养与生物多样性保护生态功能区和水源涵养生态功能区。

大兴安岭地区文化历史悠久，从原始社会的旧石器时期就有文献记载，我们的祖先在旧石器时代晚期就在这片土地上进行生产和劳作，这里也存在许多繁衍生息和耕耘发展的历史遗迹。古代大兴安岭也被称作大鲜卑山，是中华古文明发祥地之一，20世纪80年代，北魏时期的"太平真君四年"石刻被考古工作者发现，该发现位于大兴安岭北部鄂伦春自治旗阿里河镇附近，根据石刻所记载内容推断，石刻出土位置就是历史文献中记载的北魏拓跋鲜卑祖先曾居住和生活过的地方。这个名为"嘎仙洞"的旧墟石室现为全国重点文物保护单位，成为大兴安岭悠久人文历史的佐证和重要的人文旅游景观。相类似的人文景点还有漠河胭脂沟、呼玛尔木城、李金镛祠、雅克萨之战古战场遗址等，它们都镌刻着历史的痕迹，体现了大兴安岭地区人文旅游景观的厚重和丰富。民族多样、人口众多的特点在这里也有直观的体现，民俗文化更是丰富多彩，大兴安岭地区居住有汉、满、回、蒙古、赫哲、鄂伦春、达斡尔、鄂温克、柯尔克孜等 22 个民族。充分展现民俗文化，挖掘民族资源也是吸引各地游客的重要方式，多样化、差异性的民族风情传统习俗和文化生活也体现出大兴安岭地区农、牧、渔、猎多种文化兼容并蓄的特点。许多少数民族有独特的生活习俗，比如赫哲族与东北古代"肃慎"和"女真"等有着密切的族源关系。达斡尔族的住所多数选在山水之间，草房呈"介"字形，错落有致，整齐严谨。而且民间体育活动丰富，有射箭、颈力赛、曲棍球等极为普及的体育活动。其中，鄂伦春族的萨满文化、狩猎文化、服饰文化、手工艺文化独具特色和代表性，手工业产品制作的皮毛制品和桦皮制品深受往来游客的喜爱。此外，大兴安岭依靠区位优势和自然天象、民族特色、地域物产等优势资源，打造了很多风情浓厚、极具魅力的人文旅游景观。

（三）经济发展状况

统计数据显示，2020 年大兴安岭地区国民经济和社会生产总值总量达到 141.9 亿元，较上年增长 2.7%。其中第一产业增加值 55.9 亿元，同比增长 3.5%；第二产业增加值 17.8 亿元，同比增长 15.0%；第三产业增加值 68.1 亿元，同比下降 0.9%。

1. 户籍人口

公安年报数据显示，全区人口出生率为 3.02‰，死亡率为 7.74‰，人口自然增长率为−4.72‰。年末全区总人口为 407062 人。其中，城镇人口为 363623 人，占总人口比重的 89.3%。男性人口为 205808 人，占总人口比重的 50.6%；女性人口 201254 人，所占比重为 49.4%。18 岁以下人口为

34077 人，占总人口比重为 8.4%；18~59 岁人口为 272397 人，所占比重为 66.9%；60 岁及以上人口为 100588 人，所占比重为 24.7%。

2. 物价水平

全区居民消费价格总指数（CPI）比上年上涨 2.7%，高于全省平均水平 0.4 个百分点。从商品类别看，呈现 "6 升 2 降" 态势；居民消费比较多的烟酒类和食品类指数增速较快，增加了 7 个百分点；医疗药品价格上涨了 4.6%；服务类和其他用品价格上涨了 5.4%；居住价格指数增加了 0.2 个百分点；服装价格指数增加了 0.5 个百分点；教育和文化价格指数增加了 1.8 个百分点；而交通和通信价格指数下降了 3.2 个百分点。[①]

二 大兴安岭地区宜居城市建设的制约因素

大兴安岭地区是我国第二批国家级低碳省区试点区，加之其具有丰厚独特的自然资源与森林资源，一直以木材经济和林下产业为全区的支柱产业。但是，随着经济体制改革和经济结构的调整，本地区内部因素的制约，大兴安岭地区建设宜居城市仍然存在诸多的制约因素。

（一）地方治理体系缺位

1. 组织结构不全

民生工程作为城市建设的重要组成，政府职能部门在宜居城市发展和推进落实政策实施方面起着主导作用。大兴安岭地区宜居城市建设的主导部门和直属机构领导和协调的高效化程度是决定各项工作开展的决定性因素。在行署组织结构中，对于宜居城市的建设来说，应由财政局、环保局、国土局等部门负责人组成。但是事实上，传统的组织结构并不适合大兴安岭地区地域广袤、差异大的实际情况，组织结构不全直接导致功能体系不适应日常工作需要的问题。因为组织结构不完善，出现了很多一人身兼数职、多职挂靠

---

① 《大兴安岭地区国民经济和社会发展统计公报》（2020 年）。

一人的情况，不仅造成了遇到问题时责任人不明确的情况，还加大了部门间相互协同办公的难度。长此以往，市场主体和群众办事的成本增加，工作难度和工作量也对应增大，造成了资源上的浪费，也给数据统计增加了难度，导致很多工作无法顺利开展。

2. 责任主体不明

责任主体不仅是对责任人的约束，也是共治共享理念的具体体现。宜居城市的建设主要在市区，同时也包含了市区的周边地带，尤其是对于大兴安岭这种覆盖面积广、地形分布复杂的区域来说，责任主体不仅有城市管理机构，还包括乡镇和村县的组织机构。从产业结构上看，涉及的农林牧副渔等多个部门，没有明确的责任主体很容易导致相互推诿和延期代办等情况的发生。因此很有必要成立专门的办事机构和组织办事专员来负责处理专项事件和应对突发情况，建立日常工作制度和值班制度。如果仅仅依靠现有建制进行兼职管理，不仅缺乏长期性和持续性，而且有限的人力和物力资源也将导致后续的工作难以为继。目前也没有出台完备的考评考核制度，工作缺乏规范严谨的流程，容易出现虚假汇报和不作为等问题，这都在一定程度上阻碍了宜居城市建设工作的推进。

3. 群众参与程度不高

城市的建设和发展离不开广大人民群众的参与和支持，大兴安岭地区的宜居建设作为一项民生工程，需要充分考虑到城镇居民的根本利益和主体地位，把维护人民群众的根本利益作为各种工作开展的前提，各项工作的推进也要充分考虑到居民的意愿和生活习惯，充分了解和听取广大群众的意见和心声，真正做到拒绝民怨工程。由于生活方式和宣传方式等原因，很多本地居民并没有充分了解自身的权利和义务，也没有清晰明确地了解自身在城市宜居发展建设中的角色、地位和切身利益，这最终导致其参与程度不高、积极性不够等问题。这也暴露出宜居城市建设的预期和目标实现过程中都存在许多政策和理念没有逐级宣传到位、主体不够明确等客观问题。即使进行了集体投票和民主测评等居民参与的集体活动，但是形式主义仍然存在，并且缺乏常态化和有针对性的参与机制。应该将居民的参与度和认可度、了解度

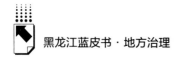
和满意度当作今后开展工作的重要指标，这样才能激发群众的参与热情和关注程度。

（二）宜居规划仍不完善

1.缺乏创新性

大兴安岭地区的宜居城市建设尚处于起步阶段，以往对于林区较多区域的发展规划，过于关注林区的覆盖率。如果一味遵循经验主义或者盲目照搬成功案例无疑会拖延城市发展的进程，应该因地因时，结合实际情况，走出一条独具特色的创新发展的新路子。林区作为规划的重点区域，覆盖率已经超过了80%，但是从总体上看，很多边缘地区和周边辐射区域的规划覆盖率依然很低。宜居规划从形式上看，结构单一，具体表现在基础设施建造、城市配套服务和环境治理上。目前，建设发展规划在挖掘区域自然环境、历史人文特色和产业元素等方面，做得还不到位，仍缺少对各具特色的城市文化和村庄文化的明确定位，在宜居城乡建设与地域旅游资源融合发展方面，尤其缺乏创新性的考量。

2.缺乏可持续性

从长远看，宜居城市的推进是一项系统而缓慢的工程，如果对于城市布局和发展的重要性认知程度不够或者缺乏对科学发展、持续发展的理念认知，那么宜居建设的质量和时效都将受到严重影响。很多地方机构缺乏对宜居规划工作的重视，轻视了此项工作的复杂程度，只是把宜居建设作为独立的、阶段性的建设任务来看待，局限和片面地应对检查或者盲目追求个别区域、重点地区项目的发展，"搞形式、做样子"来应对上级下达的任务。许多地方的职能部门缺乏长远的工作计划和科学合理的资源分配，导致大量人力资源和物资成本的浪费和损耗。

3.执行标准较低

规划标准作为重要的工作参数，应该经过科学的测评和研判后进行公布和投入实际应用，但是许多地方的宜居发展规划和工作完成指标考评标准较低，同时伴随着实际工作中遇到的困难和阻碍经常做出调整和变动。首先，规划标准的厘定并没有充分考虑到广大人民群众的意愿，也没有进行深入群众的调研。其次，规划标准和执行标准作为工作规范，与实践中的实际情况相差甚远，无法同步，难以实现。最后，个别地方虽然规划明确，条文清晰，但是经常变动，导致许多在建项目和潜在项目无法正常进行，造成资源浪费和工期延误。

4. 布局不完善

大兴安岭地区的宜居布局需要从经济产业结构和自然生态两方面出发，做到科学、精细，这需要大量的调研和不断的尝试。从规划布局上看，除了城市主体区域外，很多村落乡镇并没有建立相关的配套设施，甚至没有垃圾和废料处理系统，缺少排污设备和防病防灾的有效手段，这给生态发展带来了严重隐患。环境卫生配套设施的缺乏、垃圾清理配套机制的缺失、废弃物的随意排放也给居民的健康带来了一定损害，影响了城镇整体的环境卫生质量。

（三）基础设施配套尚不完善

大兴安岭作为山地地形区域，经济结构单调，基本上以林木业经济中的林木及衍生经济为主，其他经济产业发展缓慢。林木资源的开发存在一定局限性，从而导致了林木经济的发展随着时间的推移和并采量的累积而受到阻碍。为保护生态，停采、停伐的政策全面展开，林木产业作为最主要的经济支柱受到制约，对大兴安岭地区经济结构造成了巨大的冲击，区域经济发展受阻甚至倒退。从城市的基础建设方面看，目前大兴安岭地区的公路主要以砂石路为主，并且铺设密度仅达到每公顷 1.5 平方米，远落后于其他城市。受到自然条件以及技术设备的限制，水源方面也不容乐观。据不完全统计，目前大兴安岭区域内仍有超过 12.8 万居民的日常饮用水尚未达到全国安全饮用水标准。同时，林业区域在垃圾处理和污水排放方面也相对滞后，大多依赖于原始的简单化排污方式，甚至不经任何处理就就地掩埋。长此以往，会对当地的生态造成极大程度的破坏。原有发电和通信设施也比较陈旧，新型绿色能源如风力发电方面仍是空白，难以满足城市的转型和高质量发展需求。

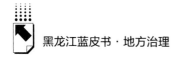

（四）生态环境保护力度不大

从开发到建设，大兴安岭历经40余年的发展和变迁，取得了一定的成就。但是，长时间的过量和过度开采，导致森林资源储量降低，生态承载力急剧下降。此外，受到恶劣自然条件的影响，森林火灾也时有发生，导致原有林木产业集中区域的森林和湿地等生态结构受到破坏，甚至短时间内丧失了原有的生态功能，资源管护的基础设施亟须改善。但是，由于区域内原有设施条件落后，目前管护工作的开展遇到很多阻碍和困难，"三低问题"突出。一是物资和设备保有率低。无论是管护所需的交通工具和通信设备，还是办公设施和配套设施都严重匮乏，巡查效率和巡护范围受到极大限制。二是管护点建设标准低。管护站作为管护网中的点式设置，建设标准低，覆盖密度低，相邻的两个管护站之间联系困难，有许多管护工作站的位置安排不够科学，管护网还存在很多死角区域。三是管护工作人员的薪资低。管护员的工作条件恶劣，工作强度大，条件艰苦，但是并没有与之相应的薪酬待遇，从而导致了管护员的工作积极性低，甚至难以招到足够的工作人员。

（五）旅游产业片区效应尚不明显

虽然国内旅游市场蓬勃兴起，但是，大兴安岭地区的宜居城市建设目前尚未走出一条与旅游业融合发展的创新之路，至少存在如下一些问题。

1.旅游业产品结构较为滞后

随着旅游产业呈现多元化的发展趋势，大兴安岭地区的旅游产业模式相对比较单一，旅游业不仅受到区位因素的制约，还受到季节和气候因素的影响。很多旅游规划区域的雪地项目和观赏路线仍然存在各自为营、独立经营的状态，并且各个景点之间缺少与宜居城市建设的联动，一些独具特色的生态优势和文化元素没有形成融合联动合力来实现共创共赢的局面。一方面是景区之间的距离较远，路线上和时间上无法衔接；另一方面是旅游路线中的休闲娱乐和餐饮购物等相关项目还没有开发完善，主要经济区和精品旅游产品的挖掘深度不够，宣传手段还比较单一，市场主体和城区居民的商业收益也未达到最大化。

2. 生态宜居基础设施建设薄弱

总体上看，大兴安岭地区因产业结构和自然因素导致城市经济发展滞后，因此大兴安岭地区发展生态宜居的硬件投入相对较少，产业建设滞后于日益增长的生态宜居需求。大兴安岭地区发展宜居城市建设仍须加强，如建设旅行接待的停车场和服务区、寒地交通工具和配套租赁服务、餐饮娱乐场所等各类基础性设施和配套服务仍不完善。以酒店服务和商品餐饮为例，目前可提供消费和服务的场所有限，远低于消费者的实际需求，经常出现住所、交通工具供不应求的尴尬局面。交通服务上，缺少必要的公交地铁等公共线路和设施，出租车和汽车租赁方面能提供的服务也非常有限，整体上看更是缺少与国内主要交通枢纽线路的衔接和延展，这些都严重限制了游客的数量和规模。因此，很多旅行团体与散客并未将东北旅行的第一目的地定在大兴安岭，而更多地选择沈阳、吉林、哈尔滨等其他景区，造成了区域间接性旅游消费收入的损失。

3. 生态宜居产业经营管理滞后

一方面，大兴安岭地区囿于历史性因素，以及体制机制上的种种弊端，在招商引资和人才吸引方面与经济发达地区存在一定的差距，生态宜居产业的从业团队普遍规模较小，相关的管理人才、服务人员匮乏，同时对青年人缺乏吸引力。而另一方面，有生态宜居与旅游需求的消费者逐年递增，直接体现为相关的从业人员和服务人员的工作量增大，行业专职人员的缺口也随之增大，如果人员不能及时补充，就会造成旅游业发展受限。作为重要的生态宜居产品，区域旅游业的宣传管理和商业模式的运作，都无法有效地整合与深入。同时，受到经济发展水平的局限，生态宜居产业的从业者个人素养和专业水平的差异较大，也缺乏行之有效的监督和管理，个别商户和从业人员的个体行为也可能对区域旅游行业的整体市场评价带来消极影响。

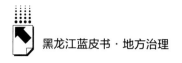
三 大兴安岭地区宜居城市建设的路径选择

作为以林下经济和林下产业为主的大兴安岭地区应从健全组织体系、强化规范引领、完善公共服务均等方面发力，探索出一条适宜本地区的宜居城市建设高质量发展的新路子。

（一）进一步优化治理结构和提高治理能力

组织体系是构建生态宜居城市的组织保障，大兴安岭地区一直延续着政企合一的管理体制和管理模式，拓宽大兴安岭地区宜居城市建设的路径，应立足于创新体制模式，优化组织管理。

首先，进一步加强大兴安岭地区宜居乡村建设领导小组结构和功能建设，积极向上争取宜居乡村建设资金和政策支持，着力开展专门人才的引进和培训工作，不断为宜居城市的建设输送专业人才。其次，自上而下逐步建立和完善组织结构，根据现有行政体系明确责任归属，成立宜居建设办公室和督查小组，确定专人专员开展专项工作。严格把控人员配置，科学分配，保质保量完成既定工作任务。最后，健全规章制度，形成科学严谨、完备翔实的工作规范流程，保证生态宜居城市建设的有效推进。严格执行考评制度，不仅要将评测工作交由职能部门监管，还要加入基层群众和社会各界的监督，要制定公平公开、科学有效的激励措施和惩戒条例，进一步提升管理层和行政办事人员对生态宜居建设工作落实的紧迫性和重要性的认知水平。

（二）不断强化顶层设计，完善规划体系

生态宜居城市建设离不开规划引领，立足大兴安岭地区的实际情况，强化顶层设计，提升战略高度，制定科学、完善的发展规划是建设生态宜居城市的前提和条件。

1.需要因时因地制宜，科学规划

社会经济形势发展日新月异，市场局势瞬息万变，这就要求城乡生态宜

居建设的规划需要思想明确，全面客观地结合实际情况，以专项规划为主，以非法定规划为辅，构建一套完备可行、科学持续的建设规划体系。同时，各级政府和行政单位应尽快在完善现行宜居城市建设实施方案的基础上，制定宜居发展建设实施细则。地方的县（区）行政规划部门不仅要确保经济物资的持续供给和稳定投入，还要兼顾做好已颁布条例的审批、备案、评估等管理工作。依法依规依责地落实具体工作，既要做好规划的实施和评估，也要坚守生态保护的红线，保证社会公共安全和公共基础设施的常态化运转，推进公共服务的不断进步，最终实现构建布局层次清晰，产业联系紧密，城乡协同联动的生态宜居规划体系的目标。此外，在保证贯彻落实总体方案的前提下，行政管理部门和基层各单位应自上而下地制定层级实施细则，并提报上级单位审批和备案，确保层级之间工作内容不重复、不冲突，确保城镇整体规划布局和辖区地方的建设方向步调一致、协调统一。审批程序应秉承公开公正的原则，在严格按规定流程执行的同时，做到精简高效，加强对基础性服务和基础配套设施的监管。条例变更上，有关生态宜居规划条文的增减等修改，必须经原审批机关审批后方可进行。书面上，对于《建设项目选址意见书》的制定和核发，应标明在建和将建项目的详细信息，附上《规划条件通知书》。相关建设单位也应严格遵循通知书的各项内容和要求，各级监管部门和主管部门应加强对于建设工程的规划管理，核实建设项目的各项指标参数。严格把控项目建设的全过程，对于不符合规划条件的项目要及时关停；对于不符合验收标准的项目，监管部门不得办理通过验收备案。

2. 重点打造宜居城市建设发展格局

按照"宜居、宜业、宜行"的相关要求，精心谋划各乡镇、行政村近期、中期和远期宜居乡村发展规划。总体规划分层分段落实，坚持以总体规划为主体，形成以点带面、以面联动的共同发展的新局面，科学合理地打造示范区和特色区，对于分散区域的发展建设进行统筹管理和科学指导。派遣专家学者进行调研，投入资源扶持培育中心村落和具有乡土文化特色的重点区域，根据市场需求来进行规划建设，不断地更新理念，调整思路，确保规

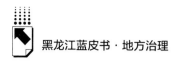

划的衔接性和连续性。整体上营造出层次感鲜明、联系紧密的总体布局结构，自上而下地贯彻落实发展规划，充分利用规划的科学性和连续性，从根源上杜绝烂尾工程现象的存在。

（三）加快推进基础设施建设和实现基本公共服务均等化

大兴安岭地区生态宜居建设的直观体现就是基础设施的建设，建设工作的开展不仅要结合当地实际情况，而且要从长远和发展性的角度来进行规划。随着改革政策的稳步推进，大兴安岭地区迎来了利好政策的"窗口"机遇，产生了许多大规模基建项目和民生保障建设等需求。首先，目标规划上应该整合资源，聚集力量，重点关注这些基础性强和规模大的重点项目，并且利用自身地区优势，争取进入省级和国家级项目库。同时重点关注生态宜居建设过程中存在的短板项目，在基础服务和基础设施建设上，加强公共交通、水电供给等重点领域建设，补全医疗卫生和文化教育方面的短板，加速社会事业和民生建设的落实和推进，这也是有效提升社会治理现代化进程的重要环节。具体实施上，应该遵循整体布局思路，积极争取上级的政策支持，通过各种渠道筹措资金、挖掘人才、调配资源，重点做好航空、铁路、公路、通信等基础设施的建设，增强区域内宜居城市的承载上限和持续发展能力。其次，加快环境治理，对于原有基础设施较差的地区要做到"先治病、后发展"，深入开展治理工作，不要盲目地进行升级改造。结合地方实际，把有限的人力和资金投入突出问题的治理和薄弱环节的建设上，保证在做好基础工作的前提下，再尝试创新和提高。最后，严格把控资金和资源的调配和使用，全程进行规范的监督管理。落实地方财政的实时报账制度，对于工程进度实时监督，避免直接拨付到地方，应由上级财政进行统一调配和划拨，杜绝专项资金的截留挪用，保证全部资金用于基本公共服务建设项目，做到专款专用，突出宜居村庄村民的建设主体地位。

（四）牢固树立绿色发展理念，着力加快生态文明建设

绿水青山就是金山银山，生态宜居城市的建设和发展必须遵从自然发展

规律，树立保护生态和绿色发展的理念，将保护生态放在首位，把改善生态环境作为大兴安岭地区宜居城市建设的前提和基础。

1. 树立绿色发展理念

习近平总书记指出："自然是生命之母，人与自然是生命共同体，人类必须敬畏自然、尊重自然、顺应自然、保护自然。"人与自然密不可分，人类的生产、生活离不开自然环境。鉴于人类与自然和谐共生的客观前提，良好的人居环境也同样利于保护和节约资源，不仅维系了生态环境的质量，也利于人类自身的健康发展。建设和发展绿色生态的宜居空间，不仅能促进宜居城市健康持续发展，更有益于增强生态系统和社会系统的适应能力。环境保护上，尊重自然、亲和自然，尽可能地创造低度干扰下的有机与自然形态，大兴安岭地区应该重点关注资源的最有效利用。生态保护成果来之不易，宜居城市建设要牢固树立绿色发展理念，落实污染防治工作，对于生态环境遭到破坏的区域要逐步加强区域内的生态恢复和物种多样性的保护，进一步地提升和发展生态环境质量，建设完善保护措施和相关政策法规，保证生态环境的持续性改善。

2. 着力加快生态文明建设

大兴安岭地区的宜居城市建设，应该秉持生态区改革与"生态移民"有效结合的原则，生态区改革要配合协调好居民向中心区域的迁移和汇聚。城镇人口的迁徙不仅便于集中优化和改善人居环境，也是对原始生态和自然资源的一种变相保护。坚持生态移民原则，一方面顺应整体战略规划，调整了生态区域的结构布局；另一方面减少了自然资源的社会性消耗，以便使区域内居民都能享受到现代化便利生活，实现"山上生产、山下生活"的美好愿景。生态文明建设需要统筹推进、多措并举，最终实现区域经济融合发展，充分释放政策红利，最终使广大居民真正获益。生态建设需要始终坚持顶层设计原则，充分考虑到企业和个体的生存发展空间，各项工作的开展都要遵循"有利于保护、培育森林资源，有利于促进生态功能区建设，有利于激发林区经济活力"的原则，加快制订、出台机构设置、薪酬岗位设计方案。应加强沟通协调配合，做好工作衔接，形成工作合力，统筹推进创

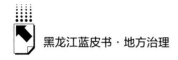

新，高质量完成目标任务。在全面推进具体工作的落实时，既要排除来自底层的困难，也要保持整体工作进程的协调统一。

（五）打好全域旅游"组合拳"和下好爆款产品"先手棋"

人流是制约大兴安岭地区旅游业发展的核心要素，没有人流，旅游只是一潭死水，只有人流达到一定数量和规模，才能有效刺激市场，民间资本反应灵敏，才会迅速形成投融资的洼地效应，从而实现由政府主导旅游产业发展向市场化推动旅游产业快速发展的格局转变。要解决人流不旺的问题，重点应从以下三个方面入手。

1. 打好全域旅游"组合拳"

目前，寒地旅游产业的基础建设和配套设施已经初步呈现一定规模，大兴安岭旅游区的服务水平和承载能力也有了提升。受限于不可抗力和客流量等因素，近年来的旅游产业呈现产能过剩和转型过慢的情况，现有的基础性设施以及酒店宾馆等配套服务和娱乐场所出现了真空期。这种产能过剩的情况也导致很多商家企业和投资者产生心理落差，积极性受到影响，制约了当地旅游产业的发展规模和发展速度。基于这种情况，应该考虑充分利用和整合各类资源，开展多维度的产品营销模式，有效地利用新媒体优势和数字经济带来的宣传便利性，突出优势来吸引游客主动前往，增加运力让人能来，打造爆款产品让人常来，进而产生良好的洼地效应。

2. 下好爆款产品"先手棋"

按照大兴安岭地区的实际，夏季是旅游旺季，冬季是旅游淡季。而夏季以青山绿水为主的生态旅游景区，在国内比比皆是，但大兴安岭地区冬季长达7个多月冰冻期，在国内却寥寥无几，具有冰雪资源的绝对优势。受冬季是淡季的影响，全年游客总体数量不足，甚至形成了"夏热冬冷"的诅咒，使民间资本对旅游业失去信心，造成了所谓的接待场所和交通运力"过剩"。要想避开与省内外冰雪旅游同质竞争，就必须着力打造差异化的体验式冰雪嘉年华。以北极村为例，充分依托冰雪资源丰富、冰封期长、降雪量大等特点，在北极村的黑龙江面上，低成本打造全国最大的体验式爆款产品——神州冰雪乐园。利用冬闲 1~2 个月时间，北极镇通过"送出去、请进来"的方式抽调整合农民、当地扑火队员、分流转岗林场职工等，在北极村、北极洲、圣诞村等景点，大体量打造以"餐饮住宿体验区、冰雪娱乐休闲区、圣诞主题公园区、文体赛事评选区和民俗观赏体验区"为主题的全省最美、中国最北的冰雪大世界。开办可以住宿的冰雪体验酒店、雪地火锅、冰雪酒吧，修建巨型滑梯，举办全国雪雕大赛、俄罗斯歌舞表演、滑雪体验比赛、雪地耐寒比赛、摄影大赛、圣诞婚礼、驯鹿拉雪橇、雪地足球和雪地拔河等冬季旅游项目。不与其他地区进行同质化竞争，设计制作属于自己的至少 5 项创世界纪录的冰雪作品吸引游客，增强吸引力和炒作卖点。用最低的成本，打造具有差异化、体验式的冰雪嘉年华，以及"中国最大体验式冰雪乐园"品牌，有效突破大兴安岭地区宜居城市建设过程中冬季旅游产品匮乏的瓶颈。

B.14
黑龙江省互联网综合治理体系的经验研究*

王建武**

摘　要： 庞大的网民数量日渐生成另一个社会空间——网络社会空间。
网络综合治理是国家治理体系的应有之义。当前日益频发的网
络舆情事件，考量着网络治理能力。本文梳理总结了国内外针
对互联网综合治理积累的诸多经验，并基于大数据时代背景，
具体分析了网络舆情特征，指出了网络舆情对社会发展的影响
以及潜在的社会风险，最后针对网络舆情，提出了综合治理的
对策建议。

关键词： 网络综合治理体系　大数据　网络舆情

中国互联网络信息中心（CNNIC）第 48 次《中国互联网络发展状况统
计报告》数据显示，截至 2021 年 6 月，我国网民规模达 10.11 亿，互联网
普及率达 71.6%，手机网民规模达 10.07 亿，网民使用手机上网的比例达
99.6%。[①] 对于互联网发展现状，习近平指出，发展好、运用好、治理好互
联网，让互联网更好造福人类，是国际社会的共同责任。构建网络综合治理
体系亦是其中应有之义。网络综合治理体系的核心议题就是网络舆情治理，
当前对网络舆情的研判和处置考验着社会治理的能力与水平，一些舆情事件

---

　*　本文系 2019 年度黑龙江省社会科学院青年课题"构建多元协同网络综合治理体系研究"的
　　成果。

　**　王建武，黑龙江省社会科学院社会学研究所副研究员，研究方向为网络社会学、政治社会学。

　①　第 48 次《中国互联网络发展状况统计报告》（全文），http：//www.cac.gov.cn/2021-8/
　　30/c_ 1124938750. htm。

处置不当极易引发社会公共危机，影响政府公信力，甚至影响一个地区的发展环境。黑龙江省近年来发生了几起负面网络舆情事件，对发展环境产生了一定负面影响。应对网络舆情，避免其对黑龙江省经济社会发展造成负面舆论影响，是构建多元协同参与治理的大舆情格局的应有之义。

一　国外互联网综合治理的现状及动态

互联网高速发展，已经深刻融入我们的日常生活，当前国家经济社会发展对互联网信息技术的依赖日益加深，与此同时，网络空间暗流涌动，带来的风险挑战正在成为世界各国亟待解决的问题。

（一）西方国家在互联网信息内容管理领域的探索

当前大部分国家和地区对于涉暴涉恐和危害国家安全、未成年人色情、网络谣言、通过网络恶意诽谤和中伤他人等信息内容持否定态度，并将其纳入法律禁止传播范围。例如，根据德国《通信传媒服务提供者商业规则的通信传媒法》规定，禁止传输和广播的信息内容包括：直接反对自由和民主秩序或民族和解精神的内容；煽动民众对部分或整个国家、种族、宗教或族群仇恨的内容；含有残忍不人道或针对个人暴力行为的内容；侵犯人的尊严的内容；色情和以暴力为主题的内容。韩国先后制定了《促进信息化基本法》《电信事业法》《促进信息通信网络使用及保护信息法》等，加强对互联网信息内容的管理。其中，根据《促进信息通信网络使用及保护信息法》规定，禁止流通的非法信息包括：反复引发他人恐怖心理或不安情绪的符号、文字语言、音频、图像或视频的信息内容；属于赌博行为的信息内容；泄露秘密与国家机密的信息内容；根据《国家安全法》规定被禁止流通的信息内容；以犯罪为目的或教唆、胁从的信息内容；等等。若违反规定，经韩国广播通信审议委员会核实后，可要求互联网服务商或网站管理者进行删除或限制，对违法情节严重的责任人可处以刑罚或罚款。新加坡《广播法》较为具体地规定了网站禁止发布的内容，包括危及公共安全和国家防务的内容；涉嫌动摇公众对执法部门的信心、煽动或对公众进行误导的内容；影响种族、宗教和谐，制造民族仇恨的内容；宣扬色情、暴力和恐怖的内容；等等。新加坡针对互联网管理还专门出台了《互联网操作规则》，根据该准则，禁止传播的内容主要包括违反公众利益、社会道德、公共秩序、社会安全、国家安定以及其他法律禁止的内容等。印度《信息技术法》规定政府对信息内容进行管理的范围包括：关于国家主权或国家利益、国家秘密；关于公共利益；关于与外国政府的友好关系；关于防止恐怖主义煽动；关于煽动种族仇恨；色情内容，尤其是儿童色情内容；各种网络犯罪；煽动民族主义仇恨。

（二）西方国家在网络安全管理领域的探索

当前世界范围内网络安全威胁和风险日益突出，世界各国重视预防、应急与修复的相互作用，网络安全立法所覆盖的领域也更加广泛。目前，国外网络安全管理主要集中在网络安全顶层制度设计、网络反恐、关键信息基础设施保护、跨境数据流动管理、网络安全监测等领域。网络安全顶层制度设计是网络安全管理的基石，近年来各国频繁颁布相关战略纲要和基础法律。例如，2014 年日本颁布《网络安全基本法》，该法律旨在强化政府和社会在网络安全领域的协调机制，以便更好地应对网络攻击。2016 年 2 月，美国推出《网络安全国家行动计划》，这一计划从加强网络基础设施建设、加强专业人才队伍建设、加强与企业的合作、加强民众网络安全意识宣传以及寻求长期解决方案五方面入手，期望提高美国在网络空间中的安全。2016 年 7 月，欧洲议会通过《网络与信息系统安全指令》。作为欧盟层面首部网络与信息系统安全立法，该指令规定了成员国及私营企业在提升网络空间安全保障能力方面应当承担的义务，并设立特定机构促进成员国间的协同合作，对于欧盟的网络安全战略与实践具有重要意义。

关键信息基础设施安全是网络空间安全的命脉所在，多数国家和地区围绕传输网络、重要数据库、重要业务系统等关键信息基础设施，希望通过专门立法设计有效的过程监管制度，能够最大限度地预防风险的发生。

欧洲议会于 2013 年发布《关键信息基础设施：面向全球网络安全的决议》，指出欧盟亟须提高应对关键信息基础设施安全挑战的技术能力。美国白宫在 2014 年发布《促进关键基础设施网络安全的框架》，希望借此为实际操作和相关技术标准树立典范，在全球范围内推动关键基础设施安全要点的统一。

针对网络安全事件的监控和预警，各国相关立法对权力机构的职责进行了调整，同时加强了电信运营商在维护网络安全方面的义务。澳大利亚 2014 年的《反恐怖主义法》扩充国内安全情报机构的权力，授权其可以不限次数地登录第三方电脑。2015 年 6 月，美国颁布《美国自由法》，在禁止国家安全局等情报执法机构对美国国内公民进行大规模电话监控的同时，要求电信运营商承接一部分情报执法机构的功能，直接参与国家反恐，对公民"电话细节记录"信息进行留存。2015 年 7 月，英国通过了《数据保存和调查权力法（修正案）》，为警察和国家安全机构配置了专门权力，确认警察执法机构和国家安全机构有权从电信运营商处获取用户的通信数据和互联网数据。

（三）当前国外网络综合治理的总体趋势

在网络安全、市场准入、互联网信息内容管理、互联网市场竞争、电子商务、个人信息保护、未成年人网络保护等方面，各国都不断加强综合治理。网络综合治理的边界逐步扩大，从传统集中于提高网络安全技术水平，信息系统安全、标准、组织机构等内容，逐步开始与其他治理方式和手段相互融合。在互联网信息内容管理方面，近年来国外侧重于明确政府、企业互联网信息内容管理责任，鼓励政府和企业采用技术手段加强互联网信息内容管理。随着网络技术的不断发展，云计算、大数据等新业务的广泛运用以及受 2013 年"棱镜"事件等突发事件的影响，各国网络安全领域的立法呈现集中爆发之势。整体趋势上，网络安全管控的边界逐步扩大，逐步开始与其他领域相互融合。其中，有的网络安全和个人隐私保护相关；有的如网络监控则与国家安全、反恐怖主义等密切相关。从近几年的网络空间治理趋势来看，各国网络治理还将与更多的议题相融合，呈现综合性、全方位扩展的态势。

二 国内互联网综合治理的现状及动态

（一）网络综合治理主体机构

近年来，我国加快了互联网立法进程，网络安全、电子商务、个人信息保护、未成年人上网保护、互联网信息服务等网络空间立法被提上了立法议程。特别是国家互联网信息办公室成立以来，积极应对网络发展带来的新挑战，制定了《即时通信工具公众信息服务发展管理暂行规定》《互联网用户账号名称管理规定》《互联网信息搜索服务管理规定》《移动互联网应用程序信息服务管理规定》等规章制度。总体上看，互联网管理以及网络空间治理的主体机构是互联网信息管理办公室。

（二）在互联网信息内容治理领域的探索

对于传统信息内容的管理，主要采取的是集中式审查方式，如报纸、电视等内容都是经过报社、电视台等先集中审查之后再对外公布。例如，《广播电视管理条例（2017年修订）》第三十条规定："广播电台、电视台应当按照国务院广播电视行政部门批准的节目设置范围开办节目"。该条例第三十三条规定："广播电台、电视台对其播放的广播电视节目内容，应当依照本条例第三十二条的规定进行播前审查，重播重审。"《电影管理条例》第二十四条第一款和第二款规定："国家实行电影审查制度。未经国务院广播电影电视行政部门的电影审查机构审查通过的电影片，不得发行、放映、进口、出口。"但是，互联网上的内容具有内容庞杂、发布主体广泛等特点，如何对分散的互联网信息内容进行管理是亟须解决的问题。从我国内容管理的审查主体来看，对于传统媒体内容的审查，信息平台往往就是内容审查主体。例如，报社对于报纸上的内容必须进行审查后才能发布，《出版管理条例》第二十四条规定："出版单位实行编辑责任制度，保障出版物刊载的内容符合本条例的规定。"《电影管理条例》第二十六条第一款规定："电影制片单位应当依照本条例第二十五条的规定，负责电影剧本投拍和电影片出厂前的审查。"但是在网络社会中，如果将此规则适用于众多网民发布和接收信息的互联网平台，那么如何确立相关各方内容审查责任的问题就摆在了管理者面前。

比较来看，在传统信息媒体管理中，各部门之间的权力划分十分明确，各有各的职责范围，每个机构均根据自己的职责范围进行管理。例如，《广播电视管理条例（2017 年修订）》第五条规定："国务院广播电视行政部门负责全国的广播电视管理工作。县级以上地方人民政府负责广播电视行政管理工作的部门或者机构负责本行政区域内的广播电视管理工作。"《电影管理条例》第四条规定："国务院广播电影电视行政部门主管全国电影工作。县级以上地方人民政府管理电影的行政部门，依照本条例的规定负责本行政区域内的电影管理工作。"但是，在互联网社会中并非如此，互联网社会出现了很强的融合性，互联网信息内容也涉及多个领域，划分不再那么清晰，可能会出现交叉和融合。例如，《互联网信息服务管理办法》第十八条规定："国务院信息产业主管部门和省、自治区、直辖市电信管理机构，依法对互联网信息服务实施监督管理。新闻、出版、教育、卫生、药品监督管理、工商行政管理和公安、国家安全等有关主管部门，在各自职责范围内依法对互联网信息内容实施监督管理。"根据该规定，很难明确相关互联网信息内容管理是哪个部门的权限，因为一个问题的出现既可能涉及文化部门，也可能涉及工商行政管理部门，还可能涉及教育部门，因此，对互联网综合治理应采取联动机制。

（三）当前互联网综合治理的相关管理制度

根据法律法规的规定以及相关授权，当前网络综合管理的内容主要包括互联网信息内容管理、网络安全管理与信息化推进等。其中互联网信息内容管理是网络综合治理的重点与难点之一。根据第 44 次《中国互联网络发展状况统计报告》，当前我国网民90%以上均使用即时通信，80%以上网民浏览网络新闻信息，所以一方面为信息传播，另一方面为即时通信，二者交互性以及庞大的使用群体，给互联网信息内容管理带来了极大挑战。新闻信息包括有关政治、经济、军事、外交等社会公共事务的报道、评论，以及当前网络综合治理中的难点的社会突发事件的报道、评论。当前对互联网信息内容管理的主要法规是《互联网信息服务管理办法》，该办法第十八条第二款规定："新闻、出版、教育、卫生、药品监督管理、工商行政管理和公安、国家安全等有关主管部门，在各自职责范围内依法对互联网信息内容实施监督管理。"可见互联网新闻信息服务单位登载、发送的新闻信息或者提供的时政类电子公告服务不得含有违规违法内容，但是在当前海量的网络信息数据中，如何甄别虚假有害信息是技术治理的一个难题，特别是当发生突发网络舆情事件时，经验表明，单一依赖技术治理手段并没有取得良好效果，因此需要构建多元联动机制综合应对网络舆情。

（四）加强网络安全宣传教育，提高公众网络安全与法律意识

近年来，随着我国互联网的高速发展，网络基础设施突飞猛进，各种网络应用如雨后春笋般涌现，网民数量呈爆炸式增长，但网络安全意识以及法治意识滞后于互联网飞速发展的现状，一方面，我们看到利用互联网进行各种违法犯罪活动层出不穷；另一方面，许多网民法治意识淡薄，利用网络空间的匿名性肆意妄为，造谣传谣、打"擦边球"，任意传播各种网络暴力、色情等虚假有害信息。针对网络空间的一些乱象，除了加强技术治理外，还需要加强网民网络安全教育，提高网民网络安全意识，以及相关法律意识。

三 大数据背景下突发网络舆情特征

基于对典型性网络舆情事件的分析，当前网络舆情产生及传播有如下特征。

（一）关于发展环境的网络舆情易多发

当前黑龙江省经济社会发展正处于爬坡过坎、转型升级的关键期，黑龙江省各级党委、政府积极优化营商环境，而类似于"毛振华控诉'亚布力'事件"、"雪乡事件"等经过互联网发酵形成网络舆情事件，针对东北发展环境的问题不可避免地成为网络舆情的旋涡，一时间"唱衰"东北的论调甚嚣尘上；此外，"曹园事件"、毁林种参等破坏生态环境引发的网络舆情也受到了网民广泛关注，所以近期黑龙江省关于发展环境的网络舆情呈现易发的特征。

（二）突发网络舆情极易转变为"地域黑"

当个别网络舆情在互联网空间扩散蔓延时，针对网络舆情事件的发生地或者群体极易产生地域歧视舆论，在网络上这种地域歧视被称为"地域黑"。例如，雪乡发生的"宰客"事件，"天价鱼"事件，毛振华控诉"亚布力"事件，这些事件在网络舆情传播过程中出现了"地域黑"，比如"投资不过山海关"，以及其他对黑龙江省的负面评价。"地域黑"现象往往存在片面性，与现实存在较大认知上的"偏差"。在自媒体时代，网民都有"麦克风"，针对网络舆情事件都可以发声，但很多网民对于事件的了解和认知是"不在场"的，难以"一窥全貌"，容易导致曲意解构事实，从而形成"地域黑"。

（三）主流媒体以及作为自媒体的微博是舆情传播主渠道

目前在线网络中有三支力量占据绝对优势：主流媒体官方微博、政务微博微信、自媒体。随着政务新媒体的不断发展，蓝Ｖ（政府、媒体、学校、企业、网站、应用等官方账号均可申请机构认证）机构认证占据七成话语权，是网络"大Ｖ"的3倍。当前从黑龙江省发生的网络舆情看，舆情产生的主要源头是主流媒体官方的微博或客户端，这类平台发布的信息有一定可靠性和权威性，之后传播扩散甚至发酵的渠道和途径是网络"大Ｖ"、非官方自媒体评论员以及一些关心时事的网民，当然还有一些别有用心的平台及网民。网络"大V"往往存在利益链条，个别网络"大V"散布谣言，或是转发一些片面消息的事件，借机营销或发布广告。因此，当前主流媒体以及作为自媒体的微博成为舆情传播的主要渠道。

（四）网络舆情传播形态呈现多样化

突发事件链接进入互联网空间，促使突发事件的网络舆情迅速发酵并传播。在当今大数据时代，从黑龙江省发生的网络舆情事件可以看出，微博、微信这些社交网络平台可以随时随地通过文本、图片、音频、视频等多种方式发布信息，网络舆情传播形态走过了文字、图片阶段，向着视听化的方向发展。网络舆情通过视听化的传播方式促使事件产生放大效应，增强网民在情感、情绪上的认同感，加快了网络舆情向现实空间转化的速度，进而也强化了网络舆论的力量。这是当前黑龙江省的网络舆情呈现的又一个主要特征。

四　网络舆情影响力分析

（一）对发展环境造成负面影响

当前全省上下正积极优化营商发展环境，然而个别事件通过网络舆论传播发酵，极易演化为全网性事件，"好事不出门，坏事传千里"，所以很多事件通过网络发酵，舆论诱导就可能促使舆情发生变化，一些对东北地域的刻板印象再次传递出来，比如"唱衰"东北论调、"投资不过山海关"等再次出现。这些舆论对黑龙江省上下积极营造的营商环境极为不利，很多努力极易被个别事件产生的舆论消解。

（二）负面舆情削弱了政府公信力

目前，负面网络舆情在网络自媒体中频繁曝光，严重削弱了政府形象及公信力。负面的网络舆情大多通过网络自媒体——微博传播扩散。官方公布信息延迟，或者回避等，都会导致负面的网络舆情扩散蔓延，影响政府形象及公信力；中国已经迈入新时代，但是发展中的一些不平衡、不协调问题，映射到群众身边，就是关系民生领域的如就业与收入、住房、教育以及医疗等问题，如果这些问题长期没有得到解决，当网络出现负面舆情时，群众的相对剥夺情绪就会放大，一些不满情绪、非理性言论就会充斥网络空间，同时这些不满情绪多会把矛头指向政府，认为政府不作为，这会极大地影响政府公信力。

（三）网络舆情不断涌现，考量政府危机处理能力

当前一些事实表明，有些政府在应对和处置网络舆情危机时，只要出现负面舆情，哪怕还没有充分掌握情况，就先"封堵打压"，急于"灭火"，以"围追堵截"方式和手段来应对事态发展。但经验表明，如果政府应对网络舆情事件采取压制的逻辑或手段，非但无法消解网络舆情，反而可能会导致网络舆情不断发酵，引发次生灾害。在当前大数据驱动背景下爆发的网络舆情，采取原有的"封、堵"思维逻辑或手段，非但不利于网络舆情危机的化解，反而可能会激化矛盾，导致危机扩散。因此，大数据驱动下的网络舆情更加考验政府应对危机的处置能力。

五　网络舆情潜在的社会风险

有学者指出，当前全球正处于风险社会，风险不仅来源于自然界，如生态环境引发的自然灾害，还有社会发展带来的风险。随着中国发展进入新时代，同样在发展中面临着诸多风险，尤其是社会结构转型带来的风险。这种社会结构转型的风险可称为社会风险。当前我国社会风险的突出表现就是突发性的群体事件多发、高发、频发，互联网在其中起到"推波助澜"作用，越来越多的网民通过互联网表达民意，争取广泛的社会认同，形成"舆论压力集团"，对当前社会治理提出了挑战。

（一）网络对突发事件舆情形成扩大效应风险

当前中国社会发展已经迈入新时代，与此同时，一些潜在社会风险也与日俱增，社会风险给社会治理带来了诸多挑战。从近几年发生的网络舆情事件看，一些网络舆情往往具有聚众性的特点。首先，网络舆情的引爆点多是现实社会空间中的事件，但是链接进入网络空间，突发事件就不是一时一地的某个具体事件，网络空间多中心化、交互性等特性，使突发事件经过网络空间的链接—传播—扩散—发酵，演变成有极大影响力的公共事件；其次，在当前大数据驱动下，互联网应用走过了语言文字、声音、图片单一方式传播阶段，随着抖音等的发展，网络舆情通过视频文本等视听应用程序在网络空间聚集发酵，这种传播方式在重大突发事件的报道中往往更能引起轰动效应。从公众参与的角度看，网络舆情围观者或参与者并非利益相关者，有的持有观望或围观的心态，或者是在网络舆情中发表各种言论或观点，以此表达或宣泄对现实的不满情绪，网络舆情成为一些围观者"移情"的场域，但是在网络舆情中聚集效应爆发的时候，特别是别有用心者传播、散布谣言，网络舆情就会起到社会情绪放大效应，形成一定社会风险。

（二）微博等自媒体客户端的广泛应用带来的潜在风险

微博等自媒体客户端的兴起，进一步激发了人们参与网络舆论的热情。微博作为自媒体平台日益成为网民偏爱的发表言论、进行在线政治参与的平台。同时我们应该看到，网络空间鱼龙混杂，微博的广泛运用必然会带来一些潜在的风险。首先，利用微博进行的违法犯罪活动不时出现。其次，微博成为公关的主要阵地。一旦和经济或集团的利益相联系，往往会滋生很多问题。除了买卖账号等行为，一些企业或者相关利益集团开始雇用有一定知名度的微博用户为自己的企业制造有利言论，出现恶意竞争等现象。最后，微博已经成为网络舆情的发源地，同时某些"意见领袖"或者"大 V"的言论对网民有较大影响，甚至引领着舆情的走向。比如，一些突发事件在网络"意见领袖"或"大 V"的炒作引领下，不断形成舆论高潮，推动舆情走向，给现实社会，尤其是政府部门带来较大压力。此外，网络空间极化的特性，一些不良社会情绪发酵极易使某些极端化的言论占上风，产生虚假舆情信息。微博等自媒体问政在带来力量的同时，也带来诸多风险。许多政府部门开通了政务微博，但是如果管理不足或者应对不力，反而会造成与其初衷相反的后果，对政府公信力造成负面影响。

六 应对突发网络舆情的对策建议

大数据时代网络舆情事件具有网络信息多元裂变、公众心理复杂、公众观点多元、公众参与行为多样等表征，这对政府构建社会信任关系、果断处置网络舆情带来了新的挑战与机遇。当负面网络舆情发生时，根据以往舆情传播规律，相关部门和机构应密切关注舆情变化，主动掌握舆论导向主动权。

（一）信息权威发布，避免负面舆情对政府整体形象造成损害

通过权威发布及时对网络舆情信息进行切割，避免将责任矛头直接指向政府。首先，针对网络舆论的质疑声音，权威部门要及时发布信息给予回应，做到"速报事实、慎报原因"，避免信息空窗期过长导致质疑声音和谣言蔓延。针对网络谣言，要通过法治手段对其进行打击和治理。其次，信息发布除了讲究时效性外，更应注重正确的发布方法，要注意早讲事实，重讲态度，慎讲揭露，避免因为不该出现的失误而误导了舆情，从而给工作带来被动。最后，网络宣传管理部门要主动对舆情信息进行切割，比如，在舆情传播过程中，要及时通过官方渠道发布权威的舆论信息，避免第一时间或过早把责任矛头指向政府。

（二）选择公信力强的主流媒体发布信息，占领舆论高地避免引发次生舆情灾害

要通过公信力强的主流媒体发布信息，通过权威媒体主动引导舆论。首

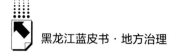

先，网络宣传主管部门要主动邀请国家级权威主流媒体正面客观参与舆情信息报道。通过分析舆情信息发布热点地区发现，北京是舆情发布的主要地区，作为国家政治、经济和文化中心，是国家级媒体的集中区域，因此要主动邀请国家级新闻媒体参与报道，主动引导舆论走向，占领舆论高地；其次，权威部门信息发布要全面，不留信息死角，避免舆情苗头转向引发次生舆情灾害。当前黑龙江省发生的一些舆情表明，舆论主题极易引起借题发挥，引发舆情次生灾害，因此权威部门发布信息要尽可能全面，不留信息死角。

（三）网络宣传管理部门要主动进行议题设置，积极引导舆论走向

在突发的网络舆情事件管控中，应突出"议程设置"在社会传播中的有益性、有效性，使社会公众充分了解突发事件的舆情，设置社会公众关心议题是成功引导舆情走向的关键。建议网络宣传部门会同主流媒体多发布主要领导及政府相关部门对突发事件的重视程度以及参与事件的处置过程，要主动占领舆论高地，同时还要邀请第三方专家对事件进行权威解读，并通过微信公众号、微博等自媒体平台及时发布，通过权威专家解读引导舆论走向，缓解政府相关部门压力，提升并修复政府公信力。

（四）大数据时代网络宣传管理部门应有针对性地选择舆情管控策略

政府首先要从网络舆情事件中迅速获取网络舆情信息，其次要从事件震源传播和传播规律两方面进行深入研究，最后从信息发布和权力来源两方面做出舆情事件应对策略。在网络舆情传播中，政府可以针对不同归因责任的舆情事件，以"表明立场"为出发点，分别采取"否认型""淡化型""重塑型""支持型"四种类型的舆情传播策略。"否认型"传播策略包括回击指控、提供理由或证据直接否认危机的存在；"淡化型"传播策略包括寻找完全出于无法掌控的意外借口、寻找没有或不可能造成严重损害的合理性；"重塑型"传播策略包括迅速宣布补偿、郑重道歉；"支持型"传播策略包括正面提醒、利益攸关方迎合、强调组织自身受害的共鸣感宣示等。

（五）建立网络舆情治理联动机制，构建大舆情格局

网络舆情信息传播的碎片化、即时化、裂变化等都对网络治理构成了严峻的挑战。网络安全维护已经不再只是单一网信部门的工作，而是涉及众多相关管理部门。因此要建立网络多元协同联动机制。一是要建立网络安全联席会议制度和工作例会制度，协调不同的网络管理部门，研究处理本地区网络安全工作中的重大事项和情况，认真落实中央网络安全和信息化领导小组的决定事项、工作部署和要求，把网络安全管理工作落到实处。二是要建立健全日常情况通报制度和联席处理的日常工作机制，加强相关部门之间的协调，增强大局观念，充分发挥网络管理部门的监管作用。网信部门要联合公安、文化、新闻出版、广电等有关部门，以及重点媒体运营企业，召开联席会议，即时通报重大网络舆情，及时发现"微空间"的倾向性问题，提出引导和管理意见。三是建立"政府+社会+个人"的多元协同参与网络治理机制，网络治理不只是政府的责任，还要动员全社会的力量共同参与，因此可以建立网络舆情举报奖励制度，相信群众、发动群众，充分调动社会个体参与网络治理的积极性和主动性，对积极监督和举报网络不良信息的个人或社会组织给予一定的精神和物质奖励，积极构建共建共治共享的网络综合治理体系。

B.15
黑龙江省旅游网络舆情治理研究

汤　辉*

摘　要： 旅游网络舆情对旅游业的发展是一把双刃剑，治理得当会促进旅
游业的发展，治理失当则会严重影响旅游业的发展，发展旅游业
必须重视旅游网络舆情治理。旅游强省战略是黑龙江省未来发展
的目标之一，为黑龙江省旅游业营造一个和谐的网络舆论发展氛
围非常必要。当前黑龙江省旅游网络舆情治理中还存在治理观念
落后、处置突发旅游网络舆情能力较差、治理碎片化、正面旅游
网络舆情引导力不足、多元主体治理格局不完善等问题。在综合
分析旅游网络舆情发展规律和黑龙江省旅游网络舆情特征的基础
上，尝试在网络舆情治理指导思想、工作机制、整体化治理等方
面提出加强黑龙江省旅游网络舆情治理效能的对策。以此来推动
黑龙江省旅游网络舆情治理工作的现代化，提高黑龙江省旅游网
络舆情治理水平，为旅游业的发展营造一个和谐的网络舆论氛
围，推动旅游业高质量发展。

关键词： 旅游　网络舆情　舆情治理

经过多年的大力发展，黑龙江省旅游业取得飞跃式发展，发展趋势良
好。根据黑龙江省统计局调查总队公布的数据，2016 年、2017 年、2018
年、2019 年黑龙江省旅游业的收入同比增长速度分别为 17.76%、19%、

---

* 汤辉，黑龙江省社会科学院助理研究员，研究方向为地方治理、智慧政府。

18%、19.6%。① 旅游业的增长速度远超省内其他行业的增长速度，旅游业已经成为黑龙江省第三产业发展的领头羊。黑龙江省旅游业的高速发展，一方面为黑龙江省经济社会的发展增加动力，有助于省内产业结构的调整；另一方面，旅游规划、基础设施建设、监管等跟不上旅游业的发展速度，导致黑龙江省旅游业发展中存在的服务质量不高、旅游体验差等发展短板不断暴露，旅游负面网络舆情频繁出现。旅游网络舆情作为网络舆情的一种，我们已经不能称之为新生事物，其几乎每天都在发生。旅游网络舆情是一把双刃剑，处置得当可以提高黑龙江省旅游业的知名度；处置失当则会严重影响黑龙江省旅游业的声誉，不利于旅游强省的建设。通过分析最近几年黑龙江省对旅游网络舆情的处置案例可以发现，黑龙江省对旅游网络舆情的治理尚存在治理观念落后、处置突发旅游网络舆情能力较差、部门协作机制不完善、正面旅游网络舆情引导力不足、多元主体参与旅游网络舆情治理机制不完善等问题。在黑龙江省全方位振兴的关键时期，加强其旅游网络舆情治理能力，提升旅游网络舆情治理效能，为全省旅游业提供一个和谐的网络舆论空间，助推其旅游业发展势在必行。

一　黑龙江省旅游网络舆情治理取得的成就

随着对网络舆情治理工作的进一步提高，黑龙江省已经基本掌握了网络舆情的基本发展规律，综合治理体系正在逐步完善。通过与过去几年的纵向对比、与国内旅游强省的横向对比，进一步分析黑龙江省旅游网络舆情的治理情况，可以发现，从整体上，黑龙江省旅游网络舆情的治理取得了跨越式的进步，黑龙江省旅游网络舆情治理迈上了新台阶。

（一）负面旅游网络舆情得到有效遏制

在受到"天价鱼"事件等负面旅游网络舆情的冲击之后，经过网信部

---

① 相关年份黑龙江省统计年鉴，http：//www.hlj.stats.gov.cn/tjsj/tjnj/。

门和旅游管理部门的共同努力，采取了一系列加强网络平台旅游网络舆情监测和加大线下旅游服务管理监督力度的措施来治理负面旅游网络舆情。通过近几年的网络监测观察，黑龙江省旅游网络舆情治理得到极大的改善，负面旅游网络舆情已经得到有效控制。自 2018 年以来，网络空间上产生的关于黑龙江省负面旅游网络舆情的数量大幅度减少。像 2017 年爆发的"赵家大院""强制消费"等影响极其恶劣的负面旅游网络舆情基本上绝迹于网络空间。虽然在自媒体、社交网站等网络媒体上偶尔会出现与黑龙江省相关的负面旅游网络舆情，但是 2019 年初至 2020 年 9 月黑龙江省没有发生影响较大的负面旅游网络舆情，黑龙江省旅游网络舆情治理迈入新阶段。

（二）旅游网络舆情治理开始以正面宣传为主

旅游网络舆情有正负面之分，在负面旅游网络舆情得到有效遏制的同时，正面旅游网络舆情开始走进人们的视野。2018 年以来，黑龙江省通过与知名门户网站人民网、新华网、凤凰网、新浪网等网络平台和省内外融媒体合作，全省正面旅游舆情得到大力推广。在微信、微博、贴吧、抖音、火山等网媒上有关黑龙江省的正面旅游网络舆情也在逐步增多。比如 2019 年 8 月在林都伊春市召开的"旅游发展大会"，在哈尔滨举办的马拉松大赛、哈尔滨冰雪节等正面旅游网络舆情在网络上吸引了众多网民参与。2020 年 10 月 1 日网络空间中的"老市委大院变身哈尔滨博物馆"和 2020 年 11 月出现的"哈尔滨冰雪大世界门票降价为 100 元"等旅游网络舆情获得广大网民的认可和高度评价，为新冠肺炎疫情以来黑龙江省旅游业的发展提供了正面网络舆论支撑。诸如此类的在网络空间中正面报道、宣传龙江旅游的声音在逐渐增多，黑龙江省旅游业发展需要的和谐的网络空间氛围正在加速培育壮大，旅游网络舆情治理开始以正面宣传为主。

（三）网络舆情预测分析能力得到加强

提前发现网络舆情的苗头并进行分析预警，在适当的时候采取治理措施会取得意想不到的治理效果。把旅游网络舆情化解于萌芽状态是黑龙江省旅游网络舆情治理的目标之一。通过对网信办等部门的实地调研，黑龙江省相关部门已经采取措施来建立涵盖涉及黑龙江省的微信、微博等全媒体的网络舆情预警分析系统。旅游网络舆情作为网络舆情的一个重要部分，对其的分析预警将被纳入该网络舆情预警分析系统。随着网络舆情预警分析系统的应用部署，黑龙江省旅游网络舆情预测分析已经得到极大提升，应对突发旅游网络舆情的能力得到提高。

（四）部门协作治理机制不断完善

部门协作是旅游网络舆情治理的基础，部门协作、综合治理成为黑龙江省旅游网络舆情治理的指导思想。针对旅游网络舆情中多部门联动不足、协作机制欠缺的问题，黑龙江省旅游管理部门出台一系列举措。通过分析最近几次旅游网络舆情的治理案例可以发现，黑龙江省旅游网络舆情治理中部门协作得到极大的改善。黑龙江省网信部门一旦发现旅游网络舆情的萌芽，就马上通报给旅游管理部门、宣传部门等相关部门，多部门协作应对旅游网络舆情，努力维护和塑造黑龙江省旅游形象。例如，在2019年12月14日发生的"出租车宰客事件"中，网络上一出现相关爆料，黑龙江省网信部门就马上通报给旅游管理部门。旅游管理部门立即向被宰的乘客先行赔付，获得了游客吴某的认可。宣传部门立即进行了事件通报，同时交通管理部门对涉事出租车及司机进行了处罚，依法严肃处理涉事企业和涉事出租车驾驶员，吊销涉事企业两辆出租汽车经营权和装载驾驶员从业资格证，并对出租车行业进行经营整顿。黑龙江省各部门密切配合，尽力把"出租车宰客"事件的旅游网络舆情对哈尔滨市旅游形象及黑龙江省旅游业的负面影响控制在最低限度。

二 黑龙江省旅游网络舆情治理存在的问题

党的十九届四中全会强调，把中国制度优势更好转化为国家治理效能。

要发挥中国共产党的领导的制度优势，充分发挥党委在网络舆情治理中的领导核心作用，提高政府、互联网企业、网民、社会公众、第三方组织（协会、团体）等多元主体参与网络舆情综合治理的广度和深度，最终构建一个党委领导、政府管理、多元主体参与的网络舆情综合治理体系，把社会主义制度优势转化为治理效能。黑龙江省旅游网络舆情治理虽然取得巨大的进步，但是距离网络舆情治理系统的现代化要求尚存在差距，旅游网络舆情治理还存在不少短板。

（一）治理观念跟不上旅游产业发展的需要

网络舆情由管理时代迈向治理时代。传统的"管、删、堵、封"方式已经无法适应网络舆情治理的发展。网络舆情治理的目标，不仅包括巩固马克思主义意识形态主导权，构建一个风清气正的网络空间，还包括把网络舆情这个新时代中国发展过程中的"变量"转变成为新时代中国特色社会主义事业凝聚人心的"增量"。虽然黑龙江省旅游网络舆情治理取得一定的成绩，但是在次生网络舆情治理方面也存在一些问题。其中较为突出的问题是治理观念落后，部分单位仍停留在"鸵鸟心态""自然冷却"等陈旧治理观念上，缺少互联网思维，无法跟上网络媒体的发展，把握不准网民的网络舆情心理变化。旅游网络舆情治理观念陈旧，在"8·25哈尔滨酒店火灾事故"中表现得尤为突出，针对网民关心、关切的问题，相关部门没有给予明确的回应，在权威媒体介入，特别是《法治日报》提出4个疑问之后才宣布组成调查组，并承诺公布相关调查结果。旅游网络舆情发生之后，相关部门想到的是如何规避尖锐问题，而不是直面网民的关切点——宣布第一时间开展公开、透明、媒体监督的调查。互联网时代，治理观念落后将导致黑龙江省旅游形象塑造事倍功半，伴随着事件爆发出次生网络舆情，造成网络舆情的二次泛滥，影响太阳岛作为国家级旅游景区的形象。落后的旅游网络舆情治理观念不利于旅游网络舆情治理效能的提升，甚至在很多情况下，落后的治理观念产生的副作用可以瞬间将几十年、几代人成功塑造的良好形象毁于一旦。旅游网络舆情一旦治理失败，将会形成巨大的震荡波并迅速扩展到国内外，严重冲击黑龙江省旅游业的发展。

（二）质疑黑龙江省旅游投资开发环境的"破窗效应"尚未有效治理

当前黑龙江省对诸如旅游价格、服务质量等常规旅游网络舆情的治理已经非常成熟，能够在维护黑龙江省旅游良好形象的前提下进行有效引导。但是对于突发旅游网络舆情的治理还存在许多不足，处置突发旅游网络舆情的方式和手段有待进一步改进和完善。例如，对"毛振华控诉'亚克力'"事件处置就不太成功，相关部门缺乏面对网络上名人效应的处置经验，黑龙江省旅游管理部门、宣传部门、网信部门等对事件的影响估计不足，反射弧太长，没有在网络舆情的初期进行处置。最终，形成了质疑黑龙江省旅游投资开发环境的"破窗效应"，进一步产生次生网络舆情，质疑整个东北的投资环境。

（三）治理碎片化现象仍然存在

网络舆情治理是一个系统工程，需要多部门联合协作应对，旅游网络舆情治理需要整体性思维。通过对黑龙江省旅游网络舆情治理案例的剖析可以发现，在经历"毛振华控诉'亚克力'"事件之后，旅游网络舆情治理中部门协作情况有所改善。但是分析"8·25哈尔滨酒店火灾事故"、"出租车宰客"事件等旅游网络舆情事件的处置过程发现，受到行政科层制的影响，黑龙江省旅游网络治理的碎片化现象仍然存在。在旅游网络舆情发生之后，宣传部门、网信部门、旅游管理部门、涉事主体之间缺乏协同，各自为战的现象仍然突出。治理碎片化的主要表现包括以下两方面。一是整体性治理成效完全依靠"人治"，协作效果的好坏在很大程度上取决于相关领导对舆情事件的重视程度，以及有关部门对旅游网络舆情的敏感程度。二是在引导和疏解旅游网络舆情时各部门之间缺乏默契，各说各话、互相矛盾的情况时有发生。减少部门关注、领导重视等主观因素对旅游网络舆情治理效果的影响，

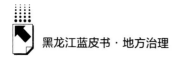

亟须用整体性治理思维，把部门协作治理旅游网络舆情进行制度化，用制度安排来提升部门协作水平，把国家治理的制度优势转化为黑龙江省旅游网络舆情治理效能。

（四）旅游网络舆情正面引导力偏弱

网络空间舆情，虽然偶尔会爆出一些有关龙江旅游的负面舆情，但是总体上旅游网络舆情中正面旅游网络舆情已经占主导地位。无论是新华网、人民网、凤凰网、网易、新浪、东北网等门户网站，还是微信、微博、旅游网站 App、手机客户端等，都可以看到宣传黑龙江旅游的新闻和推介。黑龙江省旅游网络舆情正在朝着正面旅游网络舆情苗壮成长的趋势发展。正面旅游网络舆情在壮大的同时也存在正面引导力不足的问题。目前黑龙江省旅游宣传已经做到全平台覆盖、全天候推送，但是正面网络舆情的引导力还需要进一步加强。通过调研发现，旅游正面宣传多数在社会公众的视野内徘徊，并没能真正走入公众的内心世界，缺乏与人民群众的互动。例如，2019年哈尔滨国际马拉松作为哈尔滨市举办的具有重要影响意义的体育赛事，对于推介黑龙江旅游、哈尔滨城市形象的作用是显而易见的。无论是本地的东北网，还是新浪网、凤凰网、中国新闻网等大型门户网站，抑或广播电台都做了专题报道。虽然线上、线下的宣传铺天盖地，但新闻的阅读者不是很多，参与互动的网民数量也不是很多（见图1），网络转发、留言关注更是少之又少，微信、微博等互动自媒体上的参与者也是非常有限，网络空间没有形成网民话题"火"起来。

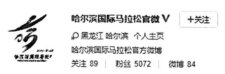

图1 2019年哈尔滨国际马拉松比赛官方微博截图

资料来源：新浪微博。

（五）多元主体参与治理渠道偏窄

旅游网络舆情治理需要包括宣传部门、网信部门、旅游管理部门、文化部门、文旅类社会组织等多元主体的有效参与。旅游强省战略离不开一个和谐的网络舆论氛围，黑龙江省相关部门高度重视旅游网络舆情治理。当前，黑龙江省旅游网络舆情治理已经形成由网信部门、宣传部门、旅游管理部门等多元主体参与的治理格局。虽然新的治理格局已经形成，但是新格局的治理主体以管理部门为主，缺少旅游从业者、社会组织（旅游从业者协会等社会组织）的有效参与，更缺少龙江旅游业推动者——3000 多万普通龙江百姓的参与互动。

旅游网络舆情治理需要正视旅游业发展中客观存在的发展问题。任何地方发展旅游业都会遇到旅游服务投诉、服务供需双方的纠纷，可以说旅游网络舆情是旅游业高速发展过程中次生的发展问题。当前以宣传部门、网信部门、管理部门等行政部门主导的旅游网络舆情治理存在先天的不足。一方面，负面旅游网络舆情只是暂时在网络空间退潮，但负面网络舆情的附带损害无法完全杜绝；另一方面，正面旅游网络舆情在网络空间得不到有效回应，难以形成舆论冲击波，不足以深入社会公众的内心。黑龙江省旅游网络舆情治理非管理者参与治理的渠道偏窄，严重影响黑龙江省旅游网络舆情治理体系和治理能力现代化的发展。黑龙江省需要尽快完善旅游网络舆情治理中除管理部门之外的主体有效参与机制。群策群力，利用多元主体的有效参与来降低旅游网络舆情的发生概率，为黑龙江省旅游业的健康发展保驾护航。

三 提升黑龙江省旅游网络舆情治理能力的对策

针对黑龙江省旅游网络舆情治理中存在的不足，结合黑龙江省旅游业发展的实际情况和网络舆情的发展规律，综合运用行政学、传播学、心理学、情报学等多学科理论，探索在治理理念、预警体系、整体性治理、引导能力、参与机制等方面提出可行对策，以此来提升黑龙江省旅游网络舆情综合治理能力，为黑龙江省旅游业发展提供风清气正的网络舆论空间。

（一）转变治理观念，推动旅游网络舆情科学治理

在信息技术和新媒体发达的时代，人人都有机会成为意见领袖，现实世界发生的事件会被同步传播到网络空间。传统的网络舆情治理手段——"删、管、堵、封"已无法适应网络舆情治理的发展需要，"鸵鸟政策"不再适合网络舆情治理。提升黑龙江省旅游网络舆情治理能力，要转变旅游网络舆情治理观念，用先进的治理理念来指导黑龙江省旅游网络舆情治理。

一是要树立互联网思维。作为旅游网络舆情治理的主要主体的宣传部门、网信部门、旅游管理部门，需要具有对旅游网络舆情新规律的认知能力。互联网时代，事物基本上都是透明的。政府治理需要向公开透明转变，网络舆情治理堵不如疏。要及时回应旅游网络舆情，回应网民，公开公正地解读旅游网络舆情热点，与网民形成良性网络互动，切忌自说自话。

二是专业的人干专业的事。要进一步完善学习培训机制，利用省内外的各种资源提升旅游网络舆情治理的主要参与者的信息素养。一方面，与省内大学、科研机构建立合作机制，建设旅游网络舆情治理案例数据库，针对黑龙江省旅游网络舆情的新特点和新规律共同开展课题研究，把可行性高的研究成果提供给宣传部门、网信部门、旅游管理部门等旅游网络舆情治理主体进行学习借鉴。通过学习研究，黑龙江省旅游网络舆情的治理主体及时掌握旅游网络舆情发展的新规律、新特点，提升旅游网络舆情治理主体的信息素养和旅游网络舆情治理能力。另一方面，与新华网网络舆情监测分析中心、人民网舆情数据中心、新浪舆情研究中心等专业网络舆情研究机构合作，购买旅游网络舆情研究服务。在遇到疑难旅游网络舆情时，治理主体既不能采取"鸵鸟策略"，也不能贸然行事，应及时向相关部门和专家请教，提高黑龙江省旅游网络舆情治理成功率。

（二）完善预警机制，提高应对突发旅游网络舆情的能力

网络舆情的发生可以分为 5 个阶段：发生期→发展期→高潮期→震荡期→回落期。网络舆情的最佳介入阶段在发生期和发展期。旅游网络舆情治理要遵守网络舆情发展的规律，把治理工作重点放在发生期和发展期。越早介入旅游网络舆情，越有利于将旅游网络舆情化解于萌芽状态，越有利于把控旅游网络舆情的走向和引导相关旅游舆情朝向好的方面转变。针对提升黑龙江省旅游网络舆情预警能力和引起"破窗效应"突发旅游网络舆情的应对能力，结合网络舆情的演变规律，黑龙江省应完善旅游网络舆情预警机制，提升突发旅游网络舆情的应对能力。

一是利用大数据技术提升黑龙江省旅游网络舆情的预警能力。旅游网络舆情的爆发需要一个过程，通过大数据分析技术可以发现网络舆情萌芽状态下常规手段不易察觉的特征。提升黑龙江省旅游网络舆情预警能力的一个重要技术手段就是依托大数据建立旅游网络舆情预测系统。具体做法是以哈尔滨工业大学、哈尔滨工程大学、黑龙江大学、省科学院等高校和科研院所为依托，加强与这些掌握先进信息技术单位之间的合作，应用大数据分析技术，联合构建符合黑龙江省省情的网络舆情追踪预测系统，提高旅游网络舆情准确预警概率。

二是鼓励旅游企业设置旅游网络舆情监测员。旅游企业及从业者是旅游网络舆情的利益相关者，旅游网络舆情的处置效果直接关系到其切身利益，其对旅游网络舆情的敏感度比较高。建立旅游企业旅游网络舆情预警工作机制，支持和鼓励旅游企业设置旅游网络舆情监督员。重点监控微信、微博、抖音等网络分析技术不能全覆盖的新媒体，以及辨别旅游网络舆情中的反话正说的"高级黑"形式。

三是引导全省公众参与报送旅游网络舆情信息。信息技术手段无论多么先进，都存在局限性。例如，2019 年 12 月出现的"出租车宰客"事件，并不是一次孤立的旅游网络舆情，2019 年 2 月网络上就出现过投诉出租车宰客的相关舆论，黑龙江本地朋友圈也出现过多起出租车宰客的爆料，但是由

于宰客的金额较小、影响范围小并未受到相关部门的足够重视。旅游网络舆情的预警需要调动龙江百姓的积极性，鼓励百姓积极上报与黑龙江省相关的旅游网络舆情，并对重大旅游网络舆情的首次上报者给予物质或精神奖励。发挥全省党员、干部（特别是公职人员）的带头作用，建立渠道并鼓励他们把工作生活中发现的与黑龙江省相关的旅游网络舆情及时报送给有关部门，防患于未然，把旅游网络舆情扑灭在萌芽阶段。

（三）创新引导方式，提高旅游网络舆情引导能力

全媒体时代，传统新闻媒体不再能够垄断，传统的媒体引导机制已经跟不上信息化时代公众的信息需求。借鉴其他省份处理旅游网络舆情的经验，创新旅游网络舆情引导机制，是提高黑龙江省旅游网络舆情引导能力的必要手段。

一是完善信息披露制度。旅游网络舆情治理需要从源头降低旅游网络舆情发生概率，非常有必要建立和完善黑龙江省旅游信息披露制度。征集网络上网民对黑龙江省旅游业的意见和看法，不定期由宣传部门、网信部门、旅游管理部门、旅游从业者、消费者协会等多元主体联合发布旅游信息。针对网民和社会关注较多的旅游问题要适时地进行信息披露和答疑解惑，及时地消除信息不对称对黑龙江省旅游业的影响。

二是推进引导方式的差异化，提升网络舆情引导能力。黑龙江省旅游业的发展不是一蹴而就的，需要一个逐步发展完善的过程。一方面，黑龙江省旅游业应主动接受社会的监督和善意批评。对于网络上对黑龙江省旅游业的善意批评，不能一味地屏蔽和管制，针对其中合理、善意的批评，旅游管理部门要及时做出回应并采取措施督促相关部门进行整改，并向社会公布结果，尽量取得社会公众的认同。另一方面，针对别有用心的恶意"唱衰"和网络上关于黑龙江省旅游业的虚假信息，要及时出面予以驳斥和揭露，在必要的时候邀请人大代表、政协委员、社会名人、当地群众、消费者等群体共同参与，及时消灭该类信息的信源，重塑旅游管理部门的公信力。

三是问政于民，尽力做到旅游产业科学决策。加强与网民的沟通交流，

问政于民，完善政府涉及公共利益重大决策的网络意见征集制度，在一定程度上能够提升政府决策的科学性，调动公众的政治参与热情，降低网络舆情发生的概率。旅游业是服务业，旅游业的发展壮大依靠的是游客之间的口碑相传，相互推荐。在重大旅游项目开展、旅游法规出台、旅游活动举办等旅游相关决策部署之前，应广泛征求网民、市民意见，做到科学决策，减少因决策带来的争议。例如，某景点农村大通铺的住宿价格为 800 元/天，虽然进行了价格公示，但是仍然引起了游客的吐槽。这种吐槽虽然无关旅游业发展的大局，却是一种游客对旅游服务质量性价比产生不满的隐患。

四是加大旅游正面引导力度。旅游业的发展离不开正面舆论的支持，而正面网络舆论氛围是需要通过科学宣传来营造的。在公众面前树立黑龙江省旅游业发展的良好形象就需要强化对黑龙江省旅游业的正面宣传，提升旅游网络舆情正面引导能力。在持续推进"厕所革命"、建设"龙江文旅云平台"、文化和旅游智慧服务将实现"一张网"管理的基础上，下一步需要重点围绕打造"北国好风光，尽在黑龙江"旅游品牌，充分发掘利用主流媒体、新媒体和自媒体在全国范围内展开正面舆论宣传。要做到宣传的受众在哪里，宣传的触角就要伸向哪里。对黑龙江省旅游业的宣传不仅要做到传统媒体全覆盖——门户网站、广播、电视，而且要尽快覆盖新兴媒体——政务App、"两微一端"，尽快完成对新兴网络平台——火山、快手、抖音等的正面舆论宣传布局。要求黑龙江省"网红"为旅游业代言，以多种方式宣传黑龙江省旅游业。此外，要借助 998 交通广播等省内知名融媒体平台开展形式多样、内容丰富的正面旅游形象塑造工作。

（四）完善协同机制，提高旅游网络舆情的整体性治理能力

旅游网络舆情治理是一项系统工程，既需要网信部门的侦测预警、宣传部门的积极回应，又需要旅游部门的协调处置、涉事单位的积极配合，任何一个单位缺位、任何一个环节出问题都会影响旅游网络舆情的有效治理。旅游网络舆情治理必须加强部门之间的协作，形成一套行之有效的协作机制。

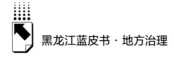

一是建立信息共享机制。当前影响黑龙江省网络舆情治理的一个重要因素就是对旅游网络舆情的信息共享不足。通过分析以往旅游网络舆情的治理案例可以发现，首先获取旅游网络舆情的部门没有第一时间通报给其他部门，造成旅游网络舆情次生舆情衍生的例子有很多。消除部门之间的信息不对称就要建立部门之间信息共享机制，发现旅游网络舆情的苗头信息要及时通报给其他部门，特别是作为旅游网络舆情治理主要参与者的网信部门和旅游管理部门要建立稳定的信息共享机制。

二是建立部门协作机制。针对黑龙江省旅游网络舆情治理中部门协作性差的问题，要建立旅游网络舆情治理工作的部门协作机制。要形成宣传部门主导，网信、旅游管理部门、涉事单位积极配合的部门协作机制。针对突发、重大旅游网络舆情要及时制订应对方案，宣传部门要督导各部门落实方案。

三是制订跨部门协作的处置方案。一般意义上的旅游网络舆情的治理都已经成形，成为旅游网络舆情治理的常态化操作。突发旅游网络舆情是治理的难点和重点，要制订由多部门协作的处置方案，一旦发现突发舆情就马上由宣传部门和旅游管理部门主导其他部门和涉事部门展开协作进行处置。要求黑龙江省完善旅游网络舆情结果处置反馈机制，通过追踪旅游网络舆情处置结果，督促相关部门整改和完善存在的不足，从源头治理旅游网络舆情，进一步减少负面旅游网络舆情产生的土壤，提升龙江旅游业发展质量。

（五）拓展多元主体参与渠道，提升旅游网络舆情治理能力

一是推进多元主体参与旅游网络舆情治理的法治化。网络空间的社会化治理要求网络舆情治理必须法治化，要完善网络舆情治理相关的法律法规，为多元主体参与旅游网络预期治理提供法律依据。在龙江全面振兴的新时代，黑龙江省可以结合省情和黑龙江省经济社会发展的现实需要，对网络舆情治理进行细化分解，针对网络舆情的处置程序、权限等内容出台相关规定，依据国家和省内已经出台的网络舆情治理法规，制定独具龙江特色的旅

游网络舆情治理的规章制度，以规范网信部门、宣传部门、旅游管理部门、旅游从业者、涉事主体、相关社会组织等多元主体在旅游网络舆情治理中的责任和义务，以法治化来推动黑龙江省旅游网络舆情治理体系和治理能力的现代化。

二是培育多元主体中社会主体（协会、行会等社会组织）参与治理能力。当前，黑龙江省旅游网络舆情治理的主体是政府，而旅游网络舆情可以说是旅游产业发展的一个附属品，是市场经济下消费主体的一种消极回应。旅游网络舆情治理不能完全交给政府，还应该发挥市场中的社会主体的作用，培育社会主体的治理能力。在负面旅游网络舆情治理中，社会主体（协会、行会等社会组织）要主动配合政府部门进行发声，承担一部分社会责任，回应网民的关切，引导网络舆情向好的方向转变。在正面旅游网络舆情治理中，非政府社会组织要正面回应网民的质疑、带头响应政府的号召、积极落实政府部门的行动部署，增强正面旅游网络舆情的引导力。此外，社会主体中的旅游业商会、导游协会等组织，不但要扮演好龙江旅游业的从业者、发展者的角色，还要扮演好龙江旅游业的宣传者、传播者的角色。利用社会资源来宣传龙江，扩大龙江旅游业的知名度，塑造龙江旅游业的良好形象。

（六）完善工作考核机制，提升治理主体的主动意识

面对旅游网络舆情，参与治理者需要主动出击，直面汹涌澎湃的网络舆论。目前黑龙江省旅游网络舆情治理模式仍然停留在被动介入阶段，治理主体的主动意识不足。为调动治理主体的主动性，应将旅游网络舆情治理纳入网信部门、旅游管理部门的年度考核之中，并作为旅游经营主体的经营评级的重要依据。以考核制度来激励旅游网络舆情治理中的涉事部门及旅游业经营主体主动出击，采取积极补救措施，应对旅游网络舆情，把负面旅游网络舆情化解在萌芽状态，减少旅游网络舆情对黑龙江省旅游业的负面影响。

一是把旅游网络舆情治理作为一个指标纳入网信部门、旅游管理部门的年度绩效考核体系，并占据一定的比例。定期对旅游网络舆情治理情况进行

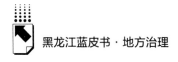

督促检查，对治理工作推动较好的单位和个人，要按照有关规定进行表彰；对采取"鸵鸟策略"的单位，要进行通报；对弄虚作假、误导公众，引发严重旅游网络舆情事件，造成严重社会影响的，要依法依纪追究相关单位和人员责任。

二是将旅游网络舆情治理纳入黑龙江省旅游企业和从业人员的征信体系。把虚假宣传、欺客宰客、哄抬物价、强制消费等不良行为记录到旅游从业人员和经营企业的征信体系中。在旅游等级鉴定、旅游职业资格审核中，对酿成严重旅游网络舆情的涉事旅游企业和从业人员，实行"一票否决"制。此外，需要制定旅游服务标准，规范旅游从业者的服务，从源头降低旅游网络舆情发生的概率。

B.16
黑龙江省网络问政平台建设调查与分析

——以留言板型为例

网络问政平台是互联网时代出现的连接政府和网民之间的桥梁，是政府和网民就政务问题进行互动的网络平台。目前，黑龙江省通过参与外部网络问政平台和自建网络问政平台的方式，基本建立起覆盖各级和各领域行政机关的网络问政平台体系，为黑龙江省各级政府利用网络征集民意、答民所惑提供了保障。但网络问政平台是随着互联网的普及而出现的新生事物，包括领导干部在内的社会各界对网络问政平台的认识仍旧不足，导致黑龙江省在网络问政平台建设方面还存在对外部平台的参与度不足，自建省级平台制度不完善，市地、厅局自建平台水平参差不齐、利用率不高等问题。对此，建议从深化认识、加强人民网《领导留言板》参与、统筹全省网络问政平台建设、完善网络问政平台制度建设等方面予以强化。

关键词： 网络问政平台 留言板 黑龙江

信息网络技术的飞速发展，不仅改变着人们的生活方式，也对政府职能作用的发挥提出了新的要求。据国家网信办统计，截至 2020 年 6 月，我国

---

* 李志庆，黑龙江省社会科学院法学研究所助理研究员，研究方向为地方法治。

网民数量已经达到 9.4 亿人，占全国总人口的 67%。① 广大网民越来越多地通过网络来购物、娱乐、交流、学习和工作，也越来越倾向于通过网络来参政议政。公众行为倾向的网络化对政府职能的履行提出了新的要求。正如习近平总书记所言，"网民来自老百姓，老百姓上了网，民意也就上了网。群众在哪儿，我们的领导干部就要到哪儿去。各级党政机关和领导干部要学会通过网络走群众路线，经常上网看看，了解群众所思所愿，收集好想法好建议，积极回应网民关切、解疑释惑"。② 政府如何借助网络优化自身服务、满足网络时代背景下公众的要求成为各级政府亟须解决的问题。在这种背景下，网络问政平台作为一个连接政府与网民公众之间的桥梁应运而生。当前，黑龙江省正处于爬坡过坎、滚石上山的关键阶段，改善包括政务环境在内的发展环境是当务之急。而网络问政平台是建设阳光政府、法治政府、责任政府、服务政府的重要媒介，是政府优化发展环境、开展"办事不求人"和"最多跑一次"等攻坚行动的重要抓手。因此，网络问政平台的建设对于黑龙江省而言尤为重要。本文将在厘清网络问政平台概念的基础上，对黑龙江省网络问政平台的建设状况进行调查，总结问题并提出完善建议。

一 黑龙江省网络问政平台的设立状况

网络问政是指政府和公民通过互联网平台进行互动的活动。网络问政包含两层含义：一是政府问计于民，指政府通过网络平台向公民征集施政的要点、方略和意见；二是公民问政于官，指公民通过网络平台向政府进行问询、投诉和建议。据此，网络问政的主体可以分为公民和政府两类，网络问政的客体指与政府施政有关的一切政务，网络问政的载体和媒体是互联网平台。本文所要研究的网络问政平台即为网络问政活动所据以展开的虚拟互联

---

① 第 46 次《中国互联网络发展状况统计报告》，http://www.gov.cn/xinwen/2020 – 09/29/content_ 5548176. htm，最后访问时间：2020 年 11 月 20 日。

② 《习近平在全国网信工作座谈会上的讲话》，http://www.xinhuanet.com//politics/2016-04/25/c_ 1118731175. htm，最后访问时间：2020 年 11 月 20 日。

网平台。

　　根据学者的分类，我国目前的网络问政可以划分为网络偶发事件模式、专题型网络问政模式和留言板型网络问政模式三种模式。[①] 网络偶发事件模式是最早的网络问政模式，其运转模式是某事件在网络空间持续发酵，引起网民高度参与，政府迫于舆论压力出面应对，解决并回应相应事件。与之相对应的网络问政平台是微博、微信公众号和新闻客户端等。专题型网络问政模式是指政府主动搭建网络平台，并由政府抛出特定的议题供网民讨论，从而实现问计于民的目的。其所依据的平台是政府网站的民意征集、民意调查、网上听证等栏目。留言板型网络问政是近年新兴的网络问政模式，是指政府主动搭建网络问政平台或参与其他主体建设的网络问政平台，网民通过留言的形式对政务相关问题提出咨询、批评、建议，由政府相关部门负责回复、办理和解决，从而实现网民问政于官和政府汇聚民意、优化决策、完善执法和监督的目的。[②] 留言板型网络问政平台是常设性的网络问政平台，可以有效缩短政府与民众之间的距离，对建设阳光政府、法治政府、服务政府和责任政府具有重要的价值，拥有其他类型网络问政平台无法比拟的优势，成为越来越多地方政府所青睐和重点打造的对象。因此，本文特选取留言板型网络问政平台作为黑龙江省网络问政平台建设状况的考察对象。

　　在实践中，留言板型网络问政平台具体表现为三种形式：咨询投诉信箱、政民互动栏目和专门的网络问政平台。咨询投诉信箱是第一代留言板型网络问政平台，是传统问政向网络延伸的最早形式，在功能上与信访渠道类似。其具体运转形式是：政府在官方网站设置咨询投诉信箱链接，网民点击后打开一个填写申请人信息和咨询投诉内容的页面，填写完毕后选择提交，政府收到网民申请后以电话、邮件或平台验证码查询的方式答复申请人。这种平台的突出特点是"一对一"的问答，网民的申请内容和政府的答复内

[①] 于君博、李慧龙、于书鳆：《"网络问政"中的回应性——对 K 市领导信箱的一个探索性研究》，《长白学刊》2018 年第 2 期，第 66 页。

[②] 于君博、李慧龙、于书鳆：《"网络问政"中的回应性——对 K 市领导信箱的一个探索性研究》，《长白学刊》2018 年第 2 期，第 66 页。

容均由本人（本部门）知晓，在网络上不予公开，因此公开性不足，难以实现功能的外溢。政民互动栏目是咨询投诉信箱式问政平台的升级版，可以认定为第二代留言板型网络问政平台。与前一类型相比，政民互动栏目最大的特点在于其将部分或全部问答内容予以公开，网民可以任意查阅公开的问答内容。这使得政民互动栏目的功能不再局限于简单的政务问答，相关信息的公开为参政议政、决策咨询、执法监督、绩效评估等功能的实现提供了可能。专门的网络问政平台是近些年新兴的问政平台类型，代表着当前网络问政平台发展的最新水平，可以视为第三代留言板型网络问政平台。这类平台除沿袭和发展了第二代平台的公开性之外，在管理规范上更为严密，在配套衔接体系上更为完善。

根据行政级别的高低，可以将黑龙江省的网络问政平台划分为四个等级。第一等级为全国性的网络问政平台，主要是人民网搭建的全国性网络问政平台——《领导留言板》，黑龙江省主要领导、部分地市和区县领导进驻该平台参与问政。第二等级为全省性的网络问政平台，指黑龙江省政府官方网站上政民互动板块下的"我向省长说句话"栏目。第三等级和第四等级分别为黑龙江省地市和省政府部门级的网络问政平台，指各地市和省政府工作部门分别自建的不同类型的网络问政平台。

（一）人民网《领导留言板》黑龙江板块

《领导留言板》创办于 2006 年，是人民网开辟的一个网上问政平台，供广大网民向国家部委和省、市、县三级领导干部表达诉求、反映问题、提出意见建议。经过 10 余年的发展，该栏目已经成为知名的全国性网络问政平台，也成为外界了解各省的一个窗口。该平台向地方党委书记和政府首长开放账号，设省、市（区）、县（市、区）三级，其中县（市、区）级仅向党委书记开放账号。网民的留言划分为咨询、建言、投诉、求助、感谢五个类别，留言领域按照政府职能分工分为城建、交通、"三农"、环保、教育、医疗、治安、旅游、就业、文娱、金融、企业、政务等 13 个领域。留言内容原则上一律公开，所有网民都可以看到平台上展示的留言和回复，同时设立筛选机制，对诉求不清、涉及隐私信息和带有侮辱性、攻击性、臆测性言论的留言不予展示和办理。平台设立评价功能，留言者可对问政对象的办理结果、答复速度和态度进行满意度评价。该平台由人民网主办，建立了比较完善的管理规范，严格遵守了学术界对网络问政平台在互动性、公开性上的原则要求，是目前国内比较成熟的网络问政平台。平台按月、季度和年度发布问政数据报告，公布留言量、回复量和回复率排名靠前的地方领导，以此督促和激励各地积极参与平台的问政活动。《领导留言板》是目前唯一得到全国绝大多数地方政府认可的覆盖全国的网络问政平台。许多地方政府均进驻该平台，通过该平台进行问政活动。截至 2020 年 11 月 16 日，黑龙江省委书记和省长，以及所有 13 个市（地）均启动了该平台的留言办理工作；在全省 121 个区、县（含县级市、自治县）中，道外区、虎林县、龙凤区等 57 个区县书记启动了留言办理工作。

（二）黑龙江省政府网站"我向省长说句话"栏目

黑龙江省目前未建立专门的全省性网络问政平台，但可选取省政府官网"我向省长说句话"栏目作为考察对象。据新闻报道，该栏目于 2020 年 7 月 23 日随黑龙江省政府新版网站一同上线，是新版网站的重要革新功能，实现了与人民网《领导留言板》功能的打通，成为黑龙江省政府网上倾听民意的主要渠道。① 在此之前，黑龙江省政府网站上设置的是网上咨询平台，咨询的对象为省政府下属的 43 家政府部门。新开通的"我向省长说句话"栏目，统一设置省长为问政对象，由后台分发相关部门进行解决或答复。栏目设置了专门人员接收和分发问题。留言被分为咨询、建言和投诉三种类型。留言领域与人民网《领导留言板》划分种类相同，分为城建、交通、"三农"等 13 个领域。每个留言领域又设置了若干个重点主题类型，在留言时可以勾选，有助于后台根据主题分发给相关部门，缩短留言解决时

---

① 《新版黑龙江省人民政府网站、客户端上线》，http://leaders.people.com.cn/n1/2020/0723/c178291-31795619.html，最后访问日期：2020 年 11 月 20 日。

间。从公开性上来看，该栏目强调所有咨询和回复内容均全部公开，但留言人可以将不愿公开的内容填写在专门的位置仅供办案部门使用，兼顾公开性和人性化。平台未明确隐藏和删除留言的规则，也未公开留言办理的流程和期限。

（三）黑龙江省地市政府自建网络问政平台

在黑龙江省的 13 个市（地）中，除鸡西市和伊春市外，基本都建立了网络问政平台。但各市（地）自建的网络问政平台类型并不相同。其中，哈尔滨市（百姓谈）和大庆市（百湖民声）设立的是专门性的网络问政平台，齐齐哈尔市、佳木斯市、鹤岗市、绥化市、黑河市、七台河市、双鸭山市、大兴安岭地区等 8 个市（地）设立的是政民互动栏目类型的网络问政平台，牡丹江市设立的是咨询投诉信箱类网络问政平台，鸡西市和伊春市并未查询到具有网络问政功能的平台。鉴于其他市（地）平台机制不完善且公开信息较少，分析价值不大，下面着重介绍哈尔滨市的"百姓谈"和大庆市的"百湖民声"两个平台。

哈尔滨市的"百姓谈"建于 2004 年，起初为独立的网站，如今在哈尔滨市政府官方网站互动交流栏目设置了自动链接，哈尔滨市政府直属单位和区县政府官网的互动交流栏目均直接链接到"百姓谈"网站。平台由哈尔滨市人民政府主办，哈尔滨市政府办公厅、哈尔滨市工业和信息化局、哈尔滨政府新闻办公室承办，哈尔滨市信息中心负责平台的日常管理维护和技术支持。平台接收的留言包括问题、意见和建议，涵盖了咨询、投诉、建言等功能。问政的对象包括市政府直属机构、下属区县政府及地铁集团、供水集团、供电公司等从事公共事业服务的企业，共计 68 家机构。平台设立了比较完善的工作机制：设置和公开了留言筛选规则，有专人负责分发留言给各相关职能部门，根据留言类型分别确定了处理期限，有专门的人员和机关负责督办超期留言；设立了统计分析和案件统计功能；设置了留言评价功能；定期总结分析留言办理情况并编发通知通报；留言回复情况被纳入发展环境（政务）考评和全市政府网站绩效评估考核机制。在公开性上，平台留言完全公开（部分违反平台规定的不予公开），但仅限于当年的信息。

大庆市的"百湖民声"建于2013年，为独立的专门性网络问政平台，并在大庆市政府官网"参政监督"板块下设置链接。该平台由大庆市委宣传部主管，大庆市委网信办主办，大庆日报社承办，大庆市委督查考评办协办。留言类型包括建议、投诉、举报、求助、咨询和其他6种类型。平台的问政对象不仅包括大庆市政府下属的机构和区县政府，市委下属的宣传部、组织部、信访局等机构，还包括市人大常委会、市法院、市检察院等机关，妇联、共青团等人民团体，从事公共事业的企业、学校，以及部分银行、律师事务所和保险公司等，共计142家机构。平台管理运营比较规范，形成了比较完备的制度。例如，设有专门的编辑负责问题分拨，留言底端设有留言办理阶段，可一目了然地查看办理进度，设置"红黑榜"对受理单位进行激励和鞭策，设有围观网友评论功能，同时平台每周对问政数据进行汇总分析。在公开性上，平台自成立以来的所有合规留言完全公开。

（四）黑龙江省政府工作部门自建网络问政平台

对于黑龙江省政府工作部门自建网络问政平台的情况，笔者通过浏览省政府直属37个工作部门官方网站的形式，对各部门自建的网络问政平台状况进行了调查。调查显示，办公厅和研究室无独立网站，体育局网站直接链接了省政府官方网站上的政民互动板块，广播电视局直接链接了黑龙江省政务服务网的业务咨询平台，其他省政府工作部门均在官方网站设立了问政栏目，但设置形式各异。省发展改革委、教育厅、科技厅、工业和信息化厅等30个厅（局）设立的是政民互动栏目类型的网络问政平台，公安厅、财政厅、营商环境建设监督局设立的是不公开留言内容的咨询投诉信箱类网络问政平台。在平台功能的设置上，各厅（局）也不尽相同，有的仅受理咨询类留言，有的除接受咨询外还受理投诉、建议等各类留言，其中受理咨询类留言是各厅（局）自建平台的基本必备功能。

二 黑龙江省网络问政平台的运行状况

网络问政平台建设状况的评价可划分为两个维度。第一个维度是平台设置状况，主要考察平台搭建情况、功能设置、管理规范情况等表面性信息，主要评价"有没有"的问题。第二个维度是平台运行状况，以"回应性"为主要衡量指标，考察平台的回复效率、回复质量、公开情况等内容性信息，主要评价"好不好"的问题。鉴于前一部分对黑龙江省网络问政平台的建设维度进行了阐述，本部分将主要从运行状况维度对黑龙江省自行搭建和参与的网络问政平台进行考察。

（一）人民网《领导留言板》黑龙江板块①的运行状况

近年来，在黑龙江省委、省政府的重视和领导下，《领导留言板》黑龙江板块在运行状况上取得了飞速的发展。人民网《领导留言版》2017年1月发布的《2016年全国网民留言办理热度指数排行》显示，2016年黑龙江省在留言回复率和满意度两个指标的得分均为0分，留言回复办理综合评估指数得分为28.64分，在内地31个省、自治区、直辖市中排名倒数第一。自2018年起，黑龙江省委书记和省长开始重视该栏目的留言回复：2018年3月，省委书记张庆伟正式启动黑龙江省委书记在该平台的留言办理工作；2019年3月，黑龙江省政府办公厅下发《关于做好人民网"地方领导留言板"网民给省长留言办理工作的通知》，要求全面提升网民留言办理工作的质量和效率，推动网民留言办理工作规范化、制度化。2019年3月，张庆伟书记发布《致人民网网友的一封信》，提到《领导留言板》网民留言的办理情况，强调要"认真对待每一条'送上门的民意'"。2020年7月，在黑龙江省政府新版网站及客户端云上线仪式上，时任省长王文涛表示，"各

---

① 本部分数据如非特别说明均来自人民网《领导留言板》网站，http://liuyan.people.com.cn/home?p=0，最后访问日期：2020年11月19日。

级领导干部要上网听民意，要感知群众情绪，读懂群众心声，把握群众脉搏"。而且在黑龙江省政府新版网站上开通的"我向省长说句话"栏目与人民网《领导留言板》实现了功能打通，成为黑龙江省政府网上倾听民意的主要渠道。在这种形势下，黑龙江省三级政府回复信息的数量开始大幅增加。截至 2020 年 11 月 16 日，《领导留言板》黑龙江板块历史总留言量为 27101 条，历史总回复量为 8856 条，历史留言回复率达到 32.68%；而在 2020 年 1 月 11 日时，历史留言回复率尚为 12.5%。①

根据平台统计，截至 2020 年 11 月 16 日，黑龙江省委书记的年度总留言量为 2320 条，年度公开回复量为 971 条，回复率为 41.85%；② 同期，黑龙江省省长的总留言量为 2360 条，公开回复量为 2300 条，回复率为 97.46%。黑龙江省各市（地）领导留言量情况如图 1 所示，哈尔滨市留言最多，占全省留言总量的 60.21%，各地市留言量基本与人口数量呈正相关。黑龙江省各地市同期的回复量和回复率，如图 2 所示，回复率在 50% 以下的有黑河市、双鸭山市和绥化市。同期留言量比较大的区县大多集中于哈尔滨市，留言量过百的区县依次是南岗区、道里区、香坊区、道外区和松北区。同期回复率达到 100% 的区县有呼兰区、平房区、虎林市、爱辉区、海林市、林口县、向阳区、龙江县、龙凤区、恒山区、鸡东县、东风区、方正县、通河县、东宁市、绥芬河市、木兰县、逊克县、滴道区、梨树区、向阳区、抚远市、茄子河区与呼玛县。笔者随机查看了若干条留言，综合而言：黑龙江省委书记的留言回复质量比较高，但回复效率略显滞后；黑龙江省省长的留言回复效率比较快，回复质量也比较高；地市领导的回复质量都很高，但大部分回复效率略显滞后；区县领导开通回复功能的仅有 57 个，占区县总数的 47.11%，回复效率和质量水平较低，其中有的区县仅回复咨询电话，而不解决实际问题。

---

① 截至 2020 年 1 月 11 日，《领导留言板》黑龙江板块历史留言总量为 17461 条，历史回复总量为 2182 条。

② 平台说明：年度留言量/回复量特指从上一年同月 1 日开始，至当日日期的数据。其中，回复量包括对既往留言的回复情况。

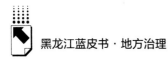
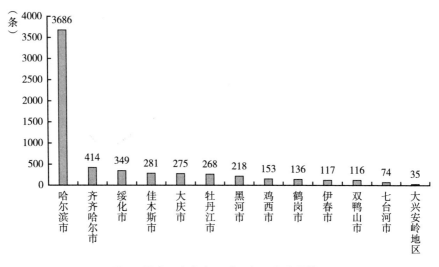

图 1　黑龙江省各市（地）领导留言量情况

注：统计时间截至 2020 年 11 月 16 日。

资料来源：根据人民网《领导留言版》网站公开信息整理。

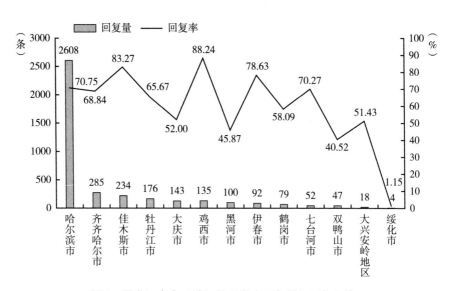

图 2　黑龙江省市（地）领导留言回复量与回复率情况

注：统计时间截至 2020 年 11 月 16 日。

资料来源：根据人民网《领导留言版》网站公开信息整理。

（二）黑龙江省政府网站"我向省长说句话"栏目的运行状况

"我向省长说句话"栏目于 2020 年 7 月 23 日开通。据该栏目网站统计，截至 2020 年 11 月 16 日，平台共收到留言 245 条，全部得到了回复。该栏目实现了与人民网《领导留言板》中黑龙江省省长板块留言的贯通，即在二者任一平台上的留言和回复，均可共享至另一平台。在黑龙江省政府 App 上的"我向省长说句话"栏目，可以查证该栏目与人民网《领导留言板》中黑龙江省省长板块上的留言信息基本一致。但在黑龙江省政府网站的"我向省长说句话"栏目无法查看尚未回复的留言，而且网站统计不准确，信息更新不及时。以 App 中留言信息为观测对象，该栏目的优点是信息回复的质量比较高，绝大多数问题能得到正面的答复和解决，绝大多数问题能在短期内得到回复，但仍存在一些数月未得到回复的留言。由此可见，栏目已经建立了回复时效机制，但未能严格有效地予以执行。整体来看，栏目的互动性和回应性较好，在回应效率和回应机制上有待进一步完善和提高。

（三）黑龙江省市（地）政府自建网络问政平台的运行情况

哈尔滨市的"百姓谈"平台每年的公开留言量在 2 万条左右，平台的利用率比较高。在回复效率上，平台设置了 3～15 天的回复期限，绝大多数留言均能在期限内获得回复，回复期限明确，回复效率比较高。在回复质量和态度上，绝大多数市直部门能圆满地回答网民留言，用语规范文明，服务意识强；少部分单位在对待意见时比较敷衍，态度较差。此外，平台的网民留言评价较少，网民评价机制运转失灵。

大庆市的"百湖民声"平台自启动以来共公开留言 8 万余条，2019 年留言约 1.5 万条，截至 2020 年 11 月 16 日留言 1 万余条。平台整体比较活跃，问政热度比较高。在回复效率上，笔者随机抽查了多个留言的答复周期，绝大多数均能在 10 天以内及时地答复网民，少部分行政机关的回复期限长达 1 个月，个别企业的留言回复期长达 6 个月之久。在回复的质量和态度上，绝大多数单位回复质量很高，满意度高；个别单位态度较差，存在敷衍情况。

佳木斯市政府网站的"政民互动"栏目，截至 2020 年 11 月 16 日公开留言 2571 条，2019 年公开留言 961 条。网站仅公开已回复的留言，无法查看未回复的留言，公开性有待提高。根据公开的留言，留言的回复速度比较快，大部分留言次日就能做出答复。在回复的质量和态度上，绝大多数回复质量很高，态度较好，部分回复存在敷衍搪塞问题。由于留言直接针对具体的行政部门，对于不属于本部门职责的留言有些回复直接一推了之，未能通过部门间的内部信息沟通对网民进行直接有效的回复。

黑龙江省其他 10 个市（地）政府自建网络问政平台情况，如表 1 所示。

表 1　黑龙江省其他 10 个市（地）政府自建网络问政平台情况

市（地）政府名称	问政平台类型（具体平台名称）	留言量（根据公开信息计算）
齐齐哈尔市政府	政民互动栏目（互动交流）	2019 年为 190 条,2020 年为 87 条
牡丹江市政府	咨询投诉信箱（领导信箱）	2019 年为 8 条,2020 年为 20 条
鹤岗市政府	政民互动栏目（鹤岗民情）	2019 年为 3 条,2020 年为 3 条
绥化市政府	政民互动栏目（网上咨询）	2019 年为 134 条,2020 年为 590 条
黑河市政府	政民互动栏目（网上咨询）	2019 年为 19 条,2020 年为 10 条
七台河市政府	政民互动栏目（民声之窗）	2019 年为 1 条,2020 年为 95 条
双鸭山市政府	政民互动栏目（咨询回复、信访信箱回复）	2019 年为 43 条,2020 年为 94 条
大兴安岭地区行政公署	政民互动栏目（网上咨询）	2019 年为 13 条,2020 年为 6 条
鸡西市政府	无	无
伊春市政府	无	无

注：表 1 中留言量数据截至 2020 年 11 月 17 日。
资料来源：根据各市（地）政府官网信息整理。

（四）黑龙江省政府工作部门自建网络问政平台的运行情况

从留言量上来看，省民政厅、司法厅、卫生健康委员会、应急管理厅等几个部门的留言量较多，其他部门的留言量较少，平台利用率不高。有的部门虽然搭建了网络问政平台的框架，但并未按照设定的规则予以使用，形同虚设。平台的公开性普遍较差，大多数是选择性地公开留言。这些平台由于是部门自建，普遍缺乏外部督促机制，在处理咨询类问题上回复效率和质量比较好，但在处理投诉类问题时欠缺优质高效回应的动力。黑龙江省政府工作部门自建网络问政平台情况，如表2所示。

表2　黑龙江省政府工作部门自建网络问政平台情况分析[①]

序号	机构名称	问政平台类型[②]	留言量(根据公开信息计算)
1	办公厅	无	无
2	发展和改革委员会	政民互动栏目(主任信箱、建言献策、事项咨询)	无公开留言
3	教育厅	政民互动栏目(热点回应)	2019年为96条，2020年为8条
4	科技厅	政民互动栏目(厅长信箱、留言咨询)	2019年为30条，2020年为17条
5	工业和信息化厅	政民互动栏目(政务咨询、意见征集)	共15条，2019年、2020年无留言
6	民族宗教事务委员会	政民互动栏目(政务咨询、在线交流)	2019年为4条，2020年为2条
7	公安厅	咨询投诉信箱(咨询、举报、投诉)	无公开留言
8	民政厅	政民互动栏目(厅长信箱、网上信访、救助信箱)	2019年为649条，2020年为207条
9	司法厅	政民互动栏目(厅长信箱、业务咨询、在线投诉、行政执法投诉和举报)	2019年为52条，2020年为216条
10	财政厅	咨询投诉信箱(厅长信箱、公众咨询)	无公开留言
11	人力资源和社会保障厅	政民互动栏目(12333咨询)	共16条，2019年、2020年无公开留言
12	自然资源厅	政民互动栏目(厅长信箱、在线咨询、电子信访)	2019年为30条，2020年无公开留言

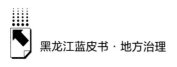

续表

序号	机构名称	问政平台类型	留言量（根据公开信息计算）
13	生态环境厅	政民互动栏目（厅长信箱、咨询留言）	2019 年为 116 条，2020 年为 17 条
14	住房和城乡建设厅	政民互动栏目（网上咨询）	共 418 条，系回复汇总，未按时间分类
15	交通运输厅	政民互动栏目（咨询、投诉）	2019 年无公开留言，2020 年为 4 条
16	水利厅	政民互动栏目（咨询建议）	2019 年为 13 条，2020 年为 19 条
17	农业农村厅	政民互动栏目（留言回复）	2020 年 8 月开通，共 10 条
18	商务厅	政民互动栏目（网上咨询）	2019 年 106 条，2020 年为 63 条
19	文化和旅游厅	政民互动栏目（厅长信箱、建议咨询）	2019 年为 6 条，2020 年为 23 条
20	卫生健康委员会	政民互动栏目（网上咨询）	2019 年为 16 条，2020 年为 134 条
21	退役军人事务厅	政民互动栏目（厅长信箱）	共 1 条，其中 2019 年为 1 条
22	应急管理厅	政民互动栏目（网上咨询）	2019 年为 247 条，2020 年为 139 条
23	审计厅	政民互动栏目（留言咨询）	共 11 条，2019 年、2020 年无公开留言
24	外事办公室	政民互动栏目（政务咨询）	2019 年为 26 条，2020 年为 64 条
25	国有资产监督管理委员会	政民互动栏目（在线留言）	2019 年为 22 条，2020 年为 13 条
26	市场监督管理局	政民互动栏目（网上咨询、投诉）	2020 年为 63 条，2019 年无公开留言
27	广播电视局	网上咨询栏目直接链接到黑龙江省政务服务网的业务咨询平台	—
28	体育局	网上咨询栏目直接链接到省政府网上咨询板块	—
29	统计局	政民互动栏目（热点回应）	2019 年为 53 条，2020 年为 62 条
30	医疗保障局	政民互动栏目（留言咨询）	2019 年为 23 条，2020 年为 3 条
31	地方金融监督管理局	政民互动栏目（咨询）	2019 年为 24 条，2020 年为 27 条
32	营商环境建设监督局	咨询投诉信箱（局长信箱、企业投诉、建言献策）	无公开留言
33	林业和草原局	政民互动栏目（局长信箱、建言献策、咨询留言）	2019 年为 5 条，2020 年为 4 条

序号	机构名称	问政平台类型	留言量（根据公开信息计算）
34	机关事务管理局	政民互动栏目（局长信箱、在线咨询、监督投诉）	2019年为4条，2020年无公开留言
35	研究室	—	—
36	扶贫开发工作办公室	政民互动栏目（政务咨询）	2019年为5条，2020年为3条
37	人民防空办公室	政民互动栏目（黑龙江人防网络交流平台）	2019年为14条，2020年为3条

注：①表2中留言量数据截至2020年11月17日。
②同时设立政民互动栏目和咨询投诉信箱的，按照较高等级的政民互动栏目类型认定。
资料来源：根据各部门官方网站信息整理。

三 完善黑龙江省网络问政平台建设的对策

总体来看，黑龙江省通过参与外部网络问政平台和自建网络问政平台的方式，基本建立起覆盖各级和各领域行政机关的网络问政平台体系，为黑龙江省各级政府利用网络征集民意、答民所惑提供了保障。但由于网络问政平台是随着互联网的普及而出现的新生事物，黑龙江省在网络问政平台建设方面还存在一些问题。首先，对外部平台的参与度不足。在人民网《领导留言板》这一全国性的网络问政平台上，黑龙江省三级党政领导的整体参与度不高，参与热情不足，部分市（地）领导和绝大多数区县领导尚未启动该平台的留言回复，部分省市领导虽建立了回应机制，但回应的效率和质量并不高。其次，在自建平台方面，省政府问政平台制度设置不够完善，平台留言量少，热度不高，利用率低，部分留言长期未得到回复；地市和厅局问政平台水平参差不齐，许多平台的设立是出于应付政府网站建设考核，虽搭建了平台却未予以有效利用，形同虚设。鉴于此，就如何完善黑龙江省网络问政平台建设提出如下建议。

（一）提高对网络问政平台建设的重视程度

网络问政平台是连接政府和公众的网络桥梁，是民众行使知情权、参与

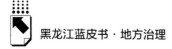

权、表达权和监督权的重要媒介，是开展网络群众路线的重要场所，是推进服务政府、责任政府、法治政府、阳光政府建设的重要渠道。依靠网络问政平台，不仅可以密切联系群众，推动从群众中来、到群众中去工作方法的落实，而且可以弥补政府在执法实践中面临的信息阻塞、沟通不畅等问题，提高政府服务的效率和质量，促进政府由管控型向服务型转变；既可以实现民意表达的全程留痕，为督促政府履职尽责提供保障，又可以提高公众法律知识水平和法治意识，拓宽公众监督、投诉渠道，化解执法实践中的官民矛盾，推动法治政府和法治社会建设进程，还可以将政府解决问题的过程和结果公之于众，接受公众监督，促进政府决策、执行和监督的透明化。但是，网络问政平台毕竟是近些年随着互联网普及才出现的新生事物，其出现和发展仍面临着包括人们认识不足、旧制度抵制等多方面的阻碍，只有在得到社会大众尤其是党政领导干部的认可和支持下才能得到健康、快速的发展。具体来说，应通过加强群众路线教育，借助网信办等机构深化网络舆论知识学习，采取与人民网《领导留言板》栏目和其他先进省份开展交流、沟通、合作等方式，深化黑龙江省各级党政领导干部对网络问政平台的认识，强化对网络问政平台建设的重视程度。

（二）提高人民网《领导留言板》回复效率和质量

人民网《领导留言板》是人民网重点打造的全国性网络问政平台，原名称为《地方领导留言板》，2019年9月增加了中央部委领导留言功能，并更名为《领导留言板》。截至2020年11月16日20点，《领导留言板》总留言量达到2730352条，回复总量达到1975987条，整体回复率为72.37%，而同期黑龙江省在该平台上整体回复率仅为32.68%，远低于平均水平。黑龙江省党政领导在该平台上的回复状况不佳，不仅影响留言者本人对黑龙江省党政机关的认识，而且经过评比机制和传媒宣传机制的加持将影响黑龙江省的整体政务形象，造成对黑龙江省发展环境的负面评价。目前，黑龙江省政府办公厅下发文件制定省长留言回复机制，使省长留言回复率和回复质量均取得极大提高，省长留言回复率在全省各级党政领导的回复率中名列前茅。因此，建议效仿省长留言办理机制，由省委和省政府联合推动全省三级党政领导建立、落实《领导留言板》留言办理机制，由省委督察室或信访局等部门抓好监管督促工作，将留言办理情况纳入领导干部考核体系。进而借助《领导留言板》这一平台加强黑龙江省各级党政领导网络群众路线教育，实现政府服务理念和服务质量的升级，改善黑龙江省政务形象。

（三）统筹谋划全省网络问政平台建设

如前文所述，黑龙江省政府（与《领导留言板》联合）及绝大多数厅局、市（地）政府均自建了网络问政平台。这种分散建设的形式可以激发各部门、各市（地）的创新性，但也造成了重复建设的局面，不仅浪费了大量的人力、物力，而且也不易形成合力，造成许多平台不为人知、利用率低的情况。与此同时，网络问政平台在功能上与网络信访平台、市长热线、纪委监委投诉举报热线等渠道存在交叉、重叠的情形。许多政府网站不仅设置了网络问政平台，而且提供了网络信访通道、市长热线、纪委监委投诉举报热线、领导信箱等类似功能的链接通道，而所有这些通道又多集中于政府网站的"互动交流"栏目下，不仅使公众无从选择，而且造成政府自身资源的分散、重复建设和浪费，还导致政府网站页面繁杂错乱的视觉形象。因此，在纵向上，建议由省委、省政府综合各厅局和市（地）政府网络问政平台资源，吸纳借鉴重庆、湖南、河北等省份和哈尔滨市、大庆市等优秀网络问政平台的经验，建设一个涵盖全省各市（地）和省政府工作部门的全省性网络问政平台；取缔现有利用率不高、运营不规范的自建平台，把省政府各工作部门和地市政府统一纳入全省网络问政平台之中，并将省政府各工作部门和各市（地）政府官网的互动交流板块统一链接到全省网络问政平台。同时，保留哈尔滨市"百姓谈"和大庆市"百湖民声"两大特色平台，并将其链接到全省性网络问政平台之上。在横向上，建议整合信访和市长热线、市纪委监委等资源，统一纳入网络问政平台之中，由网络问政平台统一收集和发布留言，平台内部根据留言性质进行分拨，实现"让群众少走路，让信息多跑路"的原则。统一整合后的全省网络问政平台可由省委办公厅、省政府办公厅、信访局、网信办等机构主办，并可借鉴湖南省、大庆市经验，吸纳东北网等新闻传媒机构为承办单位，实现网络问政平台问政效果和宣传效果的统一。

（四）完善网络问政平台机制

网络问政平台是个多领域交叉、多职能重叠、多机构融合的平台，其能否长期、高效、健康地运转，在很大程度上取决于制度建设是否完善。黑龙江省网络问政平台的完善建议从下列机制建设入手。第一，要建立留言筛选、排查机制。明确哪些留言不应该受理，哪些留言不应该公开，并将筛选、排查规则公之于众。第二，要建立留言公开机制。公开是网络问政平台保持活力，推动服务政府、法治政府、阳光政府、责任政府建设的保障，必须坚持应公开的必公开。第三，要设立留言分拨、督促机制。设立专人对公众的留言按照政府机构职能的划分进行分拨，同时对留言办理情况进行督促。第四，要设立留言回复期限制度。设立15天左右的固定回复期限，或者根据留言类型设定不同的回复期限，并公之于众，保障网民留言能够得到及时处理，且使其在回复期限上存有心理预期。第五，要设立留言回复满意度评价制度。留言得到回复后，由留言者本人或其他网友进行满意度评价。同时可采取平台电话回访的方式，探知留言者对留言回复的满意度，解决类似平台满意度评价利用率不高的问题。第六，要设立留言回复情况评比制度。定期将平台各入驻机构的留言回复率、回复期限、回复满意度等信息进行统计整理，并在平台上予以公示或印发领导决策层和各入驻机构。第七，要引入新闻传媒机构共建网络问政平台。利用传媒机构的宣传优势，扩大网络问政平台的影响力和知名度。第八，要设立配套的考评衔接制度。将网络问政平台答复情况纳入各单位年度考核体系，将回复满意度评价纳入发展环境考评、法治政府建设公众满意度评价等考评体系之中，拓宽网络问政平台统计信息的利用渠道，做好线上问政与线下执法的衔接，促进网络问政平台与依法执政、依法行政的良性互动和共同发展。

社会科学文献出版社

皮 书

智库成果出版与传播平台

✤ 皮书定义 ✤

皮书是对中国与世界发展状况和热点问题进行年度监测，以专业的角度、专家的视野和实证研究方法，针对某一领域或区域现状与发展态势展开分析和预测，具备前沿性、原创性、实证性、连续性、时效性等特点的公开出版物，由一系列权威研究报告组成。

✤ 皮书作者 ✤

皮书系列报告作者以国内外一流研究机构、知名高校等重点智库的研究人员为主，多为相关领域一流专家学者，他们的观点代表了当下学界对中国与世界的现实和未来最高水平的解读与分析。截至 2021 年底，皮书研创机构逾千家，报告作者累计超过 10 万人。

✤ 皮书荣誉 ✤

皮书作为中国社会科学院基础理论研究与应用对策研究融合发展的代表性成果，不仅是哲学社会科学工作者服务中国特色社会主义现代化建设的重要成果，更是助力中国特色新型智库建设、构建中国特色哲学社会科学"三大体系"的重要平台。皮书系列先后被列入"十二五""十三五""十四五"时期国家重点出版物出版专项规划项目；2013~2022 年，重点皮书列入中国社会科学院国家哲学社会科学创新工程项目。

皮书网

（网址：www.pishu.cn）

发布皮书研创资讯，传播皮书精彩内容
引领皮书出版潮流，打造皮书服务平台

栏目设置

◆ 关于皮书

何谓皮书、皮书分类、皮书大事记、
皮书荣誉、皮书出版第一人、皮书编辑部

◆ 最新资讯

通知公告、新闻动态、媒体聚焦、
网站专题、视频直播、下载专区

◆ 皮书研创

皮书规范、皮书选题、皮书出版、
皮书研究、研创团队

◆ 皮书评奖评价

指标体系、皮书评价、皮书评奖

◆ 皮书研究院理事会

理事会章程、理事单位、个人理事、高级
研究员、理事会秘书处、入会指南

所获荣誉

◆ 2008 年、2011 年、2014 年，皮书网均
在全国新闻出版业网站荣誉评选中获得
"最具商业价值网站"称号；

◆ 2012 年，获得"出版业网站百强"称号。

网库合一

2014 年，皮书网与皮书数据库端口合
一，实现资源共享，搭建智库成果融合创
新平台。

皮书网

"皮书说"
微信公众号

皮书微博

权威报告·连续出版·独家资源

皮书数据库
ANNUAL REPORT(YEARBOOK)
DATABASE

分析解读当下中国发展变迁的高端智库平台

所获荣誉

- 2020年，入选全国新闻出版深度融合发展创新案例
- 2019年，入选国家新闻出版署数字出版精品遴选推荐计划
- 2016年，入选"十三五"国家重点电子出版物出版规划骨干工程
- 2013年，荣获"中国出版政府奖·网络出版物奖"提名奖
- 连续多年荣获中国数字出版博览会"数字出版·优秀品牌"奖

皮书数据库　　"社科数托邦"
　　　　　　　　微信公众号

成为会员

登录网址www.pishu.com.cn访问皮书数据库网站或下载皮书数据库APP，通过手机号码验证或邮箱验证即可成为皮书数据库会员。

会员福利

- 已注册用户购书后可免费获赠100元皮书数据库充值卡。刮开充值卡涂层获取充值密码，登录并进入"会员中心"—"在线充值"—"充值卡充值"，充值成功即可购买和查看数据库内容。
- 会员福利最终解释权归社会科学文献出版社所有。

数据库服务热线：400-008-6695
数据库服务QQ：2475522410
数据库服务邮箱：database@ssap.cn
图书销售热线：010-59367070/7028
图书服务QQ：1265056568
图书服务邮箱：duzhe@ssap.cn

S 基本子库
UB DATABASE

中国社会发展数据库（下设 12 个专题子库）

　　紧扣人口、政治、外交、法律、教育、医疗卫生、资源环境等 12 个社会发展领域的前沿和热点，全面整合专业著作、智库报告、学术资讯、调研数据等类型资源，帮助用户追踪中国社会发展动态、研究社会发展战略与政策、了解社会热点问题、分析社会发展趋势。

中国经济发展数据库（下设 12 专题子库）

　　内容涵盖宏观经济、产业经济、工业经济、农业经济、财政金融、房地产经济、城市经济、商业贸易等 12 个重点经济领域，为把握经济运行态势、洞察经济发展规律、研判经济发展趋势、进行经济调控决策提供参考和依据。

中国行业发展数据库（下设 17 个专题子库）

　　以中国国民经济行业分类为依据，覆盖金融业、旅游业、交通运输业、能源矿产业、制造业等 100 多个行业，跟踪分析国民经济相关行业市场运行状况和政策导向，汇集行业发展前沿资讯，为投资、从业及各种经济决策提供理论支撑和实践指导。

中国区域发展数据库（下设 4 个专题子库）

　　对中国特定区域内的经济、社会、文化等领域现状与发展情况进行深度分析和预测，涉及省级行政区、城市群、城市、农村等不同维度，研究层级至县及县以下行政区，为学者研究地方经济社会宏观态势、经验模式、发展案例提供支撑，为地方政府决策提供参考。

中国文化传媒数据库（下设 18 个专题子库）

　　内容覆盖文化产业、新闻传播、电影娱乐、文学艺术、群众文化、图书情报等 18 个重点研究领域，聚焦文化传媒领域发展前沿、热点话题、行业实践，服务用户的教学科研、文化投资、企业规划等需要。

世界经济与国际关系数据库（下设 6 个专题子库）

　　整合世界经济、国际政治、世界文化与科技、全球性问题、国际组织与国际法、区域研究 6 大领域研究成果，对世界经济形势、国际形势进行连续性深度分析，对年度热点问题进行专题解读，为研判全球发展趋势提供事实和数据支持。

法律声明